《领导干部依法行政案例教程》编委会

主　　编　孙晓勇

副 主 编　胡田野　刘　畅

执行副主编　朱建伟　李晓果

主编助理　赵文轩

编审

上编行政案例　李晓果　付小彦

下编刑事案例　朱建伟

全国“八五”普法推荐用书

领导干部依法行政案例教程

最高人民法院司法案例研究院 编

中国法制出版社
CHINA LEGAL PUBLISHING HOUSE

《领导干部依法行政案例教程》通讯编辑名单

前　言

Preface

党的二十大报告指出，全面依法治国是国家治理的一场深刻革命，关系党执政兴国，关系人民幸福安康，关系党和国家长治久安。必须更好发挥法治固根本、稳预期、利长远的保障作用，在法治轨道上全面建设社会主义现代化国家。依法行政是全面推进依法治国的重要组成部分，是法治国家、法治政府和法治社会一体建设的重要内容，是保障和促进社会公平正义的重要支撑。

“奉法者强则国强。”依法行政要求一切国家行政机关及其工作人员都必须严格按照法律的规定，在法定职权范围内，充分行使管理国家和社会事务的行政职能，做到既不失职，又不越权，切实保障市场主体合法权益，维护人民群众切身利益。领导干部是依法行政的组织者和实践者，提高领导干部的依法行政能力，对于全面推进依法治国，建设社会主义法治国家具有重要意义，同时也对加强党的全面领导，巩固党的长期执政地位意义重大。

为深入贯彻习近平法治思想，以案释法，引导和警示领导干部依法行政，同时着眼服务司法审判和法官培训教学，最高人民法院司法案例研究院编辑了《领导干部依法行政案例教程》一书。《领导干部依法行政案例教程》分上、下两编：上编为行政案例，下编为刑事案例。行政案例旨在为领导干部依法行政提供良好指引，切实提高其法治素养和依法行政能力；刑事案例旨在警示领导干部要遵法守法，切勿触碰法律底线与红线。本书在编辑中坚持以下方法：一是广泛选编案例。本书案例具有广泛的精选基础，最高人民法院司法案例研究院通过各高级人民法院从全国各地法院征集审结的典型案例近万件，经优中选优，汇集成本册。二是案例内容精炼。每个案例由案件基本信息、基本案情、案件焦点、法院裁判要旨、法官后语五部分组成，案例内容高度凝练，每个案例的篇幅在3000字左右，突出争议焦点，尽可能在有限的篇幅内为读者提供更多有效、有益的信息。三是注重对裁判文书再加工。大多数案例由案件的主审法官撰写“法官后语”，精确总结、提炼案例的指导价值、参考意义，力求引发读者思考，为依法行政、司法审判提供指引与借鉴，为法学研究提供鲜活的案例素材。四是方便读者检索。坚持“以读者为本”，案例主要根据案由分类编排，每个案例用一句话概括裁判规则、裁判思路或案件焦点作为主标题，便于读者以问题为导向，迅速找到目标案例。

《领导干部依法行政案例教程》具有较强的针对性、指导性和实用性。领导干部可通过研读本书，透过生动的案例学习正面经验，汲取反面教训，充分认识依法行政的重要性和紧迫性，努力提升依法行政能力和水平，发挥领导干部示范带头作用，不断推进我国法治建设进程。同时，本书也是行政机关一线执法人员、法官、检察官、律师等法律工作者的办案参考和司法人员培训的实用教材，还可作为开展法治宣传教育，提高全民法律意识，增强法治观念的经典案例读本。当然，本书在编辑的过程中也会存在一些不足甚至错误，欢迎各位读者批评指正，我们将为大家奉献更多更好的案例成果。

最高人民法院司法案例研究院

2022年12月7日

目　录

Contents

上编　行政案例

一、行政履责

（一）履责要求

（二）履责时限

二、行政确认

三、行政许可

四、行政征收

五、行政处罚

（一）证据、证明

（二）程　序

（三）处罚原则及实施

六、行政强制

（一）违建拆除

（二）查封、扣押

七、行政赔偿

（一）赔偿事由

（二）赔偿数额

八、行政程序

（一）诉讼期限

（二）受案范围

（三）程　序

九、政府信息公开

十、行政协议

下编　刑事案例

一、贪污贿赂罪

二、渎职罪

上编　行政案例

一、行政履责

本章导读

行政履责是指行政机关根据法律、行政法规、部门规章、地方性法规以及相关文件等规定履行相应职责的行政行为。行政机关正确履职尽责应当注意：一是全面履职，即行政机关的法定职责要全部履行并且履行到位，不能有空白和断档。二是重点履职，要把投诉举报案件、媒体曝光案件、存在重大安全隐患案件、社会关注度高的案件作为履职尽责的重点，做到件件有回音、有结果。就公民、法人或者其他组织提出的行政履责事项请求，行政机关应当按照法律、行政法规、部门规章、地方性法规以及相关文件等规定作出相应处理。对当事人的实体权利义务产生实质性影响的行政履责行为，包含履责、不履责、怠于履责行为具有可诉性。反之，对当事人的实体权利义务没有实质性影响的行政履责行为，如行政调解、行政指导、过程性行政行为等则不具有可诉性。在推进依法行政，建设法治政府的进程中，对于不履行、违法履行、不当履行行政职责的行为都将被依法问责。

党的十八届四中全会作出的《中共中央关于全面推进依法治国若干重大问题的决定》指出："行政机关要坚持法定职责必须为、法无授权不可为，勇于负责、敢于担当，坚决纠正不作为、乱作为，坚决克服懒政、怠政，坚决惩处失职、渎职。行政机关不得法外设定权力，没有法律法规依据不得作出减损公民、法人和其他组织合法权益或者增加其义务的决定。”行政不作为是指行政机关负有某种作为的义务，并且具有作为的可能性，而在程序上逾期不作为的状态。行政不作为不仅有损政府权威、不利于政府自身职能的强化，还会损害国家和社会公共利益，影响社会和谐与稳定。《法治政府建设实施纲要（2021—2025年）》中指出，法治政府建设的总体目标是到2025年，政府行为全面纳入法治轨道，职责明确、依法行政的政府治理体系日益健全，行政执法体制机制基本完善，行政执法质量和效能大幅提升。依法、全面履行政府职能是法治政府建设的题中应有之义，行政机关只有积极履行自身的职责，才能实现新发展阶段法治政府的建设目标。

（一）履责要求

1

行政机关在行政相对人被刑事立案后应当继续全面依法履行行政监管职责

——××市人民检察院诉××市市场监督管理局不依法履行食品药品安全行政管理法定职责案

【案件基本信息】

1. 裁判书字号

（2019）鄂 1087 行初 25 号行政判决书

2. 案由：不依法履行食品药品安全行政管理法定职责纠纷

3. 当事人

公益诉讼起诉人：××市人民检察院

被告：××市市场监督管理局

【基本案情】

黄某在××市×××镇投资设立东×药店，进行中成药、中药饮片、抗生素制剂等销售。该店取得了《药品经营许可证》等证书。

2018 年 7 月 19 日，××市公安局在进行执法检查时，在黄某租住房内设置的药品储存仓库货架上查获 130 盒阿司匹林肠溶片（拜阿司匹灵©）。黄某不能提供该批次药品的随货同行单。7 月 23 日，××市公安局对黄某销售假药案立案侦查。7 月 27 日，××市市场监督管理局对该药店涉嫌销售假药立案调查。后经鉴定，该130盒阿司匹林肠溶片（拜阿司匹灵©）按假药论处。10月19日，××市市场监督管理局对××市东×药店涉嫌销售假药案调查终结，但认为案件已经由司法机关立案，按照药品行政执法与刑事司法衔接的相关规定，应由司法机关作出处理后才能进行行政处罚，故未作出处理决定。

2019年4月4日，××市人民检察院向××市市场监督管理局发出《检察建议书》，建议被告依法履行监督管理职责。

2019年5月6日，黄某向××市市场监督管理局申请办理东×药店营业执照注销手续，随后被核准注销登记。

【案件焦点】

1. 行政相对人被刑事立案后，行政机关是否存在移送管辖权、能否继续履行监管职责；2. 行政相对人注销后，行政机关能否继续履行监督管理职责。

【法院裁判要旨】

法院经审理认为：1. 行政机关并不会与司法机关发生行政管辖权冲突，亦不会将行政管辖权移送司法机关。行政职权与职责是法定的，即使行政相对人的行为涉嫌犯罪被刑事立案，也不能消除其应当接受行政监管的义务，亦不能消除行政机关对其实施行政监管的职责。根据《食品药品行政执法与刑事司法衔接工作办法》的精神，在司法机关对行政相对人刑事立案后，行政机关仍应当依法实施行政监管，并可以依法作出行政处罚，且不停止执行。故××市市场监督管理局在××市东×药店被××市公安局立案侦查后仍应当履行行政监管职责。

2. 药品管理法对药品经营者有从业限制性规定，也明确了对于单位从事药品违法行为的不仅要追究单位的责任，还要追究直接负责的主管人员和其他直接责任人员责任。虽然东×药店的营业执照已经注销，但其违法行为的后果并未消除，对其持有的尚在有效期内的相关药品经营证书未进行处理，对其责任人黄某亦未进行处理，导致该药品违法行为没有得到全面纠正，国家和社会公共利益受侵害的状态仍在持续。

法院依照《中华人民共和国行政诉讼法》第七十二条、《最高人民法院、最高人民检察院关于检察公益诉讼案件适用法律若干问题的解释》第二十五条第一款第三项之规定，作出如下判决：

××市市场监督管理局依照《中华人民共和国药品管理法》[①] 等规定全面正确履行监督管理法定职责。

【法官后语】

药品安全关系人民群众的身体健康和生命安全，属于公共利益。在大力整治药品违法行为，切实保障人民群众切身利益的大背景下，国务院关于药品安全提出了“最严谨的标准、最严格的监管、最严厉的处罚、最严肃的问责”的要求[②]，为我们今后依法打击药品违法行为、维护药品安全指明了方向。

在社会生活管理过程中，行政机关与司法刑事机关分别依照行政法律法规和刑事法律法规履行职能，共同形成了公权力监管的有机统一体。二者互相配合、互相补充，一般不存在冲突。行政机关在办理行政案件过程中发现涉嫌违法的应当将案件移送司法机关，但移送的是案件线索而不应当是行政管辖权，行政机关的行政程序与司法机关的司法程序可以并行。按照行政处罚“一事不再罚”理论，只是对于可能与刑事处罚中财产刑和自由刑发生折抵的罚没和行政拘留应当暂停作出，对于其他不会与刑事处罚发生折抵的行政处罚则应当继续依法作出并不停止执行。在实践中，行政机关依照《食品药品行政执法与刑事司法衔接工作办法》规定，将行政案件移交司法机关后就以等待司法机关处理结果

---

① 本案依照《中华人民共和国药品管理法》（2015 年 4 月 24 日修正）审理，该法于 2019 年 8 月 26 日进行第二次修订，并于 2019 年 12 月 1 日起施行。

② 参见《“十三五”国家药品安全规划》，载中华人民共和国国家发展和改革委员会网站，https：//www.ndrc.gov.cn/fggz/fzzlgh/gjjzxgh/201705/t20170512_1196759.html？code=&state=123，最后访问时间：2022 年 10 月 27 日。

为由而停止行政处罚程序的现象是存在的，这实际上是对行政权与司法权关系错误理解而造成的一种消极的“等待执法”。

行政机关对行业的行政监管职责是全面和具体的。市场监督管理局不仅对违法行为有进行行政处罚的职责，还应当进行药品安全宣传教育、开展药品安全法律普及、对经营企业和个人进行表彰奖励等，监督和引导所管辖对象正确依法参与社会生活。本案虽然是由东×药店销售假药而引起，但随之也暴露出市场监督管理局的行政管辖区域内药品采购、流通、储存等领域存在相关问题。因此，××市市场监督管理局依照药品管理法全面履行药品安全行政管理职责不仅是要对东×药店的已查明的违法行为依法作出处理，还要对暴露出来的相关领域的问题进行全面的清查整改，坚决杜绝类似违法案件的发生，对于系统性、典型性的违法行为要建立健全监督机制，促进药品领域良性运行。

药品违法行为社会危害大，应当坚决依法予以打击。2019年新修订的《中华人民共和国药品管理法》回应了人民群众对药品安全的呼声，全面贯彻了“四个最严”要求，也落实了“药品违法行为处罚到人”的规定。对药品安全违法行为的处罚，不仅包括没收违法所得、罚款等财产罚，还包括依法实施禁业限制等行为罚以及人身罚。随着行政机关机构改革，工商行政登记职能亦由市场监督管理部门行使。在行使药品安全监管与药品经营企业工商登记双重行政职责的情形之下，市场监督管理部门应当把好药品经营企业登记与注销的关口，既不能让存在禁业限制的个人违反规定进入药品行业，也不能让存在违法行为的药品经营企业通过注销营业执照的方式逃避责任。

编写人：湖北省松滋市人民法院　邓姣华

2

接受转送的行政复议机关对不当转送的复议申请负有依法处理的法定职责

——八××公司诉××市人民政府不履行行政复议法定职责案

【案件基本信息】

1. 裁判书字号

（2020）云26行初12号行政裁定书

2. 案由：不履行行政复议法定职责纠纷

3. 当事人

原告（上诉人）：八××公司

被告（被上诉人）：××市人民政府（以下简称市政府）

【基本案情】

2018年7月4日，××市城市管理综合行政执法局向八××公司送达《责令改正通知书》，认为八××公司养殖场内建盖的彩钢瓦圈舍属于临时建设，应当拆除，责令八××公司于2018年7月30日前拆除相关建筑并恢复原貌。2018年7月19日，××市××街道办事处向八××公司送达《××市畜禽养殖禁养区养殖场关闭搬迁协议书》，协议要求八××公司于2018年8月20日前将养殖场全部关闭搬迁。2018年9月4日、9月29日，八××公司养殖场内的圈舍被强制拆除。

2018年11月3日，八××公司对××市××街道办事处等部门联合对其养殖场圈舍进行强制拆除的行为不服，以市政府为被申请人，向××自治州人民政府（以下简称州政府）申请行政复议。2018年11月20日，八××公司根据州政府的要求补交相关材料。2018年11月21日，州政府向八××公司和市政府送达《行政复议申请转送函》，认为该行政复议应当向市政府提出，将其提出的行政复议申请等相关材料转送至市政府处。但自八××公司收到转送函至复议期限届满，市政府一直未作出任何处理。八××公司遂起诉请求判决确认市政府不履行行政复议法定职责违法，判令市政府履行行政复议法定职责。

【案件焦点】

接受转送的行政复议机关对不当转送的行政复议申请是否负有依法处理的法定职责。

【法院裁判要旨】

一审法院经审理认为：行政复议是一种依申请而不是依职权主动履行的行政行为，八××公司起诉市政府不履行行政复议法定职责，应当按照《中华人民共和国行政诉讼法》第三十八条第一款的规定提供其向市政府提出申请的证据。但本案中八××公司没有提供向市政府提出申请的证据。八××公司向州政府提交的《行政复议申请书》和州政府《行政复议申请转送函》不能视为市政府收到或者受理八××公司的行政复议申请的证据，因为市政府不能兼具“被申请人”和“复议机关”双重身份。

一审法院依照《中华人民共和国行政诉讼法》第三十八条第一款、《最高人民法院关于适用〈中华人民共和国行政诉讼法〉的解释》第九十三条第一款的规定，裁定如下：

驳回八××公司的起诉。

八××公司上诉称，其已经提出行政复议申请，且经州政府转送至市政府处。市政府在复议期限内未作出任何答复，依法应视为受理。

市政府辩称，八××公司未向其提出行政复议申请。《行政复议申请转送函》只能作为上级机关业务部门对下级机关的业务指导或告知，不能作为市政府已收到或受理行政复议申请的证据。州政府不是县级地方人民政府，不能适用行政复议转送程序，转送行为不当。市政府是“被申请人”，对行政复议无权履行行政复议法定职责。

二审法院经审理认为：《中华人民共和国行政复议法》（本案以下简称《行政复议法》）第十七条第一款明确了行政复议机关收到行政复议申请后应当针对具体情况履行职责；第十八条规定接受转送的行政复议机关应当依照本法第十七条的规定办理。据此，接受转送的行政复议机关无权判断转送是否不当、无权决定转送不当不予办理，而应当遵循依法行政原则，依照《行政复议法》第十七条的规定对转来的行政复议申请作出相应处理。因此，接受转送的行政复议机关负有依法主动作出处理的法定职责。八××公司提交的起诉材料能够证实，市政府收到州政府的转送后，并未在法定期限内作出相应处理。故八××公司的起诉符合起诉条件，一审裁定驳回起诉适用法律错误，应予纠正。

二审法院依照《中华人民共和国行政诉讼法》第八十九条第一款第二项、《最高人民法院关于适用〈中华人民共和国行政诉讼法〉的解释》第一百零九条第一款之规定，裁定如下：

一、撤销一审裁定；

二、指令一审法院继续审理。

在继续审理的过程中，八××公司提出书面申请，要求撤回本案的起诉。一审法院经审理认为：八××公司的撤诉申请是其真实意思表示，不违反法律规定，也未损害公共利益和他人的合法权益，应当准许。

一审法院依照《中华人民共和国行政诉讼法》第六十二条之规定，裁定如下：

准许八××公司撤回起诉。

【法官后语】

《行政复议法》第十五条、第十七条、第十八条确立的行政复议转送处理制度主要包括三个方面内容：第一，只有县级地方人民政府有权对第十五条第一款规定的五种情形进行转送。第二，接受转送的行政复议机关应依法办理，不得拒绝。第三，接受转送的行政复议机关收到转来的行政复议申请后，应当依照《行政复议法》第十七条的规定处理，即在五日内进行审查，对不符合该法规定的行政复议申请，决定不予受理，并书面告知申请人；对符合该法规定，但不属于本机关受理的行政复议申请，应当告知申请人向有关行政复议机关提出。

因此，接受转送的行政复议机关负有主动对转送来的行政复议申请作出处理的法定职责。该职责的履行不以复议申请人再行向其直接提出复议申请为前提条件。接受转送的行政复议机关对于转送存在的问题可以通过其他有效途径同转送机关进行沟通，但无权因为转送不当就拒绝履行对转来的复议申请依法处理的法定职责。该裁判要旨的形成有三个方面的理由。

首先，根据行政法原则，“法无授权即禁止”。如前所述，法律规范并未授权接受转送的行政复议机关对转送行为进行合法性与合理性的判断，并据此作为或者不作为。受转送的行政复议机关依法必须处理转来的行政复议申请。该裁判要旨符合法律规定，满足合法性的要求。

其次，即便转送不当，根据现有法律规定也有足够的制度安排指引接受转送的行政复议机关对转来的复议申请进行处理。除前述《行政复议法》第十七条外，《中华人民共和国行政复议法实施条例》第二十二条规定，申请人提出行政复议申请时错列被申请人的，行政复议机构应当告知申请人变更被申请人；第二十九条规定，行政复议申请材料不齐全或者表述不清楚的，行政复议机构可以自收到该行政复议申请之日起5日内书面通知申请人补正，补正通知应当载明需要补正的事项和合理的补正期限，无正当理由逾期不补正的，视为申请人放弃行政复议申请。可见，要求接受转送的行政复议机关进行处理并未强人所难。该裁判要旨符合客观实际，满足合理性的要求。

最后，如果接受转送的行政复议机关因为转送不当就可以拒绝处理，则行政复议制度可能被完全架空。如本案中，经过州政府违法转送和市政府不履行法定职责，一个行政复议申请被完全排除在复议制度之外。该裁判要旨符合立法目的，满足合目的性的要求。

需要说明的是，本案中因州政府并非一方当事人，针对其违法转送行为，二审法院向州政府发出司法建议书指出：建议州政府严格遵循依法行政原则，严格按照行政复议法律规定处理复议申请，严格把握行政复议转送制度的适用条件，积极发挥行政复议解决行政争议的主渠道作用，切实保障公民、法人和其他组织合法权益，有效监督和指导辖区内行政机关依法行使职权。

编写人：云南省高级人民法院　陈璐

3

行政机关应对当事人履职申请作出针对性处理

——××集团有限公司诉××市工商行政管理局、××市人民政府不履行法定职责及行政复议案

【案件基本信息】

1. 裁判书字号

(2018) 鲁02行终366号行政判决书

2. 案由：不履行法定职责及行政复议纠纷

3. 当事人

原告（上诉人）：××集团有限公司

被告（被上诉人）：××市工商行政管理局、××市人民政府

第三人：青岛××宜家经贸有限公司

【基本案情】

原告××集团有限公司成立于1983年7月6日，由北京市工商行政

管理局核准登记。1991年，根据对外经济贸易部〔1991〕外经贸人编函字第1262号文件批复，同意原告使用“××”作为公司的简称及所属子公司的字号。原告注册商标“××”于2005年被原国家工商总局商标局认定为驰名商标。

2015年8月28日，××市工商行政管理局作出《企业名称预先核准通知书》，核准第三人青岛××宜家经贸有限公司企业名称。2015年9月14日，××市××区市场监督管理局为第三人办理设立登记。

2016年10月，××集团有限公司委托某律师事务所向××市工商行政管理局提交《关于纠正青岛××宜家经贸有限公司企业名称的申请》，认为青岛××宜家经贸有限公司将“××”作为字号登记为企业名称的行为损害了××集团有限公司的合法权益，已构成不正当竞争，青岛××宜家经贸有限公司已登记的企业名称属于不适宜的企业名称，请求××市工商行政管理局纠正该公司的企业名称。2016年10月27日，××市工商行政管理局将上述函件发送至青岛××宜家经贸有限公司。2016年11月17日，青岛××宜家经贸有限公司作出《关于××宜家企业名称登记说明》，称其名称完全符合《企业名称登记管理规定》和《企业名称登记管理实施办法》，其所有行为没有对××集团带来任何负面影响，且“××”和“××宜家”一看就是完全不同的品牌和个体，主要还是以后面或前面带有不同的字样来区别。2017年4月18日，××市工商行政管理局向××集团有限公司作出《回复函》。2017年4月19日，××市工商行政管理局将××集团有限公司投诉青岛××宜家经贸有限公司不正当竞争行为转交××市××区市场监督管理局办理。××集团有限公司不服，提起行政复议。2017年8月25日，××市人民政府作出行政复议决定书予以维持。××集团有限公司不服，提起行政诉讼。

【案件焦点】

1. ××集团有限公司申请××市工商行政管理局履行的是何种职责、是如何申请的；2. ××市工商行政管理局是否具有该职责；3. ××市工商行政管理局是否依法履行了法定职责。

【法院裁判要旨】

一审法院经审理认为：第三人的字号为“××宜家”，原告的字号和商标均为“××”，二者不完全相同，也不必然导致混淆，且第三人系原告旗下公司即××产的经销商，第三人与原告旗下公司存在合作关系且经营主体得到认可，故不宜认定第三人名称为不适宜名称。但被告××市工商行政管理局作出的答复未对原告投诉事项作出正面回答，对这一问题予以指正。原告如有新证据证明第三人企业名称不适宜可另行主张。故判决：

驳回原告××集团有限公司的诉讼请求。

××集团有限公司不服一审判决，提起上诉，二审法院审理查明的事实与一审相同。二审认为：本案系上诉人起诉不履行法定职责及行政复议案，根据《企业名称登记管理规定》《企业名称登记管理实施办法》等，对已登记注册的不适宜的企业名称，任何单位和个人均可以要求登记主管机关予以纠正，并且上述规定还明确了履行该职责的程序规定。上诉人通过律师函方式明确提出《关于纠正青岛××宜家经贸有限公司企业名称的申请》，其要求行政机关履行的是纠正不适宜的企业名称的法定职责。××市工商行政管理局作为原审第三人企业名称的核准登记机关，具有处理企业名称争议的法定职权，但是，该局受理上诉人申请之后，未就上诉人提起的争议进行核实和调查就作出回复函，且回复中仅对原审第三人企业名称核准登记过程中提交的注册登记材料是否齐全、是否符合形式要件方面作出说明，并未对企业名称在使用中是否对公众造成欺骗或者误解，是否属于不适宜的名称进行判断处理，故不能作为其已经依法履行处理企业名称争议法定职责的依据。据此，二审法院判决：

一、撤销（2017）鲁 0202 行初 230 号行政判决；

二、撤销××市人民政府 2017 年 8 月 25 日作出的×政复决字〔2017〕280 号《行政复议决定书》；

三、责令被上诉人××市工商行政管理局针对上诉人提出的纠正企业名称申请在法定期限内依法作出处理决定。

【法官后语】

一、企业名称等产权应依法平等保护

加强产权保护，实现产权有效激励，尊重市场作用和企业主体地位，释放市场经济活力，是“放管服”改革的一个重要内容。为维护交易安全和交易秩序，企业名称作为我国产权的组成部分，应予以保护，尤其是知名企业名称，应加大产权保护力度，促进企业和市场的健康稳定发展。

具体到本案，《企业名称登记管理规定》第六条规定，企业名称由行政区划名称、字号、行业或者经营特点、组织形式组成。跨省、自治区、直辖市经营的企业，其名称可以不含行政区划名称；跨行业综合经营的企业，其名称可以不含行业或者经营特点。被上诉人××市工商行政管理局受理上诉人申请期间所应当适用的1993年《中华人民共和国反不正当竞争法》第五条规定，经营者不得采用下列不正当手段从事市场交易，损害竞争对手：……（三）擅自使用他人的企业名称或者姓名，引人误认为是他人的商品；……《最高人民法院关于审理不正当竞争民事案件应用法律若干问题的解释》第六条第一款规定，具有一定的市场知名度、为相关公众所知悉的企业名称中的字号，可以认定为《中华人民共和国反不正当竞争法》第五条第三项规定的“企业名称”。《中华人民共和国反不正当竞争法》第六条规定，经营者不得实施下列混淆行为，引人误认为是他人商品或者与他人存在特定联系：……（二）擅自使用他人有一定影响的企业名称（包括简称、字号等）、社会组织名称（包括简称等）、姓名（包括笔名、艺名、译名等）；……据此，本案××集团有限公司作为国内知名央企，其企业名称经过长期使用和宣传，在国内外具有较高市场知名度、为相关公众所知悉，依法应当受到保护。

二、行政机关应对当事人申请事项作出有针对性的履职处理

《企业名称登记管理实施办法》第四十一条规定：“已经登记注册的企业名称，在使用中对公众造成欺骗或者误解的，或者损害他人合法

权益的，应当认定为不适宜的企业名称予以纠正。”第四十四条规定：“工商行政管理机关受理企业名称争议后，应当按以下程序在6个月内作出处理：（一）查证申请人和被申请人企业名称登记注册的情况；（二）调查核实申请人提交的材料和有关争议的情况；（三）将有关名称争议情况书面告知被申请人，要求被申请人在1个月内对争议问题提交书面意见；（四）依据保护工业产权的原则和企业名称登记管理的有关规定作出处理。”可见，被上诉人××市工商行政管理局作为处理企业名称争议的法定机关，具有依照上述程序规定履行该职责的法定义务。

然而，现有证据表明，被上诉人××市工商行政管理局在受理上诉人申请之后，仅调取了原审第三人企业名称登记情况、就上诉人申请情况向原审第三人发函并收到该公司回复，就作出《关于××集团有限公司申请纠正青岛××宜家经贸有限公司名称有关情况的回复函》，其回避企业争议焦点，作出的含糊其词的回复，不能作为其依法履职的依据。被上诉人××市工商行政管理局作为企业名称登记主管机关，应依法履职，加大产权保护力度，以营造全社会重视和支持产权保护的良好氛围，塑造公平竞争、诚信经营的营商环境。原审判决查明事实清楚，但认定意见不当，依法应予改判。

因此，通过该案我们可以明确：行政机关收到当事人履职申请后，应结合其法定职责依法作出有针对性的处理，以切实履行职责。裁判中应结合具体案情和相关法律规定，对行政机关行为进行甄别判断，对于回避当事人履职申请争议焦点仅进行简单的回复行为，不能视为已经依法履行职责，应判决重新处理当事人申请，平等对待各方，依法履职。

编写人：山东省青岛市中级人民法院　刘英　刘力铭

（二）履责时限

4

行政机关超过合理期限不履行职责构成行政不作为

——蒋某星诉××市城市管理行政执法局要求履行法定职责案

【案件基本信息】

1. 裁判书字号

（2017）苏 02 行终 246 号行政判决书

2. 案由：要求履行法定职责纠纷

3. 当事人

原告（上诉人）：蒋某星

被告（被上诉人）：××市城市管理行政执法局

第三人（二审第三人）：王某英

【基本案情】

蒋某星系××市×××村×幢 3 号房屋（以下简称 3 号房屋）的现产权人，房屋东面相邻的×幢 2 号房屋（以下简称 2 号房屋）产权人为王某英的儿子夏某东，两家房屋之间原有一通道相隔，南面均有一个院子。蒋某星购买该房屋前，2 号房屋实际居住人王某英在通道内、2 号房屋南面院内进行了搭建。蒋某星购买上述 3 号房屋后，于 2014 年 12 月起向××市城市管理行政执法局（以下简称××城管局）投诉反映上述 2 号房屋的违法建设情况，要求予以查处。2015 年 11 月 27 日，××城管局作出行政处罚决定书，认定王某英上述搭建建（构）筑物的行为违反了《中华人民共和国城乡规划法》（以下简称《城乡规划法》）第四十四条[①]第一款规定，构成了《城乡规划法》第六十四条所指的未取得建设工程规划许可证进行建设的行为，并认定王某英已自行拆除了通道内南面搭建的阳光房，同时限王某英在收到本决定书之日起7日内拆除通道内北面和南面院内的建（构）筑物及其他工程建设。

××城管局作出上述行政处罚决定书后，王某英未履行。2016年5月12日，××城管局作出×城执强拆决字（2015）第2001号行政强制拆除决定书，决定强制拆除涉案2号房屋西侧通道内北面和2号房屋南面院内全部违法建设及其他工程建设，强制执行的方式和时间规定为上述行政处罚决定送达之日起届满六个月后。2016年10月14日，××城管局将涉案2号房屋院内南面与合法建设相连接的二楼阳光房予以强制拆除，在该房屋南面搭建的一层建筑物及西侧与3号房屋相邻的通道内北面搭建的建筑物未予拆除。蒋某星起诉至法院，请求判令××城管局继续履行法定职责，立即拆除违法建设，排除妨碍，恢复原状；判令××城管局赔偿蒋某星损失11万元、承担本案诉讼费用。本案一审审理中，××城管局于2017年3月30日作出行政强制中止执行决定书，决定对上述×城执强拆决字（2015）第2001号行政强制拆除决定书中尚未拆除的部分中止执行。

【案件焦点】

在法律法规及行政规章对于城建管理机关作出行政强制拆除决定后应在多长时间内实施没有明确规定的情况下，××城管局未及时履行拆除职责是否构成行政不作为，是否应承担赔偿责任。

---

① 本案适用的是当时有效的《中华人民共和国城乡规划法》（2015年修正），《中华人民共和国城乡规划法》2019年修改后，第四十四条、第六十四条内容没有变化。

【法院裁判要旨】

一审法院经审理认为：××城管局对王某英违法建设作出行政强制拆除决定书后应在多长时间内实施拆除行为，法律法规并无明确强制性规定，故××城管局有权决定实施强制拆除行为的具体时间，但根据行政程序正当原则，××城管局作为行政机关应在合理期限内实施强制拆除的行为，如遇有《中华人民共和国行政强制法》第三十九条第一款规定的情形之一的，应及时作出中止执行的决定，并待中止执行情形消失后恢复执行。本案中，××城管局于2016年5月12日作出的行政强制拆除决定书中对强制执行的时间定为行政处罚决定送达之日起届满六个月后，强制执行的时间实际未予具体明确。××城管局于2016年10月拆除了部分建筑，剩余部分一直未予拆除，故××城管局存在怠于履行法定职责的情形。关于××城管局在本案审理期间作出的中止执行决定的合法性，与本案不属同一法律关系，本案不予理涉。关于蒋某星提出的行政赔偿的诉讼请求，根据相关规定，蒋某星应就其主张的行政赔偿的损失提供相应的证据，且其损失与××城管局的行政行为须存在直接的因果关系，即必须是××城管局的行政行为或在行使职权中造成的。蒋某星在本案中提出的行政赔偿请求，无相应的事实根据，不予支持。

一审人民法院依照《中华人民共和国行政诉讼法》第七十四条第二款第三项、《最高人民法院关于审理行政赔偿案件若干问题的规定》第三十三条之规定，作出如下判决：

一、确认××城管局怠于履行法定职责的行为违法；

二、驳回蒋某星的其他诉讼请求。

蒋某星不服一审判决，提出上诉。二审法院经审理认为：蒋某星就实体部分的上诉缺乏事实和法律依据，不予采纳。原审判决认定事实清楚，对实体问题的处理亦无不当，应予维持。

二审法院依照《中华人民共和国行政诉讼法》第八十九条第一款第一项之规定，作出如下判决：

驳回上诉，维持原判。

【法官后语】

行政机关超过合理期限未履责属于行政行为程序不当。修改后的《中华人民共和国行政诉讼法》第七十条规定的撤销判决适用情形中增设了“明显不当”，表明行政诉讼法的司法审查原则在一定程度上拓展到了合理性审查。对于程序明显不当的行政行为的把握主要考虑在法律没有规定行政行为的履行期限、方式等情况下，行政行为显然超出了合理的期限、方式，导致行政相对人或利害关系人的利益受损。表现在不作为领域，程序上的明显不当会导致法院作出确认违法判决或者履行判决。我国现有的法律法规和行政规章等对于城建行政机关作出行政强制拆除决定后应在多长时间内实施确无明确规定，但这并不意味着行政机关可以无限期地拖延履行，而应根据程序正当和效率的原则把握合理期限，及时履行法定职责。本案中，××城管局于2016年5月12日作出行政强制拆除决定书，于2016年10月拆除了一部分，剩余部分一直未予拆除，且在蒋某星起诉后五个月方作出中止执行的决定，故可以认定××城管局未在合理期限内履行法定职责，程序上明显不当，构成行政不作为。

诉讼过程中产生新的行政行为，不宜一并审理。《中华人民共和国行政强制法》第三十九条规定了在特定情形下，行政机关可以中止执行，待中止情形消失后恢复执行。本案中，××城管局在一审审理过程中作出行政强制中止执行决定书，决定对行政强制拆除决定书中尚未拆除的部分中止执行，蒋某星提出应当在本案中对该中止执行决定书进行一并审理。因中止执行决定的合法性与本案要求履行法定职责分属不同的法律关系，属于两个行政行为，故在本案中一并审理并无依据。同时，××城管局在作出中止执行决定后何时恢复执行属于其行政职权范围，法院无法确定××城管局强制拆除的履责期限，故对于蒋某星要求立即拆除违法建设的诉讼请求不予支持，仅确认××城管局怠于履行法定职责的行为违法。

行政行为违法并不必然导致产生行政赔偿。《最高人民法院关于审理行政赔偿案件若干问题的规定》第十一条第一款规定，行政赔偿诉讼中，原告应当对行政行为造成的损害提供证据；因被告的原因导致原告无法举证的，由被告承担举证责任。不同于行政诉讼中被告举证的一般原则，在行政赔偿诉讼中，原告应对其主张的赔偿数额承担举证责任，且该损失限于违法行政行为所造成的直接损失。本案中，蒋某星虽主张11万元的租金损失，但并未提供证据予以证实该直接损失的存在，故对于其一并提出的赔偿请求不予支持。

编写人：江苏省无锡市中级人民法院　崔晓萌

5

法定期限内无法作出行政处理决定并于期限届满后履行告知义务的行为违法

——奥×公司诉××市××区公安局××派出所不履行治安管理法定职责案

【案件基本信息】

1. 裁判书字号

（2016）渝01行终798号行政判决书

2. 案由：不履行治安管理法定职责纠纷

3. 当事人

原告（上诉人）：奥×公司

被告（被上诉人）：××市××区公安局××派出所

【基本案情】

×圣建设开发集团有限公司与原告奥×公司存在租赁合同纠纷。2016年3月1日，×圣建设开发集团有限公司（以下简称×圣公司）员工驾驶车辆将奥×公司进出口堵塞。奥×公司员工报警后，被告××市××区公安局××派出所（以下简称××派出所）随即出警并受理该治安案件。在作了相应调查后，××派出所于3月8日作出了××行终字〔2016〕第1号《终止案件调查决定书》。奥×公司对上述《终止案件调查决定书》不服，向××市××区公安局（以下简称××区公安局）申请行政复议，××区公安局于2016年3月31日作出×××复决字〔2016〕1号《行政复议决定书》，撤销了××派出所作出的××行终字〔2016〕第1号终止案件调查决定书。

4月26日，××派出所依据《公安机关办理行政案件程序规定》（2014年修订）第一百四十一条①延长了三十日办案期限。在开展相应调查后，××派出所认为，本案所涉治安案件符合《公安机关办理行政案件程序规定》（2014年修订）第一百四十一条第三款规定："对因违反治安管理行为人逃跑等客观原因造成案件在法定期限内无法作出行政处理决定的，公安机关应当继续进行调查取证，并向被侵害人说明情况，及时依法作出处理决定。"遂于5月26日作出了案件办理情况告知书，主要内容为告知奥×公司，因梅某等人已从×圣公司辞职等客观原因，造成本案在法定期限内无法作出处理，公安机关将继续调查取证，及时依法作出处理。

5月3日，奥×公司认为××派出所对报警未作处理，向××市××区人民法院提起本案行政诉讼。一审诉讼过程中，奥×公司于2016年7月22日收到××派出所于7月21日寄出的落款时间为2016年5月26日的《案件办理情况告知书》。

【案件焦点】

因违反治安管理行为人梅某辞职的客观原因，××派出所无法在《中华人民共和国治安管理处罚法》规定的期限内作出处理决定，在期限届满后告知被侵害人案件办理情况的，是否违法。

---

① 对应现行《公安机关办理行政案件程序规定》第一百六十五条，下同。

【法院裁判要旨】

一审法院经审理认为：本案被告××派出所作为公安派出所，有职责依法对发生在辖区内的治安案件进行调查处理。

根据法院查明的事实，2016 年 3 月 1 日，被告××派出所接到奥×公司员工报警后随即出警并将其作为治安案件受理。2016 年 3 月 8 日，被告针对上述治安案件作出了终止案件调查决定书。2016 年 3 月 31 日，××区公安局撤销了被告作出的终止案件调查决定书后，被告继续对该案进行调查，向邓某、刘某仁、熊某等人作了询问，并开展了相应的调解工作。其间，×圣公司停放在原告经营场所门口的堵门车辆已全部挪开。在开展相应调查后，被告认为，本案所涉治安案件符合《公安机关办理行政案件程序规定》（2014 年修订）第一百四十一条第三款规定："对因违反治安管理行为人逃跑等客观原因造成案件在法定期限内无法作出行政处理决定的，公安机关应当继续进行调查取证，并向被侵害人说明情况，及时依法作出处理决定。"遂于 2016 年 5 月 26 日作出了案件办理情况告知书，告知奥×公司，因梅某等人已从×圣公司辞职等客观原因，造成本案在法定期限内无法作出处理，公安机关将继续调查取证，及时依法作出处理。2016 年 7 月 21 日，被告通过挂号信向原告寄送了上述案件办理情况告知书，原告于 2016 年 7 月 22 日收到该告知书。由此可见，被告对本案所涉治安案件已经作了相应的调查和处理。

一审法院依照《中华人民共和国行政诉讼法》第六十九条之规定，作出如下判决：

驳回原告奥×公司的诉讼请求。

奥×公司持原审起诉意见提起上诉。二审法院经审理认为：××派出所于 2016 年 3 月 1 日接到奥×公司的报警，并作为治安行政案件予以受理。2016 年 3 月 31 日，××区公安局以明显不当为由撤销了××派出所作出的××行终字（2016）第 1 号《终止案件调查决定书》，××派出所收到××区公安局作出的×××复决字（2016）1 号《行政复议决定书》后，应当重新对该治安行政案件进行调查处理，并在法定期限内办结；如不能在法定期限内办结亦应当通过合理方式将不能办结的原因告知报警人。奥×公司于2016年5月3日向人民法院提起不履行法定职责行政诉讼之日，××派出所既未办结该治安行政案件，亦未将该案办理情况告知奥×公司，××派出所的行为已经构成行政不作为。

根据《中华人民共和国行政诉讼法》第七十二条的规定，人民法院经过审理，查明××派出所不履行法定职责的，本应判决××派出所在一定期限内履行。但××派出所对奥×公司2016年3月1日的报警已经作出《案件办理情况告知书》，奥×公司在二审庭审中陈述其于同年7月22日已收到该告知书，但坚持其上诉请求。

二审法院依照《中华人民共和国行政诉讼法》第七十四条第二款第二项之规定，作出如下判决：

一、撤销（2016）渝0111行初42号行政判决；

二、确认被上诉人××市××区公安局××派出所对上诉人奥×公司2016年3月1日的报警行为不履行治安管理法定职责的行为违法。

【法官后语】

本案的焦点问题是公安机关在办理治安案件中，若因违反治安管理行为人辞职，无法在期限内作出处理决定，是否应在期限届满前告知被侵害人？笔者认为，答案应是肯定的。

一、法定期限内因客观原因无法作出行政处理决定的，公安机关应遵循正当程序要求履行说明告知义务

正当程序是最低限度的程序正义，即使相关法律规范没有规定，行政机关为具体行政行为时也应遵循正当程序要求，履行法定的告知义务。针对公安机关治安案件办理中的说明告知义务，《公安机关办理行政案件程序规定》（2020年修正）（以下简称规定）第一百六十五条第三款规定："对因违反治安管理行为人不明或者逃跑等客观原因造成案件在法定期限内无法作出行政处理决定的，公安机关应当继续进行调查取证，并向被侵害人说明情况，及时依法作出处理决定。"可见，因违法行为人不明或者

逃跑而无法到案等客观原因，导致公安机关无法在法定期限内结案的，公安机关有向被侵害人说明告知的义务。本案中，××派出所无法在法定期限内办结该治安案件，非其故意或疏于履行法定职责，而是因为违反治安管理行为人梅某辞职，不能归案所致。具言之，梅某的辞职行为虽不能为规定中的“逃跑”涵摄，但丰富了“等”的内涵，亦构成了阻却公安机关法定期限内作出行政处理决定的客观缘由。在履行了告知义务之后，公安机关应继续调查，及时依法作出相应处理决定。

二、公安机关应在法定期限届满前履行说明告知义务

前述规定虽明确了公安机关延期办理治安案件的，有向被侵害人说明告知之义务，但何时告知，规定没有给出答案。规则不明，导致司法实践中对履行告知义务的期限认识不一，有观点认为只要公安机关继续履行调查取证职责，该说明告知义务就可以随时履行，是否超过法定期限在所不论。但笔者认为，应在期限届满前履行该告知义务。其一，依目的解释，该条款是为了解决公安机关在法定期限内无法作出行政处理决定的特殊规定，已经超出了一般情形的范畴，特殊规定当然不能再行扩大适用，并且应当严格审查公安机关不能办结的事由以及说明告知义务的履行期限。其二，从体系解释的统一性出发，既然法律明确要求公安机关一般应当在法定期限内办结治安案件，作为细化与完善不能在法定期限内办结特殊规定的部门规章，只能是在上位法的框架内进行细化，在法定期限届满前告知无法办结的原因，以保护行政相对人程序权益。本案中，××派出所在奥×公司向人民法院提起不履行法定职责行政诉讼之日，既未办结该治安行政案件，亦未将该案延长期限情况告知，构成行政不作为。

因此，公安机关在办理治安案件中因违反治安管理行为人辞职等客观原因，无法在《中华人民共和国治安管理处罚法》规定的期限内作出处理决定的，应当在期限届满前告知被侵害人，否则将因未及时履责被确认违法。

笔者认为，本案的良好示范意义在于从个案出发，一方面丰富了公

安机关情况告知义务的前提即“客观原因”的内涵，发挥了漏洞填补的功效，另一方面以行政裁判方式明确行政机关依法行政不仅指实体合法，而且要及时履责。否则，一个违反法定期限的行政行为，即使实体内容完全合法，也会因迟到而被贴上违法的标签。

编写人：重庆市第一中级人民法院　马金明　王坤

（三）不当履责

6

行政机关拒收信件可认定为拒绝履行法定职责

——董某瑞诉×××派出所不履行法定职责案

【案件基本信息】

1. 裁判书字号

（2016）京0106行初290号行政判决书

2. 案由：不履行法定职责纠纷

3. 当事人

原告：董某瑞

被告：×××派出所

【基本案情】

2016年8月10日，董某瑞通过EMS向×××派出所邮寄《调取办案信息申请表》。EMS快递单上载明编号为104254161××××，寄件人为董某瑞，收件人为办公室，单位名称为××公安分局×××派出所，单位地址为××市

××区×××三里×号楼，内件品名为《调取办案信息申请表》。编号为104254161××××邮件全程跟踪查询结果显示：2016年8月12日07时44分21秒未妥投，未妥投原因为收件人不在指定地址，下一步动作是退回寄件人。特快专递邮件再投、改退批条显示改退原因为值班人员拒收。2016年8月13日，该邮件退回董某瑞，董某瑞认为×××派出所未履行法定职责。

【案件焦点】

1. 如何认定派出所值班人员拒收信件行为的性质；2. 派出所值班人员直接拒收信件是否构成不履行法定职责。

【法院裁判要旨】

法院经审理认为：×××派出所作为具有一定行政管理职责的行政机关，具有接收公民、法人或者其他组织寄送的邮件，并根据邮件内容作出相应处理的法定职责。本案中，董某瑞向×××派出所寄送内件品名为《调取办案信息申请表》的邮件，×××派出所直接拒绝接收不当，本案审理中×××派出所已经知晓董某瑞的申请内容，其应履行进一步处理的职责。

法院依照《中华人民共和国行政诉讼法》第七十二条、《最高人民法院关于适用〈中华人民共和国行政诉讼法〉若干问题的解释》第二十二条①之规定，作出如下判决：

责令被告×××派出所于本判决生效之日起七日内对原告董某瑞于2016年8月10日提出的《调取办案信息申请表》的申请作出处理。

---

① 《最高人民法院关于适用〈中华人民共和国行政诉讼法〉的解释》于2018年2月6日发布，自2018年2月8日起施行。本解释施行后，《最高人民法院关于执行〈中华人民共和国行政诉讼法〉若干问题的解释》（法释〔2000〕8号）、《最高人民法院关于适用〈中华人民共和国行政诉讼法〉若干问题的解释》（法释〔2015〕9号）同时废止。本书案例均适用裁判时有效的法律规范，下文不再另作提示。本条对应现行《最高人民法院关于适用〈中华人民共和国行政诉讼法〉的解释》第九十一条。

【法官后语】

一、派出所值班人员拒收信件行为的性质

行政诉讼受案的前提是争议行为属于行政行为，根据行政诉讼法和相关司法解释的规定，构成行政行为须同时具备以下要件：1. 主体是行政机关，或是法律、法规、规章授权的非行政机关组织；2. 必须是行政主体在行政管理活动中行使行政职权的行为；3. 必须针对特定人、特定的具体事项；4. 必须是对相对人的权利义务产生法律影响的行为。

本案中，×××派出所值班人员拒收信件的行为符合上述要件，属于行政行为，理由如下：1. 特快专递邮件再投、改退批条显示改退原因为×××派出所值班人员拒收，派出所值班人员在工作时间、工作场合作出的与工作职责相关的行为，其行为后果应由派出所承担；2. ×××派出所值班人员拒收的是原告这一特定相对人邮寄的特定信件，符合上述第3项要件；3. 依法履行职责、行使行政管理职能是行政机关的本职工作。对行政管理职能的外延应作宽泛理解，与行使行政管理职能相关的辅助性、预备性的工作也应被纳入。派出所作为公安机关派出机构，接收当事人的信件系其为行使管理职能所做的预备性、辅助性工作，应属派出所行使行政管理职能的行为；4. 对相对人的权利义务产生法律影响的行为是指行政主体作出的行为一旦生效，将会导致行政相对人在法律上的权利义务增加、减少或者无法取得某种权利，使得合法权益得不到应有的保护，而且通过民事诉讼或者刑事诉讼的途径无法解决。本案中，原告为满足知情权，以信件形式向被告寄送《调取办案信息申请表》，被告拒绝接收信件，该行为的直接后果是原告的申请事项将不可能被纳入被告履行行政管理职责的相关范畴，原告的权益将得不到应有的保护。因此，×××派出所拒收信件的行为是对原告的权利义务产生了法律影响的行为，具有明显的外部法律效果。

综上所述，被告拒收原告信件的行为应属作为行政机关的被告针对原告这一特定的相对人，就原告履责申请作出的对原告的权利产生一定影响的行为，属行政行为，具有可诉性。

二、派出所值班人员直接拒收信件构成不履行法定职责

行政机关拒收信件是否构成不履行法定职责，应从以下几个方面进行考量：一是原告是否向被告提出过申请；二是被告就原告申请事项是否负有相应的法定职责和义务；三是被告是否具备履行职责的条件；四是被告是否存在不履行法定职责的行为。本案在审查×××派出所是否存在不履行法定职责情形时也主要围绕以上四个方面展开。

1. 原告已向被告提出履责申请。依据行政诉讼法的规定，在起诉被告不履行法定职责的案件中，除被告应当依职权主动履行法定职责和原告因正当理由不能提供证据的，原告应当提供其向被告提出申请的证据。本案中，从原告提供的 EMS 快递单、邮件再投、改退批条及邮件全程跟踪查询结果可知，原告已通过邮寄方式向被告送达《调取办案信息申请表》。

2. 被告就原告申请事项负有相应的法定职责和义务。行政机关在履行行政职能时，应尽到合理的注意义务，该合理注意义务作为一种附随义务，是比例原则在行政法中的具体适用，同时也是高效便民原则的体现。本案审理中，被告主张原告向其邮寄的《调取办案信息申请表》属于政府信息公开申请，应向××市公安局××分局提出申请，被告不负有信息公开的法定职责，其拒收信件行为不属于不履行法定职责。笔者认为，在被告未拆封邮件的情况下，仅从邮件信封显示的信息不能准确判断原告申请事项是否属于政府信息公开申请。被告作为公安机关的派出机构，其在收到原告邮寄的信件后，出于为当事人提供便利及保护其知情权的需要，应当及时作出处理，对不属于其职责范围的事项，基于行政机关内部工作流程及分工，亦应及时向其他负责处理该事项的部门进行转交。

3. 被告具备履行职责的条件。对于依申请的行政行为，当事人一旦提出申请，行政机关的作为义务便已具体化。本案中，被告收到原告邮寄的信件后，针对原告的申请事项作出相应处理的义务就已经具体化，具备了履行职责的条件。

4. 被告存在不履行法定职责的行为。行政机关在履行职能时应尽

的合理的注意义务要求其在处理当事人申请时需要采取必要的措施和手段，如果未履行必要的附随义务，应视为行政机关未尽到合理的注意义务，构成实质上的不履行法定职责。本案中，从原告提供的邮件再投、改退批条及邮件全程跟踪查询结果等证据可以看出，被告在收到原告邮寄的信件后未进行拆封查看便拒绝接收，该拒收信件的行为应认定为不履行法定职责。

综上所述，公民、法人或者其他组织以邮寄信件的方式向负有相应职责的行政机关提出履责申请，该行政机关应尽到必要合理的注意义务，履行相应的职责，其直接拒绝接收信件的行为既缺乏相应的法律依据，也不符合合理的行政原则，应认定为不履行法定职责。

编写人：北京市丰台区人民法院　郑文静　王培松

7

形式履责亦有可能构成行政不作为

——曹淑某诉××市××区××镇人民政府不履行监督村务公开法定职责案

【案件基本信息】

1. 裁判书字号

（2016）京 03 行终 122 号行政判决书

2. 案由：不履行监督村务公开法定职责纠纷

3. 当事人

原告（上诉人）：曹淑某

被告（被上诉人）：××市××区××镇人民政府（以下简称××镇政府）

【基本案情】

曹淑某系××市××区××镇×××村居民。2015年5月8日，曹淑某向××镇政府邮寄《责令申请书》，请求××镇政府查处×××村委会未进行村务公开的不作为违法行为，责令×××村委会向原告公开其申请的“村委会就紧邻村南何某明鱼塘以南土地与承包人签订的土地承包合同及本村村民会议成员或村民代表同意签订本合同的证明文件”等九项文件，并要求××镇政府将责令×××村委会公开上述文件的进展情况书面告知原告。2015年5月9日，××镇政府收到原告邮寄的《责令申请书》。同年5月28日，××镇政府工作人员到×××村委会对村干部就曹淑某所申请事项进行调查核实。6月29日，××镇政府作出《村务公开处理决定》，建议×××村委会根据《中华人民共和国村民委员会组织法》的相关规定，结合曹淑某的申请，妥善处理曹淑某的申请事项，并提出如下处理决定：“一、申请人曹淑某申请的事项属于村务公开内容的，应依法予以公开；对于不属于村务公开事项的，应当给予申请人曹淑某明确的答复。二、申请人曹淑某申请的事项属于村务公开内容的，村委会应当在收到本处理意见之日起15个工作日内依法进行村务公开，并通知申请人曹淑某村务公开的时间和公开的地点。同时将公开的事项及公开的时间、地点书面报镇政府。”××镇政府于6月30日向×××村委会送达上述处理决定。7月20日，××镇政府工作人员再次到×××村委会了解曹淑某申请公开事项的进展情况。曹淑某认为××镇政府在收到其《责令申请书》后，没有给过其答复，且×××村委会至今没有向其公开其申请的事项，故诉至法院，请求判决确认被告未责令×××村委会进行村务公开的不作为行为违法，并判令被告履行法定职责，即调查核实×××村委会不公开村务信息的违法行为且责令×××村委会向原告进行村务公开。

【案件焦点】

××镇政府是否依法履行了监督村务公开的法定职责。

【法院裁判要旨】

一审法院经审理认为：《中华人民共和国村民委员会组织法》第三十一条①规定："村民委员会不及时公布应当公布的事项或者公布的事项不真实的，村民有权向乡、民族乡、镇的人民政府或者县级人民政府及其有关主管部门反映，有关人民政府或者主管部门应当负责调查核实，责令依法公布；经查证确有违法行为的，有关人员应当依法承担责任。"据此，××镇政府依法具有督促×××村委会进行村务公开的法定职责。本案中，××镇政府收到曹淑某的《责令申请书》后，到×××村委会进行调查核实，并作出《村务公开处理决定》，要求×××村委会依法妥善处理曹淑某的申请，后再次到×××村委会进行督促。××镇政府已履行了法定职责，不存在不作为的情形。曹淑某要求确认××镇政府不作为的行为违法并要求其履行法定职责的诉讼请求没有事实及法律依据，法院不予支持。依照《中华人民共和国行政诉讼法》第六十九条之规定，判决驳回原告曹淑某的诉讼请求。

曹淑某持原审起诉意见提起上诉。二审法院经审理认为，××镇政府收到申请后，虽然开展了一些调查核实工作，作出相关《村务公开处理决定》，但《村务公开处理决定》对申请人曹淑某所提多项公开请求未予充分调查核实，未明确判断哪些事项属于应予公开的范围，履行监督职责缺乏约束力和执行性。故二审法院认为，××镇政府未充分、全面地履行前述法律规定中的法定职责，应予纠正。一审法院认定××镇政府已经履行了法定职责，不存在不作为的情形，并据此判决驳回曹淑某的诉讼请求属事实认定错误，应予撤销。曹淑某要求法院判令××镇政府履行法定职责的上诉请求具有事实和法律依据，二审法院应予支持。依据《中华人民共和国行政诉讼法》第八十九条第一款第二项、第七十二条、

① 本案适用的是当时有效的《中华人民共和国村民委员会组织法》（2010年修订），《中华人民共和国村民委员会组织法》2018年12月29日修改后第三十一条内容没有变化。

《最高人民法院关于执行〈中华人民共和国行政诉讼法〉若干问题的解释》第五十六条第四项①之规定，判决：一、撤销（2015）平行初字第149号行政判决；二、责令××镇政府针对曹淑某的申请于本判决生效后六十日内继续履行调查核实并责令××市××区××镇×××村村民委员会村务公开的法定职责；三、驳回曹淑某的其他诉讼请求。

【法官后语】

一、形式履责有可能构成行政不作为

司法实践中常常会遇到行政主体形式作为而实质不作为的情形，即行政主体负有法定义务，也启动了行政程序，但在具有履行可能性的前提下并未实质性地履行法定义务。该行为最显著的特征是在外部形态上表现了积极作为，但在实质上并不符合法定职责的要求，产生的是不作为的实际效果，增加了司法审查过程中认定行政主体作为与否的难度。本案一、二审认定的不一致症结就在于此。

本案中，××镇政府依据《中华人民共和国村民委员会组织法》第三十一条的规定，负有依村民曹淑某的申请对其反映的事项进行调查核实以及责令×××村村委会公布相关村务的法定职责，在履行责令职责时，不应仅限于作出并送达《村务公开处理决定》，还应限定公开的合理期限并应跟进监督村委会对《村务公开处理决定》的执行情况，以实现公开的结果。××镇政府收到申请后，虽然开展了一些调查核实工作，作出《村务公开处理决定》，限定相应公开期限，形式上似乎已责令村委会公布有关村务信息，但《村务公开处理决定》却未明确具体内容，××镇政府的所谓履责行为未达到法律规定的“责令”程度，履行监督职责缺乏约束力和执行性，实际上构成未全面履行法定职责，从而导致×××村村委会到本案庭审时也未向曹淑某公开相关村务，客观上造成村民的知情权和监督权迟迟得不到落实。

① 该司法解释已于2018年2月8日被废止。

二、对法院就义务之诉裁判方式的理解与执行

行政不作为判决的方式，实质上是由法院以判决形式促使行政主体承担起违法行为责任的方式。对于行政不作为的判决形式，现阶段法律和相关司法解释所规定的判决方式主要包括：履行判决、给付判决、确认违法判决、驳回诉讼请求的判决、赔偿判决等。对于不作为案件的判决应当根据原告不同诉讼请求作出适当判决。但在目前的司法实践中，法院作出的履行判决往往保持着较为谦抑的态度，未能明确指明行政主体履行义务的具体内容，不能满足行政相对人对于司法裁判的期待，对其权利的保障也存在欠缺，行政机关依然可以选择形式上的作为来回应法院判决确定的义务，甚至可能引起循环诉讼。

笔者认为，依据《最高人民法院关于适用〈中华人民共和国行政诉讼法〉的解释》第九十一条的规定，如果原告提出的是履责之诉，要求被告实际履行法定职责的，经审查认为原告请求符合条件，被告履行有实际意义且在客观上能够履行的，可以直接宣告被告应当履行法定职责，并要求被告作出具有实际内容的履行判决。本案法院的生效判决及时全面回应原告的诉讼请求之关切，责令村委会限期公开村务信息，以裁判形式促进村务公开，切实维护广大村民知情权。行政机关应当按照生效判决主文判项中明确的履责内容及期限予以执行。但如果案件涉及的法律关系较为复杂，出于行政诉讼中司法权不过分干预行政权的基本法理，法院一般在判决主文中作出判令被告针对原告的请求重新作出处理的笼统性判项，并同时在裁判说理部分提示和引导行政机关依法开展相应行政行为，作出方向性或法律专业上的指示督促，尊重了行政机关的自由裁量权，为行政机关留有裁量空间以应对案件的实际情况。此时，行政机关可将裁判说理部分与判决主文相结合来理解和执行法院裁判。

此外，对于判决时被告已经不具有履行法定义务的可能性，或者强制履行判决会对原告造成不利后果的，原告可变更诉讼请求，提出确认违法附带赔偿之诉，判令确认被告不履责违法并赔偿相应损失。

编写人：北京市第三中级人民法院　杨旸

8

综合考虑相关案件事实认定是否构成不履行法定职责

——尹某宝诉××省国土资源厅、中华人民共和国国土资源部[①]不履行查处职责行政复议案

【案件基本信息】

1. 裁判书字号

（2016）京 0102 行初 1275 号行政判决书

2. 案由：不履行土地管理法定职责及行政复议纠纷

3. 当事人

原告：尹某宝

被告：××省国土资源厅（以下简称××国土厅）、中华人民共和国国土资源部（以下简称国土部）

【基本案情】

2016 年 4 月 27 日，被告××国土厅收到原告尹某宝提交的《依法履行法定职责申请书》，申请事项为："依法履行法定职责，对位于××市××区×××村'阳光大道'公路建设项目的违法用地行为进行查处。"2016 年 5 月 10 日，××国土厅向××国土局出具《关于交办××区群众尹某宝信访事项的函》（皖国土资信函〔2016〕93 号），记载内容为："××

① 根据《国务院机构改革方案》，现已将国土资源部等机构的职责整合，组建自然资源部，不再保留国土资源部，以下不另作提示。

国土局：近日，我厅收到××区群众尹某宝寄来《依法履行法定职责申请书》，要求对××区×××村阳光大道公路建设项目违法用地依法查处，现将信访事项交办你局，请认真调查核实，明确责任，依法妥善处理。调查处理情况于2016年6月10日前报省厅执法局。”

原告尹某宝认为被告××国土厅未履行针对其提起的履责查处申请内容构成不履行法定职责，并向被告国土部申请行政复议。2016年7月22日，国土部作出《行政复议通知书》后向××国土厅送达。2016年9月19日，被告国土部作出《行政复议通知书》，内容为：因情况复杂，将作出复议决定的期限延期至2016年10月20日前。后，被告国土部将该通知书向原告尹某宝送达。2016年9月29日，被告国土部作出被诉复议决定，认为依据《××省土地监察条例》第十八条，被申请人对申请人的请求事项没有查处的法定职责，并主动将申请人反映的“对位于××市××区×××村阳光大道公路建设项目的违法行为进行查处”问题交由××市国土资源局调查处理，于2016年2月29日结案。依据《中华人民共和国行政复议法实施条例》第四十八条第一款第一项的规定，我部决定：“驳回申请人的行政复议申请……”

【案件焦点】

××国土厅未对申请予以答复的行为是否构成不履行法定职责。

【法院裁判要旨】

法院经审理认为：依据《中华人民共和国土地管理法》第六条①的规定，任何单位和个人都有遵守土地管理法律、法规的义务，并有权对违反土地管理法律、法规的行为提出检举和控告；第六十六条②第一款

---

① 对应现行《中华人民共和国土地管理法》第七条。

② 对应现行《中华人民共和国土地管理法》第六十七条。

规定，县级以上人民政府土地行政主管部门[①]对违反土地管理法律、法规的行为进行监督检查。据此，被告××国土厅具有原告尹某宝提出的涉案投诉举报事项的法定职责；依据《中华人民共和国行政复议法》的相关规定，被告国土部具有作出被诉复议决定的法定职责。

法院注意到，《中华人民共和国土地管理法》第五条规定，国务院土地行政主管部门统一负责全国土地的管理和监督工作。县级以上地方人民政府土地行政主管部门的设置及其职责，由省、自治区、直辖市人民政府根据国务院有关规定确定。《××省土地监察条例》第十八条规定，省土地管理部门管辖全省行政区域内下列案件：（一）市人民政府（行署）及其土地管理部门非法批准占用土地的案件；（二）在全省范围内有重大影响的土地违法案件；（三）省人民政府和国家土地管理局交办的土地违法案件；第十九条规定，市（地）土地管理部门管辖本行政区域内的下列案件：（一）县（市）人民政府及其土地管理部门非法批准占用土地的案件；（二）在本行政区域内有重大影响的土地违法案件；（三）同级人民政府和上级土地管理部门交办的土地违法案件；第二十条规定，县（市）土地管理部门管辖本行政区域内的土地违法案件。同时法院注意到如下重要事实，2015年5月13日，原告尹某宝曾基于与本案涉案相同的事实与理由及申请履责内容向××国土局递交了《履行法定职责申请》，请求××国土局对××市×××村阳光大道公路建设项目用地进行查处。××国土局亦将相关申请内容转××区国土资源局进行查处。并亦向原告尹某宝出具复函告知了查处进程。××区国土资源局对相关责任单位已经进行了查处。为此，法院认为原告尹某宝要求被告××国土厅履行的查处事项实际已经履行完毕。且原告尹某宝因不服××国土局对其以本案查处申请相同的复函内容不服向被告××国土厅申请过复议，其对复议结果不服提起行政诉讼。为此，法院认为原告尹某宝提出的涉案查

① 现行《中华人民共和国土地管理法》将“土地行政主管部门”改为“自然资源主管部门”，以下不再提示。

处申请内容已经行政程序予以解决，亦正在经过司法程序予以处理。故再次基于同样的事实与理由向被告××国土厅提出查处申请进而引发复议及诉讼程序亦已无实际意义。被告××国土厅将原告尹某宝的申请内容交由××国土局处理并无不当，但其存在的程序性瑕疵为，应告知原告尹某宝相关办理结果。但仅以此瑕疵显然不能认定被告××国土厅构成行政不作为。被告国土部的复议决定符合相关法律法规规定。原告尹某宝的诉讼请求缺乏事实及法律依据，法院不予支持。依照《中华人民共和国行政诉讼法》第七十九条、《最高人民法院关于执行〈中华人民共和国行政诉讼法〉若干问题的解释》第五十六条第一款第四项之规定，判决如下：驳回原告尹某宝的诉讼请求。

【法官后语】

本案是一起普通的申请行政机关履责案件，但其特点在于尹某宝曾基于同一举报申请事项向被告××国土厅的下级单位××国土局申请查处，××国土局亦将申请查处事项转其下级单位××区国土资源局处理，××区国土资源局亦对申请查处事项履行了查处职责。尹某宝基于同一举报事项再次向××国土厅举报投诉要求查处，××国土厅认为其下级单位已经履行了查处职责，为此对于尹某宝的投诉举报事项未给予回应。

从行政不作为的构成要件看，行政不作为系当事人向有权履责机关提起履责申请，具有履责义务机关针对投诉举报申请事项未履行其依法应当履行的法定义务。从表象上看，××国土厅未对尹某宝的申请查处事项给予回应，可能构成不履责。但在本案中，本案的实际情形是：其一，××国土厅依据《中华人民共和国土地管理法》的规定制定了《××省土地监察条例》，规定了不同层级的土地行政管理机关的查处范围。针对本案涉案的投诉举报事项，亦不应当由××国土厅履行具体查处职责。其二，涉案的投诉举报事项实际已经××国土局转××区国土资源局查处完毕。为此，××国土厅已不具备履行查处职责的实际条件，且××国土厅确实将举报投诉事项转其下级单位××国土局核实，其亦不存在针对举报投诉事项的不处理不作为的情形。其三，本院认为××国土厅确实存在程序性瑕疵即应当对尹某宝的投诉举报事项给予回应（如电话告知或书面告知）。但，仅以其未给予尹某宝回应这一瑕疵就认定其构成行政不作为显然不能成立。本院认为，认定行政机关构成行政不作为需要综合考虑相关案件事实，为避免行政程序重复进行，在案件审理过程中需要对争议的申请履责事项及其相关履行的具体情形作出综合判断。

编写人：北京市西城区人民法院　刘丰

9

受理登记制度不完备，被诉行政机关构成不作为

——××矿业开发有限公司诉××市国土资源局等不履行法定职责案

【案件基本信息】

1. 裁判书字号

（2017）青 0104 行初 46 号行政判决书

2. 案由：不履行法定职责纠纷

3. 当事人

原告：××矿业开发有限公司（以下简称××公司）

被告：××市国土资源局、××县国土资源局

【基本案情】

2010 年 6 月 18 日，被告××市国土资源局发布采矿权挂牌出让公告，挂牌出让××县××乡××村大理岩矿的采矿权。2010 年 7 月 18 日，案外人祁某银以 780000 元竞得××县××乡××村大理岩矿的采矿权。后祁某银注

册成立原告××公司，经祁某银的申请将采矿权人变更为原告××公司。2011 年 1 月 11 日，原告××公司与被告××市国土资源局签订《采矿权出让合同》，被告××市国土资源局向原告××公司颁发了《采矿许可证》，有效期为六年，自 2011 年 1 月 11 日起至 2017 年 1 月 12 日止。《采矿权出让合同》第十一条约定，根据《矿产资源开采登记管理办法》第七条第一款的规定，采矿许可证有效期满，需继续采矿的，采矿权人应当在采矿许可证有效期届满的 30 日前，到登记管理机关办理延续登记手续。采矿权人逾期不办理延续登记手续的，采矿许可证自行废止。

2016 年 10 月 8 日，被告××市国土资源局向原告××公司作出通知，告知原告的采矿许可证即将到期，应在许可证有效期届满 30 日前，向××县国土资源局提出办理延续或注销登记手续的申请，逾期不办理有关手续的，将按照规定予以处罚。原告××公司的总经理王某龙于 2016 年 12 月 2 日签收该份通知。2017 年 4 月 10 日，被告××市国土资源局发布《关于注销采矿许可证的公告》，因原告××公司的采矿许可证到期未申请延续，决定注销原告××公司的××县××乡××村大理岩矿的采矿许可证，要求采矿权人于公告发布之日起 60 日内到被告××市国土资源局申请采矿权注销登记手续，逾期未申请办理注销的，视为注销通知已送达并直接注销采矿权许可证。原告于 2017 年 4 月 18 日签收该份公告，后于 2017 年 6 月 14 日提起本案行政诉讼。因原告的起诉，被告××市国土资源局尚未注销原告的采矿许可证。

案涉采矿证延续登记的审批权属于被告××市国土资源局。依据××省国土资源厅发布的《采矿权延续审批的服务指南》的规定，采矿权延续审批的行政许可事项行使依据为《矿产资源开采登记管理办法》第七条；受理条件为年检合格；采矿权人应当在采矿许可证有效期届满前 30 日前，到登记管理机关办理延续登记手续；申办材料包括采矿权延续申请报告、采矿权延续申请登记书、州或县国土资源局关于采矿权人履行义务等情况及延续的审查意见等。依据 2013 年 2 月 26 日发布的×国土资〔2013〕73 号《××省国土资源厅关于省级发证采矿权延续登记管理有关问题的通知》

的规定，采矿许可证有效期届满前已经提交延续申请的，州、县国土资源部门应及时完成审查并向上一级国土资源部门出具初步审查意见，未能及时完成审查的，审查意见中需补充说明申请人提交申请时间和延误审查的原因。州、县审批采矿权延续登记管理可参照本通知要求执行。被告××市国土资源局依据上述规定，在原告的采矿许可证到期前，通知原告在采矿许可证有效期届满30日前向××县国土资源局提出办理延续或注销登记手续的申请，确定由被告××县国土资源局作出关于采矿权人履行义务等情况及延续的审查意见后，报送被告××市国土资源局审批。

被告××市国土资源局、××县国土资源局有相应的收文登记制度，收文登记记录包括各类采矿证延续申请，在被告××县国土资源局2016年2月至2017年2月的收文登记中，没有关于原告提交延续申请的收文登记记录。被告××县国土资源局辩称2017年2月春节后收到原告提交的采矿证延续申请，因为某些原因没有受理，所以未在收文登记本中记录。

【案件焦点】

原告××公司是否在《采矿许可证》有效期届满30日前提交了采矿证延续登记申请，二被告是否存在行政不作为。

【法院裁判要旨】

法院经审理认为：被告××县国土资源局受理采矿证延续申请的登记制度不完备，被告主张原告申请延续登记超过法定期限的理由不成立。《最高人民法院关于行政诉讼证据若干问题的规定》第四条规定，公民、法人或者其他组织向人民法院起诉时，应当提供其符合起诉条件的相应的证据材料。在起诉被告不作为的案件中，原告应当提供其在行政程序中曾经提出申请的证据材料。但有下列情形的除外：（一）被告应当依职权主动履行法定职责的；（二）原告因被告受理申请的登记制度不完备等正当事由不能提供相关证据材料并能够作出合理说明的。被告认为原告起诉超过法定期限的，由被告承担举证责任。本案中，被告××县国土资源局自认原告于2017年2月向被告××县国土资源局提交了采矿证延续申请，但在被告××县国土资源局2017年2月的收文登记中，并无原告提交采矿证延续申请的收文登记记录，且被告××县国土资源局在收到原告的延续申请后，没有出具收据或受理通知书，也没有对申请给予书面回复，因此，法院认为被告××县国土资源局受理采矿证延续申请的登记制度不完备，原告确实难以提交其向被告××县国土资源局申请履行法定职责的证据材料。现被告××县国土资源局认为原告未在采矿证有效期届满30日前提交延续申请，提交申请超过法定期限，应由被告××县国土资源局举证证明，但是被告××县国土资源局对此并无证据证实，应当承担举证不能的法律后果，故本院认为原告主张被告××县国土资源局不履行法定职责的理由成立。依据《中华人民共和国行政许可法》第四十三条“依法应当先经下级行政机关审查后报上级行政机关决定的行政许可，下级行政机关应当自其受理行政许可申请之日起二十日内审查完毕。但是，法律、法规另有规定的，依照其规定”的规定，被告××县国土资源局应当在本判决生效后20日内对原告的采矿证延续申请审查完毕，并报送被告××市国土资源局审批。

被告××市国土资源局虽依据《××省国土资源厅关于省级发证采矿权延续登记管理有关问题的通知》的规定，在采矿证有效期届满前通知原告依程序向被告××县国土资源局提交延续申请，但被告××市国土资源局作为该行政许可事项的审批机关和登记管理机关，对被告××县国土资源局受理采矿证延续申请负有监督职责，对被告××县国土资源局未履行法定职责的行为的法律后果承担责任。因此，被告××市国土资源局、××县国土资源局对原告提出的采矿证延续申请未及时作出处理的行为，属于行政不作为，原告主张二被告未履行法定职责的理由成立。依据《矿产资源开采登记管理办法》第六条第一款“登记管理机关应当自收到申请之日起40日内，作出准予登记或者不予登记的决定，并通知采矿权申请人”的规定，被告××市国土资源局应当在本判决生效后40日内对原告的采矿证延续申请作出处理。

此外，原告申请采矿证延续是否符合条件以及被告××市国土资源局是否应为原告办理采矿证延续登记，属于二被告的行政职责审查范围，不宜由人民法院径行判决，故原告要求法院判决二被告限期办理采矿证延续登记的诉讼请求，本院不予支持。依照《中华人民共和国行政诉讼法》第三十八条、第七十二条，《中华人民共和国许可法》第四十三条，《最高人民法院关于执行〈中华人民共和国行政诉讼法〉若干问题的解释》第五十六条第四项，《最高人民法院关于行政诉讼证据若干问题的规定》第四条的规定，判决如下：

一、责令被告××县国土资源局在本判决生效之日起20日内对原告××矿业开发有限公司的《××县××乡××村大理岩矿的采矿证延续登记申请》作出审查意见并报送被告××市国土资源局审批，被告××市国土资源局在本判决生效之日起40日内对采矿证延续申请作出处理；

二、驳回原告××矿业开发有限公司的其他诉讼请求。

宣判后，双方均未上诉，判决已生效。

【法官后语】

本案是一起涉及环境资源的行政案件，审理争议焦点在于原告是否在法定期限内提出延续登记的申请。根据《中华人民共和国行政诉讼法》第三十八条的规定，起诉行政机关不作为的案件的举证责任分配，要求原告应当提供其向被告提出申请的证据，同时该条有但书规定："但有下列情形之一的除外：（一）被告应当依职权主动履行法定职责的；（二）原告因正当理由不能提供证据的。"《最高人民法院关于行政诉讼证据若干问题的规定》第四条前两款对此进一步规定，公民、法人或者其他组织向人民法院起诉时，应当提供其符合起诉条件的相应的证据材料。在起诉被告不作为的案件中，原告应当提供其在行政程序中曾经提出申请的证据材料。但有下列情形的除外：（1）被告应当依职权主动履行法定职责的；（2）原告因被告受理申请的登记制度不完备等正当事由不能提供相关证据材料并能够作出合理说明的。

因此，审理诉行政机关不履行法定职责的案件时，在审查原告是否提供其在行政程序中曾经提出申请的证据材料的同时，应一并审查被诉行政机关是否应当依职权主动履行职责，或者是否存在当事人因正当理由无法举证的情形。本案因被告行政机关的受理申请的登记制度不完备，行政相对人难以提交相应的证据，判令被告构成不作为，以此促使及监督行政许可机关完善相应的受理登记制度，依法履行法定职责。

编写人：青海省西宁市城西区人民法院　李成玲

二、行政确认

本章导读

行政确认，是指行政主体依法对行政相对人的法律地位、法律关系或者有关法律事实进行甄别，给予确定、认可、证明（或者否定）并予以宣告的行政行为。行政确认是国家治理的一种重要手段，不仅有利于行政机关进行科学管理，为公民、法人和其他组织合法权益的保护提供基础；还能够为法院审判活动提供准确、客观的事实依据，促进行政审判活动更加公正、高效、权威。

行政确认行为的直接对象是那些与行政相对人的法律地位或者权利义务紧密相关的特定法律事实或者法律关系。通过对这些事实、关系进行审核、鉴别，以确定行政相对人是否具备某种法律地位，是否享有某种权利，是否应承担某种义务。根据法律规范和行政活动的实际情况，行政确认主要有五种表现形式：一是确定，是指对个人或者组织法律地位与权利义务的确定，如颁发房屋产权证书；二是认定（认证），是指对个人或者组织已有法律地位、权利义务的承认和肯定，以及确认事项是否符合法律要求，如认定交通事故责任；三是证明，是指行政主体对行政相对人的法律地位、权利义务或者某种情况予以明确肯定并以一定的方式宣示，如学历证明；四是登记，是指行政主体依行政相对人申请，在有关登记簿册中记载相对人的某种情况或者事实，并依法予以正式确认，如房屋产权登记；五是鉴证，是指行政主体对某种法律关系的合法性予以审查后，确认或者证明其效力的行为，如确认出版物是否合法。

10

案件事实难以确定时不宜径行否定构成工伤

——韩某等诉××县人力资源和社会保障局工伤认定案

【案件基本信息】

1. 裁判书字号

（2019）豫05行终328号行政判决书

2. 案由：工伤认定纠纷

3. 当事人

原告（被上诉人）：韩某、李某、徐乙、徐丙、徐丁

被告（上诉人）：××县人力资源和社会保障局（以下简称××县人社局）

【基本案情】

徐甲（已故）系某幼儿园园长。2018年10月30日下午，在该幼儿园放学后，徐甲通知副园长朱某一起研究新教学楼施工相关事宜和施工期间幼儿园安全工作，二人在加班时，徐甲有身体不适的感觉并告知了朱某。晚上9点半左右，徐甲驾驶电动自行车离开幼儿园，于晚上11

点多到×××村第二卫生室就诊。诊所医生对徐甲进行检查后，认为病情严重，立即通知徐甲的外甥将徐甲送往××市人民医院治疗，徐甲于2018年10月31日凌晨3时经抢救无效死亡，死亡原因：急性心肌梗死。

某幼儿园于2018年11月15日向××县人社局提出工伤认定申请，××县人社局于2019年1月24日受理。××县人社局认为，根据《工伤保险条例》第十五条第一款第一项规定，在工作时间和工作岗位，突发疾病死亡或者在48小时之内经抢救无效死亡的视同工伤。此规定应严格掌握。2018年10月30日，徐甲加班至晚上9点半，后驾驶电动自行车离开幼儿园，其在加班期间自己感觉身体不适，却在当晚11点多才进行就诊，不符合工作岗位突发疾病且情况紧急直接送往医院或医疗机构当场抢救并在48小时内死亡的情形。该局依据《工伤保险条例》第十五条第一款第一项规定，决定对徐甲的死亡不予认定为工伤。韩某等人不服，向法院起诉，请求依法撤销××县人社局作出的不予认定工伤决定书，并责令××县人社局依法重新作出工伤认定决定。

【案件焦点】

案件事实难以确定时能否径行否定构成工伤。

【法院裁判要旨】

一审法院经审理认为：死者徐甲在加班期间就曾感觉身体不适，并告知了副园长朱某，在稍作休息后又继续工作，后在身体不支的情况下才停止工作，从未预感到事态的严重。××县人社局仅以就诊时间来进行判断，作出不予工伤认定，证据不足，明显不当，应予撤销。

一审法院依照《中华人民共和国行政诉讼法》第七十条第一款第一项、第六项之规定，判决如下：

一、撤销××县人社局2019年1月24日作出的不予认定工伤决定书；

二、××县人社局在本判决生效后两个月内重新作出工伤认定。

××县人社局不服一审判决，认为一审法院认定事实和适用法律错误，提起上诉。二审法院经审理认为：第一，关于认定事实问题。首先，对于徐甲的发病时间及就诊经过，××县人社局主张徐甲从事发当晚9点30分驾驶电动车驶离幼儿园至11点40分到卫生室就诊，但对于该时间段内徐甲的在途时间和活动轨迹并未查明。其次，××县人社局在工伤认定的调查中获取并向法院提供了医生的笔录，该笔录显示医生判断徐甲离校后是直接到卫生室就诊。因此，××县人社局没有查清徐甲的就诊经过，即径行认为徐甲不符合工作岗位突发疾病且情况紧急直接送往医院或医疗机构当场抢救并在48小时内死亡的情形，属于认定事实不清，主要证据不足。第二，关于法律适用问题。由于××县人社局对徐甲的就诊经过没有查清，现有案件事实不能直接认定徐甲不符合《工伤保险条例》第十五条第一款第一项所规定的“在工作时间和工作岗位，突发疾病死亡或者在48小时之内经抢救无效死亡的”工伤认定条件。况且，根据工伤认定倾向性保护职工合法权益的原则，在职工发病和死亡是否发生在工作时间、工作岗位上缺乏相关证据证明、难以确定的情况下，应当作出有利于职工的肯定性事实推定而非否定性事实推定。综上，××县人社局的上诉理由不能成立，其上诉请求不予支持。原审判决认定事实清楚，适用法律正确。

二审法院依照《中华人民共和国行政诉讼法》第八十九条第一款第一项的规定，判决如下：

驳回上诉，维持原判。

【法官后语】

一、主要证据缺乏易导致案件事实认定以偏概全

根据《中华人民共和国行政诉讼法》第七十条第一项规定，对于行政行为主要证据不足的，人民法院判决撤销或者部分撤销，并可以判决被告重新作出行政行为。工伤认定案件的主要证据应当包括相对人是否构成工伤等相关案件事实的全部证据，故人社部门对于是否构

成工伤的全部相关事实均应进行调查。本案中，××县人社局在工伤认定中认定的事实是："徐甲加班至晚上9点半，后驾驶电动自行车离开幼儿园，其在加班期间自己感觉身体不适，但在当晚11点多才进行就诊。"从表象上看似乎涵盖了全部涉案事实，但是细究起来不难发现在事实查明上存在明显缺陷，即徐甲在晚上9点半至其11点多进行就诊的时间段内，身处何处、经历了什么。该时间段的案件事实与徐甲是否符合工伤认定的构成条件直接相关，对该部分案件事实的查明直接影响工伤认定的结论正确与否，因此该部分案件事实应当属于案件的基本事实，相关证据也必然是据以认定案件事实的主要证据。而人社部门没有对该部分案情进行全部调查取证，从而导致了案件事实认定的以偏概全。

二、行政机关查明事实不可忽视"对抗性"证据

行政机关不仅要采纳与拟作出的行政行为方向一致的证据，而且不能忽略与该结论存在"对抗性"的证据。本案中，××县人社局已对卫生室医生进行调查，该笔录显示医生判断徐甲离校后是直接到卫生室就诊。该证据已经明确提示客观事实有可能与人社局认定的事实存在"对抗性"。在有相反的证据出现的情况下，行政机关应进一步核实查清徐甲的就诊经过，但××县人社局没有查清上述事实，导致所作出的不予认定工伤的行政行为事实不清，证据不足。

三、事实难以完全查明时的工伤认定不应与立法本义相悖

实践中，职工发病的时间有时是夜间等人员活动稀少的时间段，行政机关极可能面临即使穷尽努力仍难以或者根本无法查明案件全部事实的问题。此时，如何作出是否构成工伤的结论，笔者认为应从工伤认定制度的立法本意全面斟酌，从有利于保护劳动者合法权益的角度进行综合评判，这样更能充分体现法律效果和社会效果的统一。

本案二审认为××县人社局所查明的现有案件事实不能直接认定徐甲不符合"在工作时间和工作岗位，突发疾病死亡或者在48小时之内经抢救无效死亡的"的工伤认定条件。况且，根据工伤认定倾向性保护职

工合法权益的原则，在职工发病和死亡是否发生在工作时间、工作岗位上缺乏相关证据证明、难以确定的情况下，应当作出有利于职工的肯定性事实推定而非否定性的事实推定。该裁判观点的核心即在案件事实无法全部查清时不能径行否定构成工伤，对难以确定的，亦应按照工伤认定倾向性保护职工合法权益的原则，作出有利于职工的肯定性事实推定而非否定性事实推定。

编写人：河南省安阳市中级人民法院　苏斐　郜云丽

11

行政机关自行纠错行为的司法审查

——李国某诉××市××区人力资源和社会保障局撤销工伤行政确认案

【案件基本信息】

1. 裁判书字号

(2017) 苏10行终227号行政判决书

2. 案由：撤销工伤行政确认纠纷

3. 当事人

原告（被上诉人）：李国某

被告（上诉人）：××市××区人力资源和社会保障局（以下简称××人社局）

第三人（上诉人）：××某星水族用品有限公司

【基本案情】

2016年2月29日，被告××人社局作出认定工伤决定书，认定原告李国某于2015年7月30日上午在第三人××某星水族用品有限公司上班操作时，因堆放的玻璃倒下致其右前臂外伤伴肌腱、神经损伤为工伤。2016年12月21日，××市人力资源和社会保障局工伤保险处向被告××人社局作出《建议书》，内容主要为：对李国某的劳动能力复核鉴定工作过程中，发现李国某受伤初始就医治疗的病史资料并非其本人的，建议对作出的工伤认定结论重新组织调查核实。2016年12月28日，被告××人社局作出《撤销决定》，以李国某受伤初始就医治疗的病史资料并非其本人的为由，撤销对原告李国某作出的认定工伤决定书。另查明，建医院门诊部及住院部在2015年12月29日共同出具《证明》，证实原告李国某因右前臂外伤伴肌腱、神经损伤，曾用刘某茂名就医。

【案件焦点】

被告××人社局作出的《撤销决定》是否合法。

【法院裁判要旨】

一审法院经审理认为：参照《人力资源社会保障部关于执行〈工伤保险条例〉若干问题的意见（二）》第十条的规定，因工伤认定申请人或者用人单位隐瞒有关情况或者提供虚假材料，导致工伤认定决定错误的，社会保险行政部门发现后，应当及时予以更正。本案中，原告李国某于2015年7月30日上午上班操作时，因堆放的玻璃倒下被砸伤右臂，被告××人社局据此认定原告李国某构成工伤。现被告××人社局仅因原告受伤初始就医治疗的病史资料系冒用刘某茂的姓名而撤销工伤认定，理由不够充分，不足以证明原告存在隐瞒有关情况或者提供虚假材料，导致工伤认定决定错误的事实，故应当确认被告作出的撤销决定无事实依据，主要证据不足。此外，《江苏省行政程序规定》（江苏省人民政府令第100号）第六十条规定："行政执法决定应当以书面形式作出。但是法律、法规、规章另有规定的除外。行政执法决定应当载明下列事项：（一）当事人的基本情况；（二）事实以及证明事实的证据；

（三）适用的法律规范；（四）决定内容；（五）履行的方式和时间；（六）救济的途径和期限；（七）行政机关的印章与决定日期；（八）应当载明的其他事项。”本案被告××人社局作出的《撤销决定》未载明适用的法律规范、救济的途径和期限等。综上，被告××人社局作出的《撤销决定》事实不清，证据不足，应当予以撤销。据此，依照《中华人民共和国行政诉讼法》第七十条第一项之规定，判决如下：

撤销被告××市××区人力资源和社会保障局于2016年12月28日作出的《撤销决定》。

被告××人社局及第三人××某星水族用品有限公司不服提起上诉，二审法院于2018年3月23日作出行政判决：

驳回上诉，维持原判。

【法官后语】

根据依法行政及有错必纠的原则，行政行为不仅应当依法作出，还应始终保持合法状态，违法的行为亦应依法及时纠正。由于行政行为具有公信力及确定力，自作出即被推定为合法有效并被尊重，非因法定原因和经法定程序不得撤销或变更。在司法实践中，对于行政机关自行纠错行为的审查应当注意以下几个方面：

第一，审查原行政行为是否合法。对行政机关自行纠错行为的合法性审查，与对一般行政行为的合法性审查的区别在于，审查自行纠错行为是否合法以审查原行政行为是否违法或不当为前提，即需审查两个行政行为，但是无须对原行政行为进行全面审查。如果原行政行为不存在证据不足、超越职权、滥用职权等违法情形的，则行政机关自行纠错行为属认定事实不清、证据不足，应将其撤销。本案中，虽然原告提供的医疗病案显示其曾冒用他人姓名进行治疗，可能存在扰乱医疗保险秩序的违法行为，但是根据现有材料能够确定原告发生工伤的客观事实，被告亦进行了工伤认定，原告不存在提供虚假材料获得工伤认定的违法行为，故被告根据上级指示，仅以相关医疗病案患者姓名与原告本人姓名不一致为由撤销对原告的工伤认定，属认定事实不清，证据不足。

第二，审查自行纠错行为程序是否合法。我国目前尚未有法律、法规明确行政机关自行纠错应遵循何种程序，这种现状为审查该行为是否违反法定程序带来了相当的难度。笔者认为，应根据案件的实际情况结合行政法的基本原则进行裁量。可重点把握行政机关自行纠错过程中，是否告知相对人并给予其陈述和申辩的机会，在采取新的证据材料时，是否给予相对人知悉和质证这些材料的机会，这是行政程序公开、公正原则以及程序参与原则的要求，在没有具体规则可以遵循的情况下，可发挥基本原则的功能。此外，有些省份出台了关于行政程序的相关规定，行政机关亦应当予以遵守，如本案中江苏省人民政府出台了《江苏省行政程序规定》，被告在作出《撤销决定》时应当参照该行政程序规定。

第三，兼顾信赖利益保护原则。在特定情况下，为最大限度地保护法律安定性及当事人信赖利益，即使行政行为违法，也不能随意将其撤销。例如，对于行政许可等授益性行政行为，只要相对人具有正当的、值得保护的信赖利益，如果相对人主观上没有故意或重大过失，原则上不能撤销该行政行为，除非不撤销该行为会严重危及社会公共利益。对于确实需要撤销的，也应选择对利害关系人权益损害最小的方案。对因行政机关撤销行为导致相对人信赖利益受损的，应当按照过错原则承担自行纠错行为带来的一系列不利后果，不得将因行政机关未依法履行审查职责等原因导致的执法责任，转由相对人承担。

编写人：江苏省扬州市江都区人民法院　袁江华

12

事故责任无法认定情形下的工伤认定

——××县某兴矿业有限公司诉××县人力资源和社会保障局工伤行政确认案

【案件基本信息】

1. 裁判书字号

（2016）赣0521行初1号行政判决书

2. 案由：工伤行政确认纠纷

3. 当事人

原告：××县某兴矿业有限公司

被告：××县人力资源和社会保障局

第三人：张桂某

【基本案情】

张某是原告的职工，从事铲车司机工作。2013年7月26日17时32分许，张某驾驶二轮摩托车去上班，途经某路段时，与行道树及道路旁路灯杆发生碰撞，造成张某死亡，摩托车受损的交通事故。2013年7月31日××市公安局交通警察支队××大队作出×公交认字〔2013〕第0404号《道路交通事故认定书》，认定张某承担事故的全部责任。第三人（张某之父亲）不服，于2014年1月14日向××市公安局交通警察支队提请复核，同年2月18日××市公安局交通警察支队作出×公交复字〔2014〕第006号《道路交通事故认定复核结论》，作出撤销×公交认字〔2013〕第0404号道路交通事故认定，责成办案单位重新调查核实，依法对该起交通事故重新作出认定。2014 年 2 月 27 日××市公安局交警支队××大队作出×公交证字〔2014〕第 0023 号《道路交通事故证明》，证明因本次道路交通事故的成因无法查清，无法对本次事故责任进行认定。2014 年 6 月 28 日第三人依法向被告申请工伤认定，同年 10 月 13 日，被告作出分人社伤认字〔2014〕第 080 号《不予认定工伤决定书》，认为张某不符合《工伤保险条例》第十四条应当认定为工伤之情形及第十五条视同工伤之情形，故对张某作出不予认定工伤的决定。第三人对该决定不服，于 2015 年 1 月 28 日依法向法院提起行政诉讼，法院于 2015 年 4 月 3 日作出判决，即撤销被告作出分人社伤认字〔2014〕第 080 号《不予认定工伤决定书》，并责令其重新作出具体行政行为。原、被告均不服此判决，向××市中级人民法院提起上诉，××市中级人民法院于 2015 年 7 月 30 日作出（2015）×行终字第 03 号行政判决书判决驳回上诉，维持原判。2015 年 9 月 24 日，被告重新作出分人社伤认字〔2015〕第 053 号《工伤决定书》的具体行政行为，认定张某在此次事故中的死亡符合《工伤保险条例》第十四条第一款第六项之规定，同意认定为工伤，原告不服，于 2016 年 1 月 14 日向法院提起行政诉讼，请求撤销被告于 2015 年 9 月 24 日作出的分人社伤认字〔2015〕第 053 号《工伤决定书》，并责令其重新作出具体行政行为。

另查明，2013 年 7 月 28 日早上 7 时许，死者张某家属开了九部车，四十余人占据第三人处厨房和办公室，并强行切断生产用电，要求原告对张某的死亡进行赔偿。××县公安局××派出所接警后及时赶到现场做双方劝说工作，并要求双方派代表到××镇政府进行商谈。经协商，2013 年 7 月 29 日，第三人出具收条一份，收条载明：今收到××县某兴矿业有限公司因职工张某在 2013 年 7 月 26 日驾驶摩托车上班途中发生交通事故死亡，先行支付补偿款计人民币壹拾万元整。原告及第三人均认可并盖章、签字，双方所在地政府参与此次事故协商的领导干部均作为见证人签字。

【案件焦点】

职工张某发生无法认定责任的交通事故死亡是否符合《工伤保险条例》规定的工伤认定条件。

【法院裁判要旨】

法院经审理认为：根据《工伤保险条例》第五条的规定，被告具有受理本行政区域内的工伤认定申请并依法作出是否为工伤的法定职权。本案中张某是原告的员工，张某在上下班途中发生交通事故死亡事实清楚，××市公安局交警支队××大队出具《道路交通事故证明》认为“因本次道路交通事故的成因无法查清，无法对本次事故进行认定”，未认定张某承担事故主要责任或者全部责任的事实，根据《工伤保险条例》第十四条第一款第六项规定，职工“在上下班途中，受到非本人主要责任的交通事故或者城市轨道交通、客运轮渡、火车事故伤害的”应认定为工伤。及《最高人民法院关于审理工伤保险行政案件若干问题的规定》第一条第一款规定：“人民法院审理工伤认定行政案件，在认定是否存在《工伤保险条例》第十四条第（六）项‘本人主要责任’、第十六条第（二）项‘醉酒或者吸毒’和第十六条第（三）项’自残或者自杀’等情形时，应当以有权机关出具的事故责任认定书、结论性意见和人民法院生效裁判等法律文书为依据，但有相反证据足以推翻事故认定书和结论性意见的除外。”及《工伤保险条例》第十九条第二款的规定：“职工或者其近亲属认为是工伤，用人单位不认为是工伤的，由用人单位承担举证责任。”本案中，原告诉称张某交通事故并非上下班途中及其已与张某解除劳动关系，但原告并未依法提供张某应负交通事故主要责任或全部责任的相关证据，也未提供足以推翻事故认定书和结论性意见的相反证据，对此应承担举证不能的法律后果。同时根据《工伤保险条例》第十六条规定：“职工符合本条例第十四条、第十五条的规定，但是有下列情形之一的，不得认定为工伤或者视同工伤：（一）故意犯罪的；（二）醉酒或者吸毒的；（三）自残或者自杀的。”法院审理后亦未发现张某的死亡存在符合上述三种不得认定为工伤或者视同工伤的情形，故对原告认为张某死亡不应认定为工伤的意见，法院不予采纳。综上，法院认为，被告认定张某符合《工伤保险条例》第十四条第六项之规定，作出认定工伤的决定，符合劳动法关于“保护劳动者的合法权益”的立法本意，属适用法律、法规正确，程序合法，原告要求撤销被告作出的分人社伤认字〔2015〕第053号《工伤决定书》，无事实和法律依据，法院不予支持。

【法官后语】

《工伤保险条例》第十四条规定是认定职工工伤的重要依据，其中第六项规定是交通事故伤害情形下的工伤认定依据，根据该规定，职工在上下班途中，受到非本人主要责任的交通事故或者城市轨道交通、客运轮渡、火车事故伤害的，应当认定为工伤。从法条规定可知，认定职工交通事故中所受伤害为工伤有两个前提条件，一是时间条件，要上下班途中；二是责任条件，要非本人主要责任，即全部责任、主要责任以外的其他责任类型，包括无责任、次要责任、同等责任。但发生交通事故后，交通管理部门因各种原因而无法作出事故成因及责任认定的情况并不少见，该种情况下的事故伤害是否应认定为工伤，对此，目前的法律、行政法规均没有明确规定，理论界与实务界对该问题亦多有争论，司法实践中，各地法院对该类案件的判法亦不统一。

对于本案的处理，有两种意见，一种意见认为，张某在交通事故中所受伤害不属《工伤保险条例》第十四条规定的应认定为工伤的情形，不应认定为工伤，理由是：没有证据证明张某在交通事故中所受伤害系第三人造成；责任不清亦非本人主要责任之外的事故责任类型；认定张某为工伤有扩大工伤认定范围及扩张法条本意之嫌，因此，不应认定张某为工伤。另一种意见认为，在法无明文规定的情况下，应综合案件具体情形与立法目的，并在此基础上对案件进行认定。笔者认为，张某所受事故伤害应认定为工伤，理由是：（1）《工伤保险条例》第十四条第六项仅排除了负主要责任及全部责任的受害人可以享受工伤保险待遇的情形，并未排除事故责任无法认定情形下的受害人可以享受工伤保险待遇的权利。(2)《工伤保险条例》属《中华人民共和国劳动法》（以下简称《劳动法》）范畴，不管是《劳动法》还是《工伤保险条例》，均以保护劳动者合法权益为基本目的，在职工的工伤认定上，亦应体现该立法目的。(3)《最高人民法院关于审理工伤保险行政案件若干问题的规定》第一条第一款规定："人民法院审理工伤认定行政案件，在认定是否存在《工伤保险条件》第十四条第（六）项'本人主要责任'、……情形时，应当以有权机构出具的事故责任认定书、结论性意见和人民法院生效裁判等法律文书为依据，但有相反证据足以推翻事故责任认定书和结论性意见的除外。"因本人主要责任的交通事故而不认定为工伤的，必须提供本人承担主要责任的证据，否则，应认定其为工伤；同时根据《工伤保险条例》第十九条第二款的规定，用人单位否认工伤须承担举证责任，而用人单位未能提供职工负有主要责任的证据，依法应承担举证不能的后果，故应认定张某在交通事故中所受伤害为工伤。

一审法院采纳了第二种意见，原告在法定期限内未提起上诉。

编写人：江西省分宜县人民法院　廖新良

13

行政程序中，滥用程序裁量权，应认定为滥用职权

——李某洋诉××县人力资源和社会保障局工伤行政确认案

【案件基本信息】

1. 裁判书字号

（2016）浙 0324 行初 43 号行政判决书

2. 案由：工伤行政确认纠纷

3. 当事人

原告：李某洋

被告：××县人力资源和社会保障局

第三人：××县国土资源局

【基本案情】

原告诉称，原告系死亡职工李捷某的女儿，李捷某生前系第三人下属××国土资源所工作人员。2015 年 9 月 8 日上午，他人发现在××国土资源所三楼与四楼楼梯转弯处，李捷某仰躺在地上，呼叫李捷某没有回应后报急救电话，后经医生赶到现场实施抢救后，诊断为已死亡。之后，第三人就李捷某死亡事件，向被告申报工伤认定。2015 年 11 月 5 日，被告作出了×人社工认〔2015〕632 号《不予认定工伤决定书》，决定不予认定工伤。被告作出上述决定后，仅告知第三人××县国土资源局，未将上述决定告知李捷某近亲属；并且，被告在调查取证中，没有通知有直接利害关系的李捷某近亲属如原告方等人参与，且在作出对李捷某的近亲属不利的行政决定前亦未告知李捷某近亲属，也未给予原告陈述和申辩的机会。在申请、受理、调查和作出结论的过程中，原告方均全然不知，被告亦没有通知或告知原告，全然剥夺了原告的知情权、陈述权、申辩权以及提出证据材料等权利。本案中，被告××县人力资源和社会保障局在行政程序中违反行政法规及相关规范性文件的要求，在结论作出后时至今日也没有向原告方送达，显属程序违法。综上，原告起诉请求依法撤销被告××县人力资源和社会保障局于 2015 年 11 月 5 日作出的×人社工认〔2015〕632 号《不予认定工伤决定书》。

【案件焦点】

本案情形能否认定为工伤，行政程序是否合法。

【法院裁判要旨】

法院经审理认为：本案中，一、被诉行政行为事实不清、主要证据不足，适用法律法规错误。(1) 被告未对李捷某死亡原因作出认定，属未认定案件基本事实。(2) 被告未对李捷某死亡时是否在工作时间和工作岗位作出认定。(3) 关于被告在庭审中提出李捷某生前患有疾病，其死亡不属于突发疾病，不是工作原因所致的主张。突发疾病包括各类疾病，法律也没有规定要求突发疾病必须为工作原因所致。故被告上述主张系对法律法规的错误理解适用。

二、被告作出被诉行政行为，严重违反法定程序，行使程序裁量权明显不当。本案中，(1) 被告未按照《工伤认定办法》的规定，在受理案件时出具受理决定书，在作出决定后也未向职工近亲属送达决定书，违反法定程序。(2) 被告在局长办公会议上讨论案件并形成不予认定工伤的结论之后再向××国土资源所所长调查，先决定再调查，违反法定程序。(3) 在行政过程中，未履行告知用人单位和受伤害职工近亲属举证的义务；在作出不利于受伤职工近亲属的决定前又未听取用人单位和职工近亲属的陈述、申辩意见。未合理行使程序裁量权，程序明显不当。(4) 行政机关作出影响行政相对人权利义务的决定，负有说明理由的义务，被告以“本机关局长办公会议讨论研究认为”作为作出不予认定工伤的理由，属滥用程序裁量权，程序明显不当。

综上所述，被诉行政行为，事实不清、主要证据不足、适用法律法规错误、违反法定程序、明显不当，依法应予撤销并责令被告重新作出行政行为。据此，依照《中华人民共和国行政诉讼法》第七十条第一款第一项、第二项、第三项、第六项之规定，判决如下：

一、撤销被告××县人力资源和社会保障局于2015年11月5日作出的×人社工认〔2015〕632号《不予认定工伤决定书》；

二、责令被告于本判决生效之日起60日内重新作出行政行为。

【法官后语】

本案争议的焦点有二：此种情形能否认定为工伤及行政程序是否合法？本文中，主要围绕被诉行政行为程序是否合法进行分析。

依法行政的内涵要求，不仅包含行政行为实体上合法，同时要求行政行为的作出在程序上符合法律规定，程序正当是实体正确的有效保障，程序正当与实体正确共同构成合法行政行为，二者缺一不可。行政程序的正当实现，有助于行政相对人接受和认可行政行为的合法性和公正性。正当的行政程序有利于确保行政正义的实现，使行政相对人感觉到公平，避免了行政机关和行政相对人之间产生不应有的矛盾。《工伤保险条例》规定了一些法定程序，而对程序未作明确规定的部分，给社会保险行政部门留下了充分的程序裁量权空间，条文中表述为“可以”的，一般通说认为亦属程序裁量权范围。这就要求社会保险行政部门在认定工伤的过程中，不仅应履行《工伤保险条例》和《工伤认定办法》明确规定的程序，还应合理行使程序裁量权，履行正当程序。

具体到本案中，被告在行政程序中，未按照《工伤认定办法》的规定，在作出受理决定后向受伤害职工近亲属送达决定书，未履行告知用人单位和受伤害职工近亲属举证的义务，在作出不利于受伤职工近亲属的决定前又未听取用人单位和职工近亲属的陈述、申辩意见。以上情形，均属于明显违反《工伤认定办法》明确的程序规定。同时，在作出行政行为前，对于行政行为涉及的事实进行调查核实，这是一般程序的规定，被告未予调查就先予决定，其后的调查也是围绕决定内容进行，这明显违反了正当程序的规定。另外，根据《工伤认定办法》第十九条第二款的规定，《不予认定工伤决定书》中，应就不予认定工伤或者不视同工伤的依据予以说明，被告仅以“本机关局长办公会议讨论研究认为”作为作出不予认定工伤的理由，在作出的不予认定工伤决定中，未履行说明理由的义务，也属滥用程序裁量权，明显不当。

应当明确的是，行政机关在行政行为过程中，其所掌握的裁量权不仅体现在行政行为的实体上，同时也体现在行政程序的选择和法律适用上，这也是行政机关行使职权的重要体现。因此，在行政程序中未合理使用裁量权的，如主观上目的不良则构成滥用裁量权，亦属于滥用职权，依法应予撤销。

编写人：浙江省永嘉县人民法院　胡朝俊　郑璐郴

三、行政许可

本章导读

行政许可，是指在法律规范一般禁止的情况下，行政主体根据公民、法人或者其他组织的申请，经依法审查，通过颁发许可证或者执照等形式，依法作出准予其从事特定活动的行政行为。行政许可是国家治理的重要手段之一，国家设定和实施行政许可，既能够对市场进行有效的宏观调控，又能够保护公民、法人和其他组织的合法权益，维护公共利益和社会秩序。

许可法定是行政许可的重要原则之一，行政许可的设定和实施都要依法进行。《中华人民共和国行政许可法》对行政许可的范围作出了明确界定，列举了可以设定行政许可的六类事项，并规定了可以不设定行政许可的情形。此外，《中华人民共和国行政许可法》还明确规定了不同层级法律规范对行政许可的设定权和规定权，各位阶法律规范只能在自身权限范围内设定或者具体规定行政许可。行政机关要严格依照法定的权限、条件和程序实施行政许可，在行政许可的实施过程中，注意及时公开相关政府信息、听取相对人和利害关系人的意见，因公共利益需要变更或者撤回行政许可的，要注重保护相对人的信赖利益。便民、高效是当前行政许可改革的重要方向，在行政许可的实施中推行告知承诺制，能够极大地便利行政相对人、激发市场主体活力，促进政府职能的转变。

14

撤销行政许可应遵守正当程序原则

——×××杰公司诉中国银行保险监督管理委员会撤销行政许可决定案

【案件基本信息】

1. 裁判书字号

（2018）京01行初1165号行政判决书

2. 案由：撤销行政许可决定纠纷

3. 当事人

原告：×××杰公司

被告：中国银行保险监督管理委员会

第三人：君×人寿公司

【基本案情】

2012年12月28日，正×人寿保险股份有限公司（以下简称正×人寿公司）向原中国保险监督管理委员会（以下简称原保监会，因国务院机构改革，原保监会和原中国银行业监督管理委员会的职责整合，组建中国银行保险监督管理委员会）申请变更注册资本，其中原告×××杰公司在已出资2亿元的基础上，增资2亿元，增资后出资额为4亿元，持股4亿股。同月31日，原保监会作出《关于正×人寿保险股份有限公司变更注册资本的批复》（保监发改〔2012〕1529号，以下简称变更批复）同意上述申请。2015年，原保监会同意正×人寿公司的名称变更为君×人寿公司。2017年，原保监会在对君×人寿公司进行公司治理检查过程中，发现原告×××杰公司以非自有资金增资君×人寿公司的问题，原保监会依职权对此进行了调查，并告知君×人寿公司。2018年2月5日，原保监会作出撤销行政许可决定书（保监许可〔2018〕153号，以下简称被诉决定书），内容为："君×人寿公司，经查，你公司股东×××杰公司在2012年的增资申请中，使用非自有资金出资。根据《中华人民共和国行政许可法》第六十九条第二款①规定，决定撤销2012年12月31日作出的变更批复中×××杰公司增资你公司2亿股的许可。自本决定下发之日起3个月内，你公司应抓紧引入合规股东，确保公司偿付能力充足，在引资完成前不得向违规股东退还入股资金，其间限制违规股东参会权、提案权、表决权等相关股东权利。逾期未完成的，监管部门将视情况采取进一步监管措施。"同月8日，原保监会向君×人寿公司送达该决定书，于同日在其官网公布。

【案件焦点】

原保监会撤销变更批复中涉案内容时，是否应当适用正当程序原则，即是否应当告知原告其撤销的内容，并听取原告的陈述和申辩。

【法院裁判要旨】

法院经审理认为：正当程序原则的要义之一在于，行政机关作出任何对行政相对人或利害关系人不利的行政行为，都必须说明理由并听取行政相对人或利害关系人的意见。本案中，虽然被诉决定书是针对君×人寿公司作出的，但原告是君×人寿公司的股东，被诉决定书的内容会限制原告作为君×人寿公司股东的权利，直接影响到原告享有的股东权益。虽然行政许可法及原保监会有关行政许可的规定未明确要求原保监会在撤销许可时应通知利害关系人，但原保监会亦应遵循正当程序原则的要求，在作出被诉决定书前，应当告知原告撤销行政

---

① 本案适用的是当时有效的《中华人民共和国行政许可法》，《中华人民共和国行政许可法》2019年修正后，第六十九条第二款内容没有变化。

许可的理由并听取原告的陈述和申辩，使原告真正参与到行政程序中，以确保原保监会全面把握案件事实，准确适用法律。原保监会既未告知原告撤销行政许可的理由，又未听取原告的陈述和申辩，有违正当程序原则，构成违反法定程序，故原保监会作出的被诉决定书中涉及原告的内容应予撤销。被告关于被诉决定书程序合法的主张，法院不予支持。

法院依照《中华人民共和国行政诉讼法》第七十条第一款第三项之规定，判决：

撤销被诉决定书中涉及×××杰公司的部分。

【法官后语】

根据《中华人民共和国行政许可法》第六十九条第二款的规定，被许可人以欺骗、贿赂等不正当手段取得行政许可的，应当予以撤销。原保监会具有对保险行业的监管职责，在少数保险公司可能演变为资本逐利工具，给公司治理带来巨大风险的形势下，原保监会开展公司治理检查并作出相应处理是其依法履行职权的表现。原保监会撤销其作出的变更注册资本的批复中增资许可的决定，不仅涉及被监管保险公司的权利义务，而且会对原出资股东造成不利影响，故原保监会应遵守正当程序原则，履行通知利害关系人、听取其陈述和申辩之程序。

一、行政许可撤销程序缺失之现状

根据行政许可法的相关规定，行政许可行为是赋予或认可相对人某项权利、资格，准许其从事特定活动的授益性的行为。行政许可的撤销，则是行政机关对其作出行政许可的一种纠错行为，是指已作出的行政许可存在违反法律规定的情形，由行政机关予以撤销而使已生效的行政许可失去法律效力的行为。《中华人民共和国行政许可法》第六十九条对行政许可撤销的规定仅限于实体规范，未对撤销程序作出明确规定。故为防止行政机关因缺乏程序控制导致的恣意和专断，要求其在撤销行政许可时履行必要的行政程序极为重要。

二、正当程序原则在撤销行政许可中的适用

（一）正当程序原则的理解和适用

正当程序原则一般来说，有三个方面的基本要求：第一，行政公开，即行政机关作出行政行为特别是对行政相对人不利的行政行为必须说明理由；第二，行政参与，即行政机关在作出不利行政决定时，必须听取行政相对人的陈述和申辩；第三，保持中立。随着学界及实务界程序意识的增强，相关理论研究、司法判例不断涌现，正当程序原则是裁决争端的基本原则及最低公平标准已经逐渐成为一种共识。

正当程序原则的适用主要有三种情形：一是作为原理的正当程序原则被成文法规则所吸收，这时须直接适用法定条款。二是现有法律规范较为模糊，但仍存在从法定规范探讨正当程序原则的解释空间，这时须运用法律解释等方法推导出行政行为必须遵守的规则意义上的正当程序要求。三是缺乏法律规范，直接援引原理意义上的正当程序原则，如最高人民法院第38号指导性案例的裁判理由写道："退学处理决定涉及原告的受教育权利，为充分保障当事人权益，从正当程序原则出发，被告应将此决定向当事人送达、宣布，允许当事人提出申辩意见。"

（二）正当程序原则在撤销行政许可中的适用

在撤销行政许可案件中如何适用正当程序原则，首先要厘清一个问题：是否存在规则意义上的正当程序要求以及能否直接或通过间接推导予以适用。从行政许可法的内容可见，撤销行政许可直接适用的程序性规定并不存在。那么能否通过法律解释的方法进行推导适用呢？有的法院认为，行政许可法第五条、第七条体现正当程序原则的规定位于总则位置，在分则中应当适用，故撤销行政程序亦应予以直接适用。但总则中的"设定和实施行政许可"能否涵盖"使行政许可失去效力的撤销行为"，这两种性质上完全不同的行政行为应否遵守同样的程序，都是值得商榷的问题。在这种情况下，法院应对正当程序原则的适用予以解释，援引作为"最低限度的程序公正标准"的正当程序原则。

正当程序原则的核心思想之一——公平听证原则，要求行政机关在做出不利于当事人的行政决定时必须听取对方的意见，当事人有为自己辩护的权利。该原则可结构化为“行政行为不利于当事人→应适用正当程序原则”。行政处罚作为一种行政主体对违反行政法规范但尚未构成犯罪的相对人，运用行政权追究行政法律责任的行政行为，充分体现了上述结构，《中华人民共和国行政处罚法》第四十四条、第四十五条也明晰地吸收了正当程序原则。比较行政许可的撤销与行政处罚（如行政许可的吊销），虽然前者是对行政许可颁发前违法行为的纠正，后者是对行政许可颁发后违法行为的惩处，但本质上都使得当事人处于损益状态，都符合“行政行为不利于当事人→应适用正当程序原则”的结构，故行政机关在作出撤销行政许可决定时，亦应遵循正当程序原则的要求，全面、充分、切实保证当事人的程序参与权。

本案中，虽然被诉决定书是针对君×人寿公司作出的，但撤销内容直接针对×××杰公司出资的2亿股，撤销后果为退还该公司入股资金，限制其股东参会权、提案权、表决权等相关股东权利，直接影响其享有的股东权益。虽然相关法律法规未明确要求原保监会在撤销许可时应通知利害关系人，但原保监会亦应遵循正当程序原则的要求，在作出被诉决定书前，应当告知原告撤销行政许可的理由并听取其陈述和申辩，使其真正参与到行政程序中，以确保原保监会全面把握案件事实，准确适用法律。原保监会既未告知原告撤销行政许可的理由，又未听取原告的陈述和申辩，有违正当程序原则，构成违反法定程序。

编写人：北京市第一中级人民法院　范术伟　闵雪

15

违法设定行政许可条件的行政行为应予撤销

——梅某某诉××省××市民政局行政许可及附带审查规范性文件案

【案件基本信息】

1. 裁判书字号

(2015) 东行初字第0126号行政判决书

2. 案由：行政许可及附带审查规范性文件纠纷

3. 当事人

原告：梅某某

被告：××省××市民政局（以下简称××市民政局）

【基本案情】

原告梅某某购置了车辆从事殡葬服务，未能领取殡葬营运证（又称殡葬专用服务车辆许可证）。2014年3月25日，原告向被告××市民政局提出关于申请公开政府信息申请表。2014年4月4日，被告作出东民复（2014）7号《关于梅某某申请信息公开的答复》，告知原告申请殡葬营运证时，须提供居民身份证、驾驶证、行驶证、所在镇（区、场）民政办划定殡葬车服务区域意见等。2014年4月22日，被告作出东民信访复字（2014）8号《关于梅某某申请殡葬车辆服务证一事的通知》，告知原告缺少书面申请书、户籍所在地（××镇）出具的已划定服务区域的意见以及原告驾驶该服务车辆的驾驶证，上述材料尽快向被告补充。2014年9月6日，原告向被告邮寄申请报告附××镇政府答复意见，要求被告为其办理殡葬营运证。2014年9月24日，被告工作人员口头答复原告，告知原告缺少××镇政府的明确意见，其购买的殡葬专用车不符合要求，不能办理殡葬营运证，鉴于原告购车的特殊情况，原告所购车辆可暂作为副车使用。原告不服，于2014年12月24日提起行政诉讼。2015年3月10日，××市人民法院作出（2015）东行初字第0005号行政判决书，责令被告于判决生效后三十日内对原告的申请作出行政行为，原、被告双方均未提出上诉。2015年5月4日，被告作出《关于梅某某申请殡葬车辆服务证一事的答复》，要求原告尽快向被告补充所属镇划定的区域服务范围的明确意见。原告不服，遂提起本案行政诉讼，请求法院判决确认被告作出的上述答复违法，并对被告作出答复所依据的《关于规范全市殡葬车辆营运管理的意见》合法性进行审查。

【案件焦点】

被告××市民政局作出的案涉《关于梅某某申请殡葬车辆服务证一事的答复》是否合法，该答复所依据的《关于规范全市殡葬车辆营运管理的意见》是否合法。

【法院裁判要旨】

法院经审理认为：《中华人民共和国行政许可法》第十七条规定，除本法第十四条、第十五条规定的外，其他规范性文件一律不得设定行政许可。据此，《中华人民共和国行政许可法》是禁止法律、行政法规、国务院决定、地方性法规和省级人民政府规章以外的规范性文件设定行政许可的。《民政部门实施行政许可办法》第二条规定，民政部门实施行政许可，应当遵守《中华人民共和国行政许可法》及有关法律、法规和本办法的规定。《殡葬管理条例》第十三条规定，遗体处理必须遵守下列规定：（一）运输遗体必须进行必要的技术处理，确保卫生，防止污染环境……；第十六条规定，火化机、运尸车、尸体冷藏柜等殡葬设备，必须符合国家规定的技术标准。禁止制造、销售不符合国家技术标准的殡葬设备。《××省殡葬管理办法》第五条规定，殡仪馆是专门从事遗体的运送、防腐、整容、冷藏和火化等殡葬业务的服务单位。其他单位和个人未经县级以上民政部门批准，不得从事上述殡葬服务业务。根据上述规定，其他单位和个人从事殡葬服务业务须经县级以上民政部门批准，并未要求从事殡葬专用车业务服务必须提供所属镇划定的区域服务范围的意见。因此，本案原告申请办理殡葬营运证，被告应当依照《中华人民共和国行政许可法》《民政部门实施行政许可办法》《殡葬管理条例》和《××省殡葬管理办法》等相关规定进行审批，而不得增设其他许可条件。本案中，被告适用《关于规范全市殡葬车辆营运管理的意见》作出了被诉答复，该意见第三条“依据市相关规定，所有殡葬专用车须按所属镇（区、场）划定的区域服务范围并报民政局审定后从事营运”的规定，并无上位法的依据，被告以此要求原告提交所在镇区域范围意见，属于违反上位法规定增设的行政许可条件，被诉答复适用法律、法规错误。

法院依照《中华人民共和国行政诉讼法》第七十条第二项之规定，作出如下判决：

撤销被告××市民政局于2015年5月4日作出的《关于梅某某申请殡葬车辆服务证一事的答复》。

宣判后，双方均未上诉，判决已经生效。

【法官后语】

人民法院可以依申请对规章以下的规范性文件进行司法审查。《中华人民共和国行政诉讼法》第五十三条规定的“可以一并请求对该规范性文件进行审查”是指是以被诉行政行为为基础的附带性审查。如果起诉人直接起诉要求人民法院对某规范性文件进行司法审查，人民法院应当进行法律释明，经释明，起诉人坚持诉讼的，未立案的裁定不予立案，已立案的裁定驳回起诉。本案中，梅某某诉的是××市民政局作出的答复行为，一并申请对规范性文件合法性进行司法审查，符合上述法律规定，人民法院应当进行实体审理。

人民法院附带审查规范性文件后，不宜直接对规范性文件作出否定性评价。《中华人民共和国行政诉讼法》第六十四条规定，人民法院在审理行政案件中，经审查认为本法第五十三条规定的规范性文件不合法的，不作为认定行政行为合法的依据，并向制定机关提出处理建议。从该法条可以看出，法律并未赋予人民法院对规范性文件进行司法审查后可以直接作出否定性评价，只是不作为认定被诉行政行为合法的依据，人民法院仍然要对被诉行政行为进行审查判断，如被诉行政行为除该规范性文件外并无其他合法性依据，人民法院应当撤销被诉行政行为。人民法院虽然不能直接对规范性文件进行否定性评价，但可以口头或书面形式向制定机关或其上级机关提出司法建议。本案中，××市人民法院在审查案涉规范性文件后，及时向××市人民政府提出司法建议，××市人民政府高度重视，立即启动审查程序，并于2015年11月2日作出×政发〔2015〕128号《关于公布市各部门规范性文件清理结果的通知》，以该通知违反《中华人民共和国行政许可法》规定为由，废止了《关于规范全市殡葬车辆营运管理的意见》。

违法设定行政许可条件的行政行为，人民法院应予撤销。早在多年前，国务院相关部门和地方人民政府都对规范性文件设定行政许可作了禁止性规定。如《财政部规范性文件制定管理办法》明确规定规范性文件不得设定行政许可、行政处罚与行政强制等事项。太原市人民政府颁布的《关于对规范性文件备案审查的规定》明确规定，“红头文件”不得设定行政处罚、行政许可、行政强制。当然，多数情况下，行政机关设定许可是为了更好地发挥行政管理职能，促进社会秩序、经济秩序更加规范有序运行，行政机关的本意是好的，但设定行政许可行为必须符合法律规定。本案中，《关于规范全市殡葬车辆营运管理的意见》对规范××市殡葬车辆营运管理可能存在一定的积极作用，但该意见已经违反了行政许可法的规定。故××市民政局依据该意见作出的答复不合法，××市人民法院撤销该答复并无不当。

编写人：江苏省盐城市中级人民法院　李星星

江苏省东台市人民法院　姚芳

16

行政协议与法律法规“冲突”的效力认定

——×达公司诉××市××区人民政府、××市××区自然资源和规划局海域使用权行政许可案

【案件基本信息】

1. 裁判书字号

上海海事法院（2019）沪 72 行初 19 号行政判决书

2. 案由：海域使用权行政许可纠纷

3. 当事人

原告：×达公司

被告：××市××区人民政府（以下简称××区政府）、××市××区自然资源和规划局（以下简称××区自然资源局）

【基本案情】

2015 年 8 月，原告通过投标与被告××区自然资源局签订××紫菜养殖海域使用权出让合同，期限为三年，合同写明：“合同期满，海域使用权终止，本海域使用权不予续期。”2018 年 5 月，原告收到××区自然资源局向原告发出的《关于海域使用权不予续期的答复》，写明原告申请海域使用权续期的报告已收悉，答复称海域使用权合同明确约定，海域使用权到期后不续期。2018 年 8 月，××区自然资源局向××海域的各紫菜养殖业主发出“关于清理××紫菜养殖的通知”，要求××海域使用权期满的业主立即停止紫菜养殖行为，拆除全部人工设施设备，清除海洋漂浮垃圾及生产生活垃圾。

原告等十五家公司将被告××区政府和××区自然资源局一并诉至法院，认为原告与××区自然资源局签订的海域使用权出让合同违反了《中华人民共和国海域使用管理法》第二十六条的规定。该条规定海域使用权人到期前有权申请续期，除根据公共利益或者国家安全需要收回海域使用权的外，应当批准续期。遂起诉请求判决：1. 撤销××区自然资源局向原告发出的《关于海域使用权不予续期的答复》；2. ××区自然资源局和××区政府履行法定职责，对原告海域使用权依法予以续期。

两被告辩称，涉案的海域使用权出让合同和海域使用权证书上均写明了到期后不再续期。××紫菜养殖海域部分与××湿地珍禽国家级自然保护区范围重合或邻近，当前国家对海洋采取更为严格的督察措施，对海洋生态环境的保护力度空前，相关海域能否持续进行养殖开发难以确定。因此，××区政府以招投标方式，以三年为一期进行海域使用权的出让，在招投标公告方案中都对到期不予续期进行了明确的说明。

【案件焦点】

1. 涉案海域使用权出让合同中“到期不予续期”的约定是否属于有效约定；2. 在存在前述约定的情况下，原告是否有权依据《中华人民共和国海域使用管理法》第二十六条的规定申请续期。

【法院裁判要旨】

法院经审理认为：涉案海域使用权出让合同第十条明确写明“合同期满，海域使用权终止，本海域使用权不予续期”，意思清晰明确并无歧义。相关合同的签订并无欺诈、胁迫行为存在，原告对合同相关条款应当是明知且理解其含义的，参加投标并签订合同，即意味着接受招标方案和合同条款的限定条件。《中华人民共和国海域使用管理法》第二十六条是对于一般情况下海域使用权人申请续期权利的规定，并非强制性的规定，其并不排除政府机关与海域使用权人对于使用权到期后是否续期通过明确约定的方式进行变更。由于海域使用权这一国家自然资源具有稀缺性特点，政府机关通过定期招投标的方式进行海域使用权出让，系以市场化手段促进自然资源的优化配置，以竞争性方式最大化保障和体现国有资产的价值，是政府更公开透明行使海域使用权出让管理职权的体现。考虑到涉案海域毗邻国家级自然保护区、××黄海湿地以及××省海洋生态红线，对于是否能够持续地进行养殖开发，具有一定的不确定性，政府以该条款对相关海域的使用权出让作出一定的限定，具有合理性，也并未违反法律法规的强制性规定。综上，法院认定涉案海域使用权出让合同中“到期不予续期”的约定为有效约定，对原告具有拘束力，在对于续期问题已有明确的特别约定的情况下，原告无权再按照法律规定的一般条款申请续期。

法院依照《中华人民共和国海域使用管理法》第七条第一款、第十七条第一款、第二十条、第二十六条，《中华人民共和国行政诉讼法》第六十九条，《最高人民法院关于适用〈中华人民共和国行政诉讼法〉的解释》第六十四条之规定，判决如下：

驳回原告的诉讼请求。

【法官后语】

海域使用权出让合同系海域行政机关依法行使海域使用管理职权，与公民、法人或者其他组织协商订立的具有行政法上权利义务内容的协议，属于典型的行政协议。它兼具行政性与协议性的特征，其中的协议性决定了其具有一定的私法性特征，与民事协议一样要求行政机关与行政相对人协商自由，意思自治。倘若一切依照法律法规规定调整双方行为，则不需要签订行政协议。换言之，行政协议的特性和价值决定其产生之初就具有补充、变更甚至排除法律法规规定的功能特征。根据《最高人民法院关于审理行政协议案件若干问题的规定》（发布于本案判决之后）第十二条的规定，人民法院认定行政协议是否无效主要从两个方面着手：一是审查行政协议是否存在“实施主体不具有行政主体资格或者没有依据等重大且明显违法”的情形；二是是否存在依照民法规定应认定无效的情形。

海域使用权出让合同订立双方的意思自治应当在司法审判中予以尊重和保护。订约双方可以有限度地对法律法规的一般内容进行变更，除非协议内容违反法律强制性规定，明显侵害相对人合法权益或者国家、集体、第三人利益，否则不应轻易认定无效。本案中，《中华人民共和国海域使用管理法》第二十六条虽规定了海域使用权人申请续期的权利，但这一权利可以通过约定的方式放弃。原告根据招投标方案签订合同，对合同条款知情同意，既无欺诈、胁迫情节，也无重大误解、显失公平等可撤销合同的理由。“到期不予续期”的约定应认定为有效。

本案裁判可归纳出以下理念，具有典型示范意义：

(1) 行政相对人有权在行政协议中处分自己的部分实体或程序性权利。法院只需审查其处分的权利是否为其合法享有的权利，以及处分权利本身是否触犯法律的强制性规定或违背社会公序良俗、权利处分的意思表示真实与否等。

(2) 政府机关有权以合法方式提升国家自然资源管理的效率和收益。自然资源使用价格逐年增高，采用分期出让、到期再行招投标的方式更符合市场化要求，而三年一期也已经兼顾了海域使用的稳定性。近海海域使用常受到国家海洋环境保护、海域区划规划等政策、法律法规变化的影响，具有一定的不确定性，限定海域使用期限有助于提升行政管理的效率，减少因政策法律变化而带来的管理难度、成本等一系列问题，具有合理性。

(3) 尊重行政协议约定有助于维护政府公信力，也是诚信原则在行政协议中的体现。对于行政协议约定的尊重，不仅针对行政相对人，也是对行政机关的约束。对于海域资源的管理，既可以使用传统的职权式的方式，也可以采用行政协议的方式。但一旦采用契约方式，则应当在契约框架下寻求救济，而不能动辄就以协议约定与法律规定不符而主张无效。涉案海域使用权的招投标方案已向社会大众公示，在当地已经形成共同认识。轻易否定协议效力，既是对政府公信的打击，也是对社会诚信的伤害。

编写人：上海海事法院　张健　鲍海跃

17

行政机关不得以增设许可条件的方式实现其他行政管理之目的

——丁某诉甲市行政审批局、乙市行政审批局行政许可案

【案件基本信息】

1. 裁判书字号

(2020)苏06行终496号行政裁定书

2. 案由：行政许可纠纷

3. 当事人

原告（被上诉人）：丁某

被告（上诉人）：甲市行政审批局（以下简称甲市审批局）

被告：乙市行政审批局（以下简称乙市审批局）

【基本案情】

2018年8月，某小区27号楼二单元丁某等业主向甲市审批局申请办理老小区增设电梯施工许可手续。同年12月，甲市审批局向该单元业主核发了《建设工程规划许可证》和《既有住宅增设电梯施工许可》。2019年4月12日，甲市审批局作出《撤销登记决定书》，以案涉小区存在违章建筑，不符合《某市既有多层住宅增设电梯指导意见（试行）》（本案以下简称《指导意见》）第五条的规定，以申请人提供的“无违章建筑”的证明内容虚假为由撤销了前述许可证。丁某等业主不服，向乙市审批局申请行政复议，乙市审批局复议维持了《撤销登记决定书》。丁某仍不服，诉至法院，要求撤销《撤销登记决定书》。

【案件焦点】

1. 甲市审批局能否仅以存在违章建筑为由撤销已经作出的行政许可；2.《指导意见》能否作为案涉撤销行为的规范性依据。

【法院裁判要旨】

一审法院经审理认为：甲市审批局作出《撤销登记决定书》所依据的《指导意见》将有关“无违章建筑”证明或承诺书作为许可条件，增设了法外的其他许可条件，依法不应当作为撤销涉案许可行为的规范性依据。是否存在违章建筑以及对违章建筑的查处，属于甲市综合行政执法局的职责范围，甲市审批局将小区无违章建筑作为实施许可的条件之一，属于行政行为的不当牵连，有综合执法部门借行政许可“搭便车”，以增设许可条件的方式实施城市综合行政执法管理，目的不正当。

一审法院根据《中华人民共和国行政诉讼法》第七十条第二项、第七十九条之规定，判决如下：

一、撤销甲市审批局 2019 年 4 月 12 日作出的《撤销登记决定书》；

二、撤销乙市审批局 2019 年 9 月 11 日作出的《行政复议决定书》。

甲市审批局不服一审判决，提出上诉，后申请撤回上诉。二审法院依照《中华人民共和国行政诉讼法》第六十二条、《最高人民法院关于适用〈中华人民共和国行政诉讼法〉的解释》第一百零一条第一款第十项之规定，裁定如下：

准许甲市审批局撤回上诉。

【法官后语】

甲市审批局撤销案涉行政许可的主要理由是依据《指导意见》第五条规定，认为申请人所在小区存在违章建筑，申请人办理许可证时提交了物业公司出具的“无违章建筑”证明，构成提交虚假材料，以欺骗手段取得行政许可。甲市审批局的该撤销理由不能成立。

第一，规范性文件不得设定行政许可，亦不得法外增设许可条件。

《中华人民共和国行政许可法》规定了许可法定原则，根据《中华人民共和国行政许可法》第十二条、第十四条、第十五条、第十七条的规定，法律、行政法规、地方性法规可以设定行政许可，地方政府规章可以设定临时性的行政许可，临时性许可期限届满需要继续实施的，应当通过地方人大制定地方性法规，其他规范性文件一律不得设定行政许可。这意味着市、县级行政主管部门制定的规范性文件，依法不得增设行政许可，对行政许可条件作出的具体规定，不得增设违反上位法的其他条件。《江苏省规范性文件制定和备案规定》第九条规定，行政机关制定规范性文件以实施法律、法规、规章的相关规定为主，并不得创设行政许可。规范性文件为实施法律、法规、规章作出具体规定的，不得违法增加公民、法人或者其他组织的义务或者限制公民、法人或者其他组织的权利。对于既有多层住宅增设电梯事项而言，尚没有现行法律、法规或地方性法规作出具体的规定。《指导意见》明确规定了既有多层住宅增设电梯需要办理建设工程规划许可证和施工许可证，则许可机关应当按照相应法律、法规规定的许可条件办理。《中华人民共和国城乡规划法》《江苏省城乡规划条例》对办理建设工程规划许可证、施工许可证的条件作出了明确规定，并没有要求申请人提交无违章建筑的证明或承诺书。甲市审批局将“无违章建筑”证明作为许可条件之一，显然属于在法律规定的行政许可条件以外另行增设新的行政许可条件，增加了申请人的法外义务，不应作为行政行为的依据。

第二，实施行政许可不得“以批代管”或不当牵连。随着我国老年人口比例逐年提高，各级人民政府及行政机关应当在日常行政管理活动中加以关切，并付之以行动。既有多层住宅增设电梯就是各地人民政府为提高老年人生活质量的有益举措，而《指导意见》是地方政府为民办实事的具体措施，一般会得到老百姓特别是老年人群的赞同。根据职权法定原则，行政机关实施行政管理的权力来源于法律法规的授权，各行政机关应当在法律法规授权的权限范围内实施行政行为，不得越权实施。行政许可机关应当按照《中华人民共和国行政许可法》的规定，按照法定的许可条件依法实施许可，对于许可违法行为，应加强监督管理，依法处罚，不能“以批代管”。同时，实施许可时不应允许其他行政机关借行政许可“搭便车”，以增设许可条件的方式实现其他行政管理之目的。《指导意见》将“无违章建筑”与实施增设电梯许可的条件捆绑在一起，即属于考虑了依法不应当考虑的因素，存在“以批代管”和“搭便车”之嫌。目前，该市关于违反规划管理方面的行政处罚权相对集中由综合执法局行使，而行政许可则相对集中由审批局依法实施，两者属于不同的行政管理机关，依据不同的法律规范，履行不同的行政管理职责。因此，将存量违章建筑的处理与规划许可捆绑在一起，属于行政行为的不当牵连，有违依法行政的基本原则。

第三，撤销行政许可应具备法定撤销理由且不违反信赖保护原则。行政行为一经作出，即具有确定力、拘束力、执行力。但对于违法或不当的行政行为以及由于事实和法律变迁而不宜存续的行政行为，行政机关同时也具有自我纠错的权利和职责。自我纠错的价值在于减少或者避免行政争议的产生，尽早结束行政行为效力的不确定状态，维持行政法律关系的稳定，增强公众对行政机关的认同和信赖。从严格依法行政的角度而言，对于确有瑕疵的行政行为，都可以通过撤销的方式予以纠正。但是从行政效率和效益的角度考虑，基于保护行政相对人的信赖利益和减少行政争议产生的考量，行政机关应当采取足够审慎的态度，只有在该行政行为的瑕疵足以影响到实质处理结果时，才采用撤销的方式进行纠错。同时还要结合行政行为在法律效果上是课以行政相对人义务抑或授予行政相对人利益，区别对待。行为仅存在轻微瑕疵但并不影响实质处理结果，或者通过补正等事后补救方式可以“治愈”，或者撤销可能会给国家利益、社会公共利益造成重大损失的，则应当考虑采取其他方式进行纠错。《指导意见》规定的申请条件之一是小区物业管理单位提供无拖欠物业管理费、无小区毁绿种菜、无楼道堆积物、无违章建筑的证明及承诺书。这说明《指导意见》授权小区物业管理单位认定小区内是否存在违章建筑。事实上，小区物业管理单位既非规划行政管理部门，亦非法律授权对违反规划管理法律法规行为的有权处罚机关，既没有认定违章建筑的法定职权，也不具备相应的规划专业技术能力去判断建筑物是否属于违章建筑。即使违章建筑确实存在，甲市审批局也可以通过告知当事人自行拆除或者有权行政机关给予行政处罚的方式进行补救，并非只有通过撤销的唯一方式来纠正。更何况，在甲市审批局作出案涉撤销决定时，增设电梯施工已接近尾声，申请人投入几十万元，更应当考虑有无其他可以采取补救的措施处理更为适宜，而不是简单地一撤了之。

编写人：江苏省南通经济技术开发区人民法院　齐海生

四、行政征收

本章导读

《中华人民共和国宪法》第十三条第三款规定了征收和征用制度："国家为了公共利益的需要，可以依照法律规定对公民的私有财产实行征收或者征用并给予补偿。"实践中，常见的行政征收有两种：

一是税、费征收，即国家为了公共利益的需要依法无偿取得公民、法人和其他组织货币财产的行政行为，其制度化表现为一个国家的税收制度和行政收费制度。税收制度是国家和政府实现其治理职能的物质基础，国家通过税收对经济发展进行宏观调控，对社会收入进行再分配。行政收费是指行政机关为相对人提供一定的公益服务，或者授予相对人使用国家资源，由此而收取一定的费用。

二是土地、房屋征收。《中华人民共和国土地管理法》《国有土地上房屋征收与补偿条例》确立了土地、房屋征收的基本制度，其本质上是国家为了公共利益的需要，对非国有财产在事先进行补偿之后实施的一种强制性交易的行政行为。土地、房屋征收具有严重的侵益性，需要对其进行有效的规制。首先，从征收目的上来讲，应当严格限于公共利益需要，防止公共利益成为行政机关侵害公民财产权的挡箭牌。其次，从征收程序上来讲，行政机关实施征收行为既应当严格遵守法定程序，又应当符合正当程序原则的要求，为相对人和利害关系人提供充分的参与机会，听取其陈述和申辩并将之作为征收决定作出的基础。最后，从征收的底线上来讲，行政机关应当给予被征收人公平补偿，采用合理的补偿方式、补偿数额以有效保护公民、法人和其他组织的财产权。

18

在行政征收中对未登记房屋未依法调查、认定、处理应确认违法

——张某诉××市××区人民政府房屋行政征收案

【案件基本信息】

1. 裁判书字号

（2018）京行终1855号行政判决书

2. 案由：征收房屋[①]

3. 当事人

原告（上诉人）：张某

被告（被上诉人）：××市××区人民政府（以下简称××区政府）

---

① 本案案由在当时通用为“房屋行政征收”，现依据2021年1月1日生效实施的《最高人民法院关于行政案件案由的暂行规定》第四十三项的规定，案由应修改为“征收房屋”，该处修改系为统一规范确定案由，不影响该生效判决。

【基本案情】

××区政府于2017年7月21日作出×政发〔2017〕28号《关于××棚户区改造项目范围内房屋征收的决定》（以下简称被诉征收决定），主要内容为：××棚户区改造项目（以下简称涉案项目）于2017年4月11日8时至2017年7月19日24时进行预签房屋征收补偿协议工作。截至2017年7月19日24时，预签征收补偿协议比例为96.27%，达到了规定的75%的预签征收补偿协议生效条件。根据《国有土地上房屋征收与补偿条例》（以下简称征补条例）、《××市国有土地上房屋征收与补偿实施意见》、《××市旧城区改建房屋征收实施意见》的有关规定，××区政府决定对征收范围内的房屋及其附属物实施征收，国有土地使用权同时收回。××区政府负责涉案项目房屋征收与补偿工作；××区政府房屋征收办公室为该项目的房屋征收部门，组织实施征收与补偿工作；××市××区房屋征收事务中心（以下简称××区房屋征收事务中心）为该项目的实施单位，承担房屋征收与补偿的具体工作；北京城建×瑞置业开发有限公司为该项目的建设单位。北京×华天业房地产评估有限公司等18家评估机构为涉案项目的评估机构，负责被征收房屋的评估工作。该项目正式签约期限为2017年7月23日9时起至2017年8月11日24时止。在预签协议期限内签订的征收补偿协议已生效，已在预签协议期限内签订征收补偿协议的被征收人，应当自本决定发布之日起15日内将被征收房屋及相关未登记建筑腾空并完成交房手续；未签订征收补偿协议的被征收人应当在正式签约期限内签订征收补偿协议，并在签订征收补偿协议后15日内将被征收房屋及相关未登记建筑腾空并完成交房手续。张某不服，诉至法院，请求撤销被诉征收决定。

经查，张某居住的房屋位于××市××区××路15号8-9号（以下简称涉案房屋）位于本次征收范围内。该房属承租直管公房，公房租赁合同载明承租方为张甲，住宅为1间半，使用面积是23.2平方米。张某自述张甲系其父亲，张甲于2014年去世后，其一家继续居住使用涉案房屋，1984年前后，其家分别在该房处自建加盖超出上述租赁合同记载面积的房屋。

【案件焦点】

被诉征收决定是否存在严重损害原告合法权益的程序违法情形。

【法院裁判要旨】

一审法院经审理认为：××区政府作出的被诉征收决定证据确凿、适用法律规定正确、程序合法。原告请求撤销被诉征收决定的诉讼请求没有事实根据和法律依据等，据此依法判决：

驳回张某的诉讼请求。

张某不服一审判决，提起上诉。二审法院经审理认为：涉案项目符合征补条例有关公共利益的征收条件，××区政府作出被诉征收决定前履行了改建意见征询、评估机构选择、房屋征收补偿方案的制订及意见征求与反馈、预签约及社会稳定风险评估等程序，并设立征收补偿资金专用账号，确保资金足额到位、专款专用等。

关于被诉征收决定是否存在严重损害上诉人合法权益的情形。本案中，上诉人居住的房屋，既有承租直管公房租赁合同上记载部分的建筑，也有因自建加盖行为产生的未登记的建筑。对此，××区政府应根据征补条例第十五条等规定，对该处房屋的权属、区位等情况组织调查登记，并将调查结果在房屋征收范围内向上诉人公布，对其中未经登记的部分建筑也应该进行调查、认定和处理，并保障上诉人的异议权。但在被诉征收决定作出前，××区政府并没有对上诉人所居住的全部房屋的权属、区位等进行调查、登记及在征收范围内公布调查结果，亦未对上诉人居住的未经登记的房屋作出认定和处理。根据涉案项目征收补偿方案，该项目的补偿方式为货币补偿或房屋产权调换。同时，征收补偿方案还就“协议生效后住宅房屋相关奖励”进行了约定，由于××区政府未履行上述程序，上诉人的未登记房屋实际无法进入评估程序，也无法通过预签订征收补偿协议获得签约速度奖等奖励。同时，若上诉人最终选择产权调换，或者选择货币补偿、申请购买奖励房源，上诉人对相应房源的选择范围也必将受到影响，无法与同等条件已签署征收补偿协议的被征收人获得同等保护。故××区政府未对上诉人履行上述程序，对其合法权益造成重大影响。综上，××区政府未履行上述程序，显已构成程序违法，应予纠正。

另，××区政府因违反法定程序，其行政行为属依法撤销情形，鉴于涉案项目属于对危房集中、基础设施落后地段进行旧城区改建，涉及公共利益等，故本案作出确认违法判决，不撤销被诉征收决定。考虑到××区政府上述程序违法行为影响上诉人的征收补偿权益，同时责令××区政府采取补救措施，及时启动对上诉人所居住房屋，包括公房租赁合同未记载部分房屋的调查、认定、处理及结果公布程序，并保障上诉人的异议权、选择权等。由于××区政府针对大部分被征收人房屋已履行法定调查认定及公布程序，因此将本确认违法判决的效力范围限定于上诉人和××区政府之间，对其他被征收人不具有既判力。

综上，二审法院依法判决：

一、撤销一审法院行政判决；

二、确认××区政府作出的被诉征收决定未履行对张某居住的未登记房屋的调查、认定、处理及结果公布程序违法；

三、责令××区政府于本判决生效之日起七个工作日内启动对征收范围内张某居住的未登记房屋的调查、认定、处理及结果公布程序；

四、驳回张某的其他上诉请求。

【法官后语】

本案关于被诉征收决定是否存在损害上诉人合法权益的程序违法情形，二审与一审有不同观点。本案中，上诉人所居住的房屋，既有公房租赁合同上记载部分的建筑，也有因自行加建行为产生的非合同记载部分的建筑。但根据在案证据，××区政府未对上诉人的未经登记房屋作出认定和处理，由于未履行该程序，上诉人的合法权益受到重大影响，显然已构成该部分程序违法，应予纠正。故二审法院依法改判确认该部分程序违法。

房屋征收决定是征收补偿决定的前置程序，对被征收人的补偿安置奖励等合法权益产生重大影响，在审查房屋征收决定是否合法时，应进行全面审查，尤其是作出征收决定前的法定程序。本案被诉征收决定作出前，对上诉人被征收的房屋没有依法进行全面调查、登记和认定、处理，二审法院考虑到涉案项目的征收符合公共利益条件等，为维护大多数已预签约被征收人的合法权益，最大限度减少法院判决对推进涉案项目征收程序的影响，仅判决确认被诉征收决定未履行相关法定程序违法，维持被诉征收决定的法律效力，将判决效力范围限定于案件上诉人与政府之间，责令政府采取补救措施，并保障上诉人的异议权等相关权利。

类似本案情况，在政府征收过程中时有出现，特别是对于无产权证照的未登记建筑部分。我国对此没有专门的统一规定，只有少数地方有规定，如山东省的《济南市国有土地上房屋征收范围内未登记建筑认定和处理办法》等，这就给征收补偿工作带来影响。实践中，针对此类房屋，政府征收时需加以调查甄别，对于房屋建设时间较早，在 1990 年《中华人民共和国城市规划法》实施前，尤其是在 1984 年前建造用于居住的房屋，即使无产权也应等同于合法建筑，按合法建筑标准进行补偿。这既能维护被征收人的合法权益，也避免因程序义务的缺失对征收有序推进造成影响，同时减少不必要的诉讼。对此，笔者提出以下建议：第一，地方政府对被征收范围内的未登记建筑应当制定专门的认定和处理办法，使政府的征收拆迁工作有具体依据。第二，严格按照征收条例并参照当地具体规定征收，对征收范围内的房屋制订统一的调查认定处理方案。第三，对征收项目前期法律问题充分论证，有效识别法律风险。

编写人：北京市高级人民法院　马宏玉

19

房屋承租人可以直接得到征收补偿

——尹某、刘某诉××区人民政府、××市房产管理局行政征收及行政赔偿案

【案件基本信息】

1. 裁判书字号

(2017)湘行终411号行政判决书

2. 案由：行政征收及行政赔偿纠纷

3. 当事人

原告（上诉人）：尹某、刘某

被告（被上诉人）：××区人民政府、××市房产管理局

原审第三人：××市人民防空办公室、××市财政局

【基本案情】

2009年7月20日，刘某与××市人防工程开发处签订《人防工程使用租赁合同》，2012年4月28日又续签合同至2019年10月27日，租赁××市人民防空办公室的房屋用于经营×杯红酒店（尹某系经营者，刘某系实际经营者）。2009年7月23日承租人刘某向××市人防工程开发处申请对租赁的房屋进行改造，预计改造费用80万元左右，申请获得该处同意。2009年下半年，原告刘某经××市人民防空办公室同意在该单位的土地上自建临街铺面（未办理任何建房审批手续），作为该酒店的一部分。

2015年8月17日，因××城区河东段综合治理工程项目建设需要，××市××区人民政府发布××征决字〔2015〕5号国有土地上房屋征收

决定，刘某租赁的涉案房屋位于征收范围内。2015 年 9 月 29 日，××市房产管理局、××市××区人民政府、××市财政局、××市人民防空办公室、××市国有土地上房屋征收处××中心、××市行政事业单位资产管理处、××市人防工程维护管理处、湘江综合治理项目建设地区房屋征收指挥部，就涉案出租房屋征收补偿问题签订了《国有土地上房屋征收补偿安置协议书》。在涉案出租房屋征收补偿的问题上，如对停产停业损失的补偿、装饰装修价值的补偿等，××区人民政府、××市房产管理局没有听取刘某、尹某的意见。刘某、尹某认为，该《国有土地上房屋征收补偿安置协议书》补偿太低，侵犯了其合法财产权益，请求法院依法撤销该《国有土地上房屋征收补偿安置协议书》。

【案件焦点】

房屋承租人是否可以直接得到相关征收补偿。

【法院裁判要旨】

一审法院经审理认为：被告在本案征收过程中，在房屋征收补偿时未征求房屋承租人即原告的意见，违反程序正当原则，被告与第三人签订《国有土地上房屋征收补偿安置协议书》违反法定程序，依据《中华人民共和国行政诉讼法》第七十条第一款第三项的规定，判决撤销了该协议。

二审法院认为：用于经营的租赁房屋被征收时，该房屋的价值应当补偿给被征收房屋的所有人，但由承租人完成的室内装饰装修和扩改建项目的价值、经营设备等的搬迁费用、停产停业损失等，应当依法补偿给承租人。本案中，上诉人对涉案租赁的房屋进行了装饰装修及改造，并自建了铺面用于酒店经营。但涉案房屋在租赁期限内被征收时，被上诉人与原审第三人签订的《国有土地上房屋征收补偿安置协议书》没有将房屋承租人即上诉人列为补偿协议相对人，属于遗漏征收对象，程序不当。二审法院同意一审法院裁判意见。

【法官后语】

《国有土地上房屋征收与补偿条例》虽然没有明确规定将房屋承租人列为征收补偿对象，但是笔者认为，房屋承租人可以作为征收补偿协议相对方，直接获得相关征收补偿。理由如下：

第一，《国有土地上房屋征收与补偿条例》并没有对房屋承租人进行征收补偿的禁止性规定。

第二，房屋承租人获得相关补偿有法律依据。《中华人民共和国民法典》第二百四十条规定："所有权人对自己的不动产或者动产，依法享有占有、使用、收益和处分的权利。"如果房屋承租人对租赁房屋进行了装饰装修、改造，或者购置设备利用租赁房屋进行生产经营，那么房屋承租人对这部分财产依法享有所有权。《中华人民共和国宪法》第十三条第三款规定："国家为了公共利益的需要，可以依照法律规定对公民的私有财产实行征收或者征用并给予补偿。"公民私有财产的保护具有宪法依据。因此，在房屋征收过程中，将相关的装饰装修价值、停产停业损失以及生产设备设施搬迁费、临时安置补助费等款项补偿给房屋承租人符合宪法和相关法律、法规的规定。

第三，将房屋承租人排除在征收补偿之外与其法律地位不相符。对房屋进行过装修改造的房屋承租人，对房屋征收显然具有财产权益，与征收行为具有直接的利害关系。在房屋征收中，处置房屋承租人的财产，却不征求其意见，有违程序正当原则，于法、于理不符。

第四，将房屋承租人排除在征收补偿之外不利于征收的顺利进行。如果将房屋承租人排除在外，房屋承租人会对相关行政行为申请行政复议或提起行政诉讼，不利于行政争议的实质解决，影响征收的顺利进行和征收项目建设的顺利推进。

编写人：湖南省株洲市中级人民法院　罗颖红　苏新柱

20

诚实信用原则亦应作为行政协议的基本原则

——毕某菊诉××县××街道办事处等房屋征收协议案

【案件基本信息】

1. 裁判书字号

(2016) 鲁01行终690号行政判决书

2. 案由：房屋征收协议纠纷

3. 当事人

原告（上诉人）：毕某菊

被告（被上诉人）：××县××街道办事处、××县国土资源局

第三人（被上诉人）：××县××街道×××社区居民委员会

【基本案情】

原告毕某菊诉称，原告在××县××街道×××社区建设了房屋约300平方米用于居住。2016年被告开始实施房屋征收，并于2016年3月24日与原告以及第三人签订了《××县集体土地上房屋征收补偿安置协议》，征收了原告的房屋。但原告近期发现，其他人的补偿价格正房按照3945元/平方米、配房按照1972.5元/平方米进行补偿，但对于原告的房屋均按照600元/平方米进行补偿。原告认为，被告给予原告的补偿显失公平，并对补偿价格进行隐瞒欺诈了原告，并且没有办理相应的征收手续，请求判决撤销2016年3月24日《××县集体土地上房屋征收补偿安置协议》，并判令被告重新与原告签订安置补偿协议。

被告××县××街道办事处、××县国土资源局辩称，1. 涉案协议各方

均已签字（盖章）确认，原告本人也已签字按手印确认，该协议已经生效，对原告具有法律约束力，原告无权单方主张撤销该协议；原告本人已经领取了生效协议所约定的全额货币补偿款项，该协议已经全部履行终结，原告无权主张撤销。2. 涉案房屋补偿价款是根据具体房屋的实际状况、依据××县规范性文件核算并经原告签字认可的，不存在原告所诉称的“显失公平”或“隐瞒欺诈”等情形。

【法院裁判要旨】

一审法院经审理查明：因××新区建设，原告所有的涉案房屋被依法征收。因涉案房屋及宅基地没有房屋所有权证及土地使用权证，也没有经县政府或街道办事处审核批准及村集体经济组织认可的有关材料，按照《关于印发××片区部分地块征地范围内房屋评估有关问题处理意见的通知》要求，对原告房屋的补偿安置按照××县征地地面附着物补偿标准的有关规定进行补偿。2016 年 3 月 24 日，原告与被告××县××街道办事处、第三人××县××街道×××社区居民委员会签订了《××县集体土地上房屋征收补偿安置协议》，同日，原告毕某菊完成搬迁并验收合格，3 月 25 日，原告毕某菊领取了征收补偿安置协议约定的补偿款。2016 年 5 月 16 日，原告认为补偿价格过低，显失公平，被告对补偿价格欺诈了原告，诉至法院，请求撤销 2016 年 3 月 24 日签订的《××县集体土地上房屋征收补偿安置协议》，并判令重新签订安置补偿协议。

一审法院经审理认为：行政协议的订立，是在充分尊重行政相对人意思表示的基础上，以协商一致的方式达成协议，通过履行双方协议所确定的权利义务，实现行政管理目标。协议一旦协商订立，非因法定事由不得撤销。本案中原告要求撤销与被告××县××街道办事处、第三人××县××街道×××社区居民委员会订立的《××县集体土地上房屋征收补偿安置协议》的理由有二：其一，原告主张该房屋征收补偿安置协议是以欺诈手段订立，显失公平，但原告未提供任何证据证明该主张，再结合本案中补偿款原告已全额领取，协议所涉房屋已自愿腾空搬迁等事实，原告认为房屋征收补偿安置协议是以欺诈手段订立，显失公平的理由不能成立，法院不予支持。其二，原告认为被告对涉案房屋以600元/平方米补偿，认定事实错误。本案中，涉案房屋及宅基地没有房屋所有权证及土地使用权证，也没有经县政府或街道办事处审核批准及村集体经济组织认可的有关材料，不符合全额补偿的条件。现原告以应全额补偿从而要求撤销《××县集体土地上房屋征收补偿安置协议》无事实和法律依据。故判决驳回原告诉讼请求，原告不服提起上诉，二审法院经审理作出（2016）鲁01行终690号行政判决，驳回上诉，维持原判。

【法官后语】

诚实信用原则作为私法领域中的基本原则，约束着一切私人之间的权利义务关系，但此原则能否在公法中适用，一度存在争论。持否定意见者认为，公法与私法存在根本的不同，私法多为任意性规定，而公法多为强行性规定，私法上的意思自治原则，为公法上所不许，诚实信用原则在于道德层面补充法律的不足，如果适用于公法，势必将破坏公法的严格性。但大多数学者对此持肯定意见，其支持理由是：从发展渊源来看，诚实信用原则是含有自然道德规范色彩的基本原则，属于超越成文法的上位法理，与正义、公平原则一样应共通于所有法的领域，而不应因私法与公法而有所区别。

笔者认为，诚实信用原则应作为超越公私法界限的一般法律原则，同样适用于公法领域，当然应当在行政协议中获得贯彻和实现。理由有二：第一，随着民主化和国家行为方式多样化的发展进程，国家与公民之间仅存在权力关系，不能以对等身份缔结协议的说法，已被否定，这也是行政协议的由来。第二，依法行政中包含的羁束性与契约概念中所含的自由性，在理念和立法上也并非不可调和。契约自由与受法律羁束并非是绝对不能相容的概念，任何行为均不能与法律相抵触，并非公法契约是这样，私法契约亦然，所以没有理由认为法律对公法契约和私法契约应有不同的看待。当然，契约自由在行政协议中的适用程度与在民事协议中并非毫无差异。行政协议中的契约自由的边际是由行政行为的目的性和依法行政原则划定的，因而双方当事人的合意空间与民事协议相比是有限的。但这种适用范围的差异并不妨碍行政协议的契约本质。因此，从这个意义上说，行政协议的契约本质无论是私法学者抑或公法学者都应该肯认。既然行政协议与私法协议一样，契约性是其本质特征，诚实信用原则就应成为其基本原则，并贯穿于协议缔结、履行和终止的全部过程之中。

诚实信用原则引入行政协议中，当然亦会具有与其适用于私法协议同样的功能与效用。这种效用具体表现为：首先，诚实信用原则以其所具有的抽象性和弹性内涵，成为克服成文法局限和弥补其缺陷的有力工具；其次，诚实信用原则作为一种合目的性的解释方法，在协议解释中发挥着重要作用；再次，通过赋予法官一定的弹性裁量空间，诚实信用原则有助于达成真正的个案公平；最后，诚实信用原则以其丰富的道德内涵，能够有效规范协议当事人善意行为。

除具有上述功能与效用外，将诚实信用原则引入行政协议中，并作为行政协议的基本原则，还具有特殊的意义与价值。首先，对行政机关在协议中的特权行使进行有效规制，倡行行政协议的善意履行。诚实信用原则倡导协议双方善意履行协议，这种行为准则对于行政机关亦具有重要作用。其次，合理建构我国的行政协议理论与制度，对强调特权的传统行政协议理论进行纠正。在我国传统行政法中，行政协议只是推行公务的一种手段，因此在行政协议中明显的偏重于行政机关一方，其中最突出的表现是特别强调行政主体在行政协议中的特权：行政主体可以单方面变更协议标的，单方面解除协议，有权指挥协议的履行甚至有权对不履行或不正确履行协议的行为进行制裁，而对行政协议本身的协议特性以及行政协议作为协议区别于其他行政行为的特征却很少加以讨论。这种模式的提倡对行政协议理论和制度实践造成的消极影响可以想见。将诚实信用原则适用于行政协议，并作为支配行政协议的基本原则，将对这种强调特权的传统行政协议理论进行有效纠正。行政协议首先是一种协议形式，作为一方当事人的行政机关在协议中同样受协议拘束而并不必然具有优越于私人主体的法律地位，私人主体的意思表示与行政机关具有同等价值，双方都应善意履行协议，行政特权的行使应控制在有限的范围内且应符合诚实信用原则，这些理念的强调会真正有益于我国行政协议理论和制度的合理建构。

结合本案，原告毕某菊与被告××县××街道办事处、被告××县国土资源局、第三人××县××街道×××社区居民委员会在平等协商的基础上，签订了房屋征收补偿协议，在领取了拆迁补偿款后拆除了房屋，行政协议已经生效且履行完毕。原告再以欺诈为由，请求撤销该协议，显然是违反诚实信用原则的。为保护行政协议的善意与衡平，本院结合各方当事人提交的证据，判决驳回原告的诉讼请求，于法有据。

编写人：山东省平阴县人民法院　曹文举

21

基于合理信赖而签订的房屋征收与补偿协议应当受到保护

——张某英诉××县房屋征收与补偿管理办公室房屋征收与补偿行政协议案

【案件基本信息】

1. 裁判文书字号

（2017）鄂05行终46号行政判决书

2. 案由：房屋征收与补偿行政协议纠纷

3. 当事人

原告（被上诉人）：张某英

被告（上诉人）：××县房屋征收与补偿管理办公室（以下简称征收办）

【基本案情】

2014年9月2日和2015年3月23日，原告张某英与被告征收办分别签订两份《商业步行街房屋征收补偿协议》（以下简称《房屋征收补偿协议》），其中约定：1. 经营性房屋和住房产权调换过渡期限均为自2014年5月1日起至2016年4月28日止（含还建房装修时间），原告在2014年4月28日前应将被征收房屋腾空，并交被告拆除，因原告逾期腾房造成被告工作损失的，原告应承担一切法律责任。2. 被告应在本协议约定的过渡期满前保证原告按期回迁，逾期不能回迁的，被告应在过渡期前通知原告，并按照规定向原告加发过渡期补偿费等其他有关事项。二份协议签订后，被告支付原告征收补偿费共计531.891.72元（其中过渡期租房补偿费40491.36元）。2016年5月6日，宜昌鑫业铭城投资有限公司发出《公告》，其主要内容为：商业步行街被征收的部分产权户过渡安置时间于今年4月30日到期，根据县征收办的安排，由公司负责兑付工作；兑付期限为2016年5月1日至2017年4月30日，2017年4月30日后仍未交房的逾期安置由公司负责，在2018年5月30日前回迁安置交房时一次结算兑付。尔后，原告向被告申请支付自2016年5月1日起至2017年4月30日止的逾期经营性房屋和住房租房补偿费25307.10元，被告以其与原告签订二份补偿协议时间分别为2014年9月2日和2015年3月23日作为过渡期租房补偿费的起始时间，分别往后计算二年过渡期限为由，答复不予支付原告逾期租房补偿费。为此，原告向法院提起行政诉讼。

【案件焦点】

张某英与征收办签订的《房屋征收补偿协议》中约定的过渡期条款的效力问题。

【法院裁判要旨】

一审法院经审理认为：原、被告是在真实、自愿基础上签订的《房屋征收补偿协议》，双方对此均不提出异议。原、被告在 2014 年 9 月 2 日和 2015 年 3 月 23 日分别签订商用房屋和住房补偿协议时，双方都明知原告在 2014 年 4 月 28 日前没有完成商用房屋和住房搬迁事宜，双方还在补偿协议中进行约定，而被告给原告商用房屋和住房补偿又发生在补偿协议约定搬迁时间（2014 年 4 月 28 日）的四个多月和近一年之后。显然，被告在实施房屋征收中没有执行应当先补偿、后在补偿协议约定或者补偿决定确定的搬迁期限内完成搬迁的规定，该协议约定条款违反了《国有土地上房屋征收与补偿条例》第二十七条的强制性规定，应当认定该约定条款无效，但不影响补偿协议其他条款的效力。被告在对××镇商业步行街房屋征收补偿过程中实施的行政审批、规划、公告、制订征收补偿方案、签订征收与补偿协议等一系列行政程序合法，所签订补偿协议的其他条款明确，且不违反法律、行政法规的强制性规定，该协议的其他条款是合法、有效的行政合同，具有限制和约束征收部门和被征收人的法律效力，不经法定程序不得任意变更或撤销，原、被告应受补偿协议其他内容约束，由被告支付原告自 2016 年 5 月 1 日起至 2017 年 4 月 30 日止的逾期租房补偿费 25307.10 元。因此，原告的诉讼请求成立，本院予以支持。

一审法院依照《中华人民共和国行政诉讼法》[①] 第七十三条、第七十八条第一款，《中华人民共和国合同法》第四十四条第一款、第五十

---

① 本案适用的是当时有效的《中华人民共和国行政诉讼法》（2014 年修正）《中华人民共和国行政诉讼法》2017 年修正后第七十三条、第七十八条第一款内容没有变化。

二条第五项、第五十六条、第六十条、第一百零七条①，《最高人民法院关于适用〈中华人民共和国行政诉讼法〉若干问题的解释》② 第十四条、第十五条第一款之规定，判决如下：

征收办应在本判决生效后十日内支付张某英逾期租房补偿费25307.10元。

征收办持原审判决提起上诉。二审法院经审理认为：本案《房屋征收补偿协议》签订后，在其第六条第一项已约定房屋产权调换过渡期限为2014年5月1日至2016年4月28日的情况下，被上诉人就对该条款的确定性形成合理信赖，在无充分理由否定这种信赖值得保护时，上诉人不得改变该条款的约定。同时，2015年2月11日，××县人民政府制定××规〔2015〕2号《××县国有土地上房屋征收与补偿实施办法》，该实施办法第三十条规定在补偿协议中约定过渡期限，第三十一条规定超过补偿协议中约定的过渡期限，应提高标准给付被征收人补偿费。上诉人在其2016年5月30日作出的《处理意见》中，仍强调应按照征收补偿协议第六条第一项的约定，在原标准基础上提高25%支付逾期补偿费。本案中，上诉人认为应以签订《房屋征收补偿协议》的时间来计算过渡期限，但协议并未作出该约定，上诉人的主张与上述规定不符，也与《房屋征收补偿协议》第六条第一项直接冲突，本院对上诉人的该主张不予支持。

二审法院依照《中华人民共和国行政诉讼法》第八十九条第一款第一项之规定，判决驳回上诉，维持原判。

---

① 分别对应《中华人民共和国民法典》第五百零二条、第一百五十三条、第一百五十五条、第五百零九条、第五百七十七条。

② 《最高人民法院关于适用〈中华人民共和国行政诉讼法〉的解释》于2018年2月6日发布，自2018年2月8日起施行。本解释施行后，《最高人民法院关于执行〈中华人民共和国行政诉讼法〉若干问题的解释》（法释〔2000〕8号）、《最高人民法院关于适用〈中华人民共和国行政诉讼法〉若干问题的解释》（法释〔2015〕9号）同时废止。下文同。

【法官后语】

本案原、被告双方争议焦点在于过渡期的起始时间计算问题，原告认为应按《房屋征收补偿协议》约定的时间开始计算，被告认为应按签订《房屋征收补偿协议》的时间开始计算，这就涉及行政法中的信赖保护原则。所谓信赖保护原则，是指行政管理相对人对行政权力的正当合理信赖应当予以保护，行政机关不得擅自改变已生效的行政行为，确需改变行政行为的，对于由此给相对人造成的损失应当给予补偿。其中有两点我们必须注意：其一，行政行为一经作出，非有法定事由和非经法定程序不得随意撤销、废止或改变，即行政行为具有确定力和公定力。其二，行政行为作出后，如事后据以作出该行政行为的客观情况发生重大变化，为了公共利益的需要，通过利益衡量后行政机关才可以撤销、废止或者改变已作出的行政行为。但只有通过利益衡量，认定撤销、废止或改变已作出的行政行为所获得的利益确实大于行政相对人将因此损失的利益时，才能撤销、废止或者改变相应行政行为。信赖保护原则在行政法中不可缺位。

首先是建立诚信政府的需要。行政行为，不同于一般的民事行为，它不但具有确定力，而且具有公信力。行政行为一旦作出，就需要行政相对人执行。相对人即使不服，在寻求行政救济、提起行政复议或诉讼过程中，一般也应先予执行，这是法律对行政效率的保护，也是全社会对行政行为的信任，是公共秩序得以安定，政权得以巩固的基础。信赖保护原则有利于全面保护行政相对人的合法权益，信赖保护原则要求有权机关应保护行政相对人因信任行政主体正当性、权威性而无过错参与其实施的授益性、合意性、指导性等行政行为所期望得到的合法和合理利益。这种观念涵盖了行政合法性原则权益的要义，并突出了诚实信用原则行政相对人可期望的合法或合理权益的内容。

其次是保护公民合法权益的需要。信赖保护原则保护行政相对人的合理信赖利益，只要相对人没有可归责于自己的事由，便推定相对人的信赖利益受法律保护。基于行政行为的公定力，相对人会对已做出的行政行为产生信赖，并依此安排自己的权利义务活动。这在行政行为合法无误的情况下毋庸置疑，然而当行政行为有缺陷时，便很有可能对行政相对人造成利益上的损害。这时如果国家置之不理，那么相对人的合法利益便会成为行政行为违法的牺牲品，这与国家实施行政管理以保障民众生活和社会秩序的最终目的背道而驰，所以必然要求国家对这些行为负责，行政信赖保护原则也就产生了。

最后是提高行政效率的需要。行政机关如果反复无常，那么它的行为就不具有可预测性，不值得信赖，就会降低公民参加社会活动、行政活动的积极性。更有甚者，如果公民的合法权益受到这种反复无常的行政行为的侵害，就会造成公民与政府的严重对峙，后果就是增加了行政成本，降低了行政效率。这种后果是政府不愿意看到的。相反，如果行政机关能够保护公民的信赖利益，就会促进公民积极地参加行政、协助行政、服务行政，与政府形成良好的互动，从而提高行政效率，节约社会资源。

在本案中《房屋征收补偿协议》是由被告征收办提供，其中明确约定过渡期限为2014年5月1日至2016年4月28日，原告张某英在签订协议过程中并无过错，亦无违法行为，被告在本案中也不存在因公共利益需要有行政优益权的情形，原告基于对被告的信任签订上述协议，由此而取得的利益应当得到法律的保护。

编写人：湖北省秭归县人民法院　邓娇

五、行政处罚

本章导读

2021年修订的《中华人民共和国行政处罚法》第二条对行政处罚作出了明确界定：行政处罚是指行政机关依法对违反行政管理秩序的公民、法人或者其他组织，以减损权益或者增加义务的方式予以惩戒的行为。制裁性是行政处罚最突出和最核心的特征，制裁的核心是剥夺当事人已有的利益或者给予其新的不利益。修订后的《中华人民共和国行政处罚法》拓展了行政处罚的种类，新增了通报批评、降低资质等级、限制开展生产经营活动、责令关闭、限制从业五类处罚，对于社会治理实践中产生的新问题、新情况作出了及时回应，有效丰富了治理手段。

行政机关实施行政处罚应当始终遵循处罚法定原则，严格依据法定职权、种类、程序等行使处罚权。此外，还应当遵循处罚公开原则，对违法行为给予行政处罚的规定必须公布，未经公布不得作为行政处罚的依据；行政处罚的程序也应当及时公开。2021年修订后的《中华人民共和国行政处罚法》明确规定了执法重心下移、执法力量下沉，将县级人民政府部门依法享有的行政处罚权交由乡镇人民政府、街道办事处行使，对二者的执法能力提出了较大挑战。乡镇人民政府、街道办事处应当加强自身执法能力建设，严格依照法定权限和程序实施行政处罚。修订后的《中华人民共和国行政处罚法》还体现了宽严相济的处罚精神，增加了从轻、减轻处罚的情形，新增了"初次违法可不罚""无主观过错不罚""不予处罚应当进行教育"等规定，在更好体现处罚与教育相结合原则的同时，也对行政处罚权的实施提出了更高要求，行政处罚权的实施应当有效回应人民群众对公平正义的需求。

（一）证据、证明

22

除有足以反驳的证据外，监控数据可作为认定环境违法行为的关键性证据

——××市××机动车检测场诉××市生态环境局行政处罚案

【案件基本信息】

1. 裁判书字号

（2019）京01行终1008号行政判决书

2. 案由：行政处罚纠纷

3. 当事人

原告（上诉人）：××市××机动车检测场（以下简称××检测场）

被告（被上诉人）：××市生态环境局（以下简称市环境局）

【基本案情】

××市机动车排放定期检测监管系统（以下简称I/M系统）系市环境局用于监控监管××市机动车排放检测的技术平台系统。机动车检测机构检测人员检测前，需在简易工况法检测设备控制系统软件中手动输入待检车辆车牌号，向I/M系统发送调取车辆基本信息指令，检测数据则共享至I/M系统。根据I/M系统显示，×运村机动车检测公司于2018年3月24日对京N××车辆进行了排放检测，检测结果为不合格。2018年3月27日，××检测场对该车辆进行了三次检测，第一次检测：系统时间显示为12：38：27—12：43：32，监控录像时间显示为12：35：29—12：38：48，检测线为09460，测量值不合格，检测结果为中止；第二次检测：系统时间显示为16：53：40—16：58：13，监控录像时间显示为16：59：07—17：00：03，但监控录像中车辆车牌号为京G××，检测线为09461，测量值不合格，检测结果为中止；第三次检测：系统时间显示为17：02：08—17：03：04，监控录像时间显示为16：59：07—17：00：03，但监控录像中车辆车牌号为京G××，检测线为09461，检测结果为合格。I/M系统中显示上述三次检测手动录入的车牌号均为京N××，系统当天没有京G××车牌的录入记录。另外，I/M系统的显示时间与监控录像显示时间因未校准而存在误差；在同一条检测线上检测车辆时，如果操作人员未重新登录，前一次的检测监控录像会被后一次检测的监控录像所覆盖。××检测场认为上述I/M系统中的检测数据存在伪造、修改或系统出错，诉讼中申请对检测数据是否存在人为修改进行司法鉴定，法院未予准许。

此外，周某在接受市环境局询问时称，其于2018年3月27日对京N××车辆进行了两次检测，检测结果均为中止，最后一次系对京G××车辆进行检测，但其对I/M系统显示最后一次检测录入的是京N××车牌号、I/M系统中当日并无京G××车辆的上线检测记录等问题均无法作出解释。××检测场主管副场长丰某在接受询问时承认存在替检情况，但称系因工作人员工作疏忽录入错误车牌号，并非故意替车检测。经听证，市环境局作出行政处罚决定书，认定××检测场存在替车检测、出具虚假排放检验报告的违法行为，根据《中华人民共和国大气污染防治法》第一百一十二条的规定，决定对××检测场没收违法所得九十元，并处二十万元的罚款。××检测场不服，遂成讼。

【案件焦点】

1. ××检测场是否存在替车检测、出具虚假排放检验报告的违法行为；2. 在线监控手段获取的监控数据能否作为认定违法事实的证据。

【法院裁判要旨】

一审法院经审理认为：《中华人民共和国大气污染防治法》第五十四条规定，机动车排放检验机构应当依法通过计量认证，使用经依法检定合格的机动车排放检验设备，按照国务院生态环境主管部门制定的规范，对机动车进行排放检验，并与生态环境主管部门联网，实现检验数据实时共享。机动车排放检验机构及其负责人对检验数据的真实性和准确性负责。生态环境主管部门和认证认可监督管理部门应当对机动车排放检验机构的排放检验情况进行监督检查。《环境行政处罚办法》第三十六条规定，环境保护主管部门可以利用在线监控或者其他技术监控手段收集违法行为证据。经环境保护主管部门认定的有效性数据，可以作为认定违法事实的证据。针对环境违法行为的特殊性，环境保护主管部门利用联网在线监控、数据共享等技术监控手段能够更方便、准确、有效地实施监管。除非有足够的证据证明监控数据在形成过程中存在系统漏洞或者人为修改，环境保护主管部门通过联网在线监控手段获取的监控数据应可以作为认定违法事实的证据。

本案中，I/M 系统中的监控数据正源自机动车检测机构检验数据的共享，××检测场应对检验数据的真实性和准确性负责。根据 I/M 系统显示，2018 年 3 月 27 日，××检测场检测员进行的三次检测手动录入的均系京 N××车牌号，并无京 G××车牌号的录入记录，前两次检测结果均因测量值不合格而中止，第三次检测结果虽为合格，但监控视频显示第三次被检测的车辆实际系京 G××车辆，并非京 N××车辆，且第二次和第三次检测系在同一检测线上，两次检测时间间隔不超过五分钟。同时，结合市环境局对周某、丰某所做询问笔录，足以认定××检测场存在替车检测、为京 N××车辆出具虚假排放检验报告的违法行为。××检测场提交的证据不足以否定上述监控数据的真实性，其认为 I/M 系统监控数据存在伪造、修改及系统出错的情况，从而不能作为认定违法事实证据的主张，不能成立。因此，市环境局认定××检测场存在涉案违法行为，能够排除合理怀疑，认定事实清楚。

一审法院依照《中华人民共和国行政诉讼法》第六十九条之规定，判决如下：

驳回××检测场的诉讼请求。

××检测场不服，提起上诉。针对××检测场的司法鉴定申请，二审法院经审理认为：启动司法鉴定程序的前提是案件争议的事实需要依据鉴定结论予以认定。但就本案而言，I/M 系统数据来源于××检测场上传的数据。市环境局提交的检验数据与其他证据相互印证，在无初步证据证明 I/M 系统数据可能被修改的情况下，一审法院未予准许××检测场的鉴定申请并无不当。

二审法院依照《中华人民共和国行政诉讼法》第八十九条第一款第一项之规定，判决如下：

驳回上诉，维持一审判决。

【法官后语】

随着国家环保力度的不断加强，环境监管领域的制度和技术手段也在不断提升。由于环境违法行为的特殊性，利用在线监控、数据共享等技术监控手段来实施环境监管越来越得到环保主管部门的青睐。本案即环保主管部门利用技术监控系统对机动车尾气检测机构的检测行为进行在线监控、获取监控数据并作出相应处理的典型案例。本案认定××检测场存在环境违法行为的主要事实依据就是监控数据，因而监控数据的真实性、完整性成为双方争议的焦点，这也是原告在诉讼程序中一直要求对监控数据是否存在修改进行司法鉴定的原因。监控数据在证据类型中属于电子数据，虽然市环境局向法院提交的是打印版书面文件，但不影响该监控数据的证据类型定性。也即，本案实际上涉及电子数据的审查判断问题。

三大诉讼法在证据类型中均规定了电子数据，但行政诉讼法及其相关司法解释对电子数据的范围、收集提取以及审查判断并无明确规定。对此，电子数据的审查判断可以借鉴民事诉讼的相关规定。2019 年出台的《最高人民法院关于民事诉讼证据的若干规定》明确了电子数据的审查判断规则。一是电子数据的完整性、可靠性应遵循无损性原则、专业性原则和完整性原则，其真实性应结合电子数据的生成、存储、传输所依赖的计算机系统的软硬件环境是否完整可靠，是否处于正常运行状态以及是否具备有效的防止出错的监测核查手段。在有必要时，可以通过鉴定、勘验的方法，辅助法官形成心证。二是明确电子数据推定真实规则，针对在正常业务活动中形成的电子数据等五种情形，除有足以反驳的相反证据外，法院可以推定其为真实。

本案中，法院对监控数据的审查结合了监控数据的生成方式、其他辅助证据以及推定真实规则，最终认可了监控数据的真实性和完整性，由此能认定替车检测违法行为的存在，因而对原告的鉴定申请亦未准予。第一，本案监控数据系在联网监控系统中生成，检测机构在对汽车检测时需手动输入车牌号调取信息，检测数据会与监控录像一起共享至该系统，系统自身能够形成证据闭环，且该系统是环保主管部门的日常执法监控系统，能够稳定运行。第二，结合检测员周某和主管副场长丰某的询问笔录以及系统运营维护公司的工作人员何某的证言，能够进一步强化对监控数据真实性的认定。第三，根据推定真实规则，原告提交的所有证据均无法对监控数据被修改提供初步证明，无法反驳监控数据的真实性。原告提交了一份 I/M 系统显示第一次检测也是京 G××牌车辆的证据，但并无手动输入日志和监控视频佐证，故法院未予采信，其实原告恰从反面证明了监控系统的科学有效性。需要指出的是，法院对本案监控数据并未严格按照上述电子数据的审查规则进行，如对监控数据的收集提取并未审查，亦未对监控系统的运作方式进行现场勘验等。对此，行政诉讼亦应尽快引入和完善电子数据的审查判断规则。

编写人：北京市海淀区人民法院　周洋

23

重大行政处罚案件应当适用“排除合理怀疑”的证明标准

——×燃公司诉甲市工商行政管理局××分局工商行政处罚案

【案件基本信息】

1. 裁判书字号

（2018）京02行终字第902号行政判决书

2. 案由：工商行政处罚纠纷

3. 当事人

原告（上诉人）：×燃公司

被告（被上诉人）：甲市工商行政管理局××分局（以下简称××工商局）

【基本案情】

2016年3月31日，×燃公司与乙市×德士加油站订立《特许经营合同》，其中约定“……×德士加油站销售×燃公司或×燃公司授权配送企业供应的油品，不得销售第三方油品”。2016年4月1日，×燃公司与×海集团有限公司（以下简称×海公司）签订《成品油买卖框架合同》，约定×海公司旗下的××石化公司按此合同执行，向×燃公司提供的油品应符合国家标准。2016年6月22日，×燃公司与×德士加油站签订购销合同，约定×燃公司向×德士加油站销售国V0#柴油32.48吨。2016年6月23日，×德士加油站至××石化公司自提，并使用×燃公司指定的油罐车运输。2016年6月28日，乙市××区市场监督管理局（以下简称××监管局）对×德士加油站销售的0#车用柴油抽样检测，经检测机构检验，结论为：该样品所检项目中硫含量不符合GB19147-2013标准要求，质量不合格，并对×德士加油站进行了处罚。××监管局认定×德士加油站销售的该批次柴油的上级供货商为注册地在甲市××区的×燃公司，并于2016年11月22日以行政告知函的形式将案件线索移送至××工商局。××工商局经过前述调查，认为×燃公司向×德士加油站销售不合格柴油的事实成立，作出了被诉行政处罚："×燃公司与×德士加油站签订购销合同，以4460元/吨的价格向×德士加油站销售0#柴油32.48吨，销售额共计144860.80元……×燃公司的行为违反了《中华人民共和国大气污染防治法》第六十五条、第一百零三条第三项的规定。依据上述规定，决定作出行政处罚如下：1. 没收违法所得832.82元；2. 罚款434582.40元……"2017年6月26日，××工商局致函××港经济开发区市场监督管理局，将案件线索移送。××港经济开发区市场监督管理局认为未发现该公司的产品质量存在问题，未对×海集团进行处罚。

【案件焦点】

1. ××工商局对本案是否具有管辖权；2. ××工商局提供的证据能否充分证明×燃公司存在违法行为。

【法院裁判要旨】

一审法院经审理认为：依照《中华人民共和国大气污染防治法》第五条、第一百零三条的规定，××工商局具有对所辖区域内企事业单位违反大气污染防治规定的行为实施监督管理。本案中，××工商局在接到××监管局移送的案件线索后，对×燃公司所涉销售行为及×德士加油站等单位的采购、销售涉案车用柴油进行了调查核实。其依据相关调查结论、检验报告所显示的检验结论作出了被诉决定书。其间，××工商局亦通过听证形式听取了×燃公司的陈述与申辩。××工商局作出的被诉决定书认定事实清楚、适用法律正确、程序合法。×燃公司的证据材料不足以支持其诉讼请求。

综上，一审法院依据《中华人民共和国行政诉讼法》第六十九条之规定，判决：

驳回×燃公司的诉讼请求。

×燃公司不服一审判决，提起上诉，理由如下：1. 一审以《中华人民共和国大气污染防治法》认定××工商局有管辖权错误，××工商局从职权到地域均对本案无管辖权；2. ××工商局对其的处罚，缺乏充分证据，认定事实错误。

二审法院经审理认为：根据《中华人民共和国大气污染防治法》第一百零三条第三项及《中华人民共和国行政处罚法》第二十条①之规定，××工商局对于本案具有管辖权。本案中，××工商局认定×燃公司行为违法的主要依据为，×德士加油站与×燃公司存在购销的事实，××监管局认定对×德士加油站抽检结果不合格的0#车用柴油系从×燃公司购进，故×燃公司存在向×德士加油站销售不合格0#车用柴油的违法事实。但×燃公司在整个交易环节中并未经手涉案柴油，现根据××港监管局的回函，亦未发现××石化公司有生产不合格柴油的线索和证据，故×燃公司是否向×德士加油站销售了不合格的柴油，证据之间存在矛盾，事实不清。××工商局对×燃公司作出的被诉行政处罚书，证据不充分，认定的事实不清，不符合《中华人民共和国行政处罚法》第三十条②“公民、法人或者其他组织违反行政管理秩序的行为，依法应当给予行政处

① 对应现行《中华人民共和国行政处罚法》第二十二条。

② 对应现行《中华人民共和国行政处罚法》第四十条，该条规定：“公民、法人或者其他组织违反行政管理秩序的行为，依法应当给予行政处罚的，行政机关必须查明事实；违法事实不清、证据不足的，不得给予行政处罚。”

罚的，行政机关必须查明事实；违法事实不清的，不得给予行政处罚”之规定，依法应予撤销。

甲市第二中级人民法院依照《中华人民共和国行政诉讼法》第八十九条第一款第二项之规定，作出如下判决：

一、撤销一审判决；

二、撤销××工商局作出的被诉行政处罚书。

【法官后语】

关于证据的证明标准，目前我国在刑事诉讼和民事诉讼领域都有足够的法律和理论支持，形成了比较统一的标准，但在行政诉讼领域，相关法律、法规尚无明确规定。证明标准与案件所涉利益及当事人地位息息相关。刑事案件往往涉及较大的公共利益，且当事人之间完全处于不对等的地位，为了保护人身权、财产权，防止滥用刑罚，刑事诉讼采取了较为严格的“排除合理怀疑证明标准”；民事诉讼是平等主体之间的利益纠纷，因此适用的是较为宽松的“优势证明标准”。行政诉讼的客体是具体行政行为，由于行政管理活动的广泛性和多样性，它对于行政相对人的利益和公共利益的影响是复杂的。既存在公权力性质强，行政机关处于明显优势地位的行政行为，如行政处罚；也存在行政职权性弱，行政机关与相对人地位较为平等的行政行为，如行政协议。因此，行政诉讼证明标准应当与行政案件的具体性质和严重程度成比例关系，在不同案件中应采用不同的证明标准：行政行为对当事人的影响越重大，证明标准越高；在同一案件中说服责任的证明标准也要高于推进责任的证明标准。

行政处罚是典型的损益性行政行为，为相对人设定义务或剥夺、限制其权益，与刑事处罚有一定相似性，但又不同于刑事处罚。刑事处罚的目的是惩罚犯罪和维护社会安全，追求正义价值；行政处罚以维护社会秩序为目的，追求公正与效率的统一。如果要求行政机关在行政处罚程序中与刑事处罚一样，要排除每一个合理怀疑，将会消耗大量的公共资源，严重影响行政机关的工作效率。且行政处罚形式多样，故对不同程度的行政处罚不宜适用同一证明标准。进言之，在适用排除合理怀疑的证明标准时应当有所限制，必须是对行政相对人的人身或财产权益有重大影响且主要适用在非当场性行政处罚中。对于其他影响小、程度轻的行政处罚，则可根据程度适用明显优势证明标准和优势证明标准。

本案中，××工商局对×燃公司处以43万余元的处罚，处罚金额远高于案件审理时有效的《甲市行政处罚听证程序实施办法》第二条①对“较大数额处罚”规定的“对法人或其他组织处以30000元罚款”的标准，属于行政处罚数额较大，对当事人财产权有较大影响的范畴，因此举行了听证程序。且该案是对经销领域进行环保类工商行政处罚的新类型案例，对此后同类型案件具有较强的指导性意义，应当适用“排除合理怀疑”的证明标准。根据在案证据，×德士加油站所销柴油是从××石化公司自提的，×燃公司在整个交易环节中并未经手涉案柴油，仅指定了油罐车。结合××监管局在抽样时是从×德士加油站的油枪中而非从油罐车中取样，×德士加油站结算卡账务交易明细清单中显示加油站有从其他公司购油的记录，以及二审法院依职权调取的证据中××港监管局回函称未发现××石化公司有生产不合格柴油的线索和证据的事实，无法排除×德士销售的不合格柴油不一定是从×燃公司购入的合理怀疑。××工商局提供的证据无法形成完整的证据链，不能证明×燃公司销售了不合格柴油，因此××工商局所作行政处罚证据不足，应予撤销。

编写人：北京市第二中级人民法院　孙轶松　徐蕾

---

① 现行《甲市行政处罚听证程序实施办法》第二条规定：“较大数额罚款由市级行政机关确定，并报市政府法制机构备案。”

24

不予行政处罚案件的证明义务

——徐某诉××市公安局×××分局×××派出所、××市×××区人民政府行政处罚及行政复议案

【案件基本信息】

1. 裁判书字号

(2018) 京01行终378号行政判决书

2. 案由：行政处罚及行政复议纠纷

3. 当事人

原告（被上诉人）：徐某

被告（上诉人）：××市公安局×××分局×××派出所（以下简称×××派出所）、××市×××区人民政府（以下简称区政府）

第三人（上诉人）：廖某

【基本案情】

2016年8月22日，×××派出所制作《受案登记表》，其中“简要案情或者报案记录”一栏记载：2016年8月22日11时许，事主徐某报警称，2016年8月22日5时许，徐某发现其停放在小区门口的奇瑞牌小轿车的左车头处被人为划伤。×××派出所根据其调取的小区监控录像及徐某提供的小区监控录像、徐某及廖某的询问笔录、车辆被划照片、价格评估结论书等证据材料，于2017年3月10日作出《不予行政处罚决定书》。徐某不服，向××市公安局×××分局申请行政复议，××市公安局×××分局复议决定撤销该不予处罚决定并责令其重新处理。2017年6月

9日，×××派出所作出本案被诉的《不予行政处罚决定书》。徐某仍不服，向区政府申请行政复议。区政府复议决定维持该《不予行政处罚决定书》。

【案件焦点】

1. 行政处罚案件的证明标准是否统一；2. 当违法事实的认定达不到证明标准时，行政机关应当如何履行证明义务。

【法院裁判要旨】

一审法院经审理认为：根据《中华人民共和国治安管理处罚法》第九十五条第二项之规定，治安案件调查结束后，依法不予处罚的，或者违法事实不能成立的，公安机关作出不予处罚决定。本案中，被告×××派出所作出不予处罚决定的主要依据是询问笔录与监控视频。从时间上看，本案的监控视频并未反映从原告停车到发现划痕的全部过程；从清晰度上看，本案的监控视频并不能直观清晰地还原案件事实。应当认为，×××派出所在监控视频存疑、不完整且在没有其他证据佐证的情况下便否认第三人的违法事实确有不妥。×××派出所应当全面及时调取从停车到发现划痕这一时间段内该处摄像头拍摄到的全部视频以查明案件事实。故×××派出所并未尽到审慎调查取证义务，不符合全面及时收集证据的规则。被告区政府作出的被诉复议决定程序合法，但对×××派出所作出的被诉《不予行政处罚决定书》事实不清、主要证据不足的问题未予以纠正。一审法院遂判决：

一、撤销×××派出所于2017年6月9日作出的《不予行政处罚决定书》；

二、撤销区政府于2017年8月28日作出的《行政复议决定书》。

×××派出所、区政府及廖某均不服，提起上诉。二审法院同意一审法院裁判意见。

【法官后语】

一、证明标准对行政执法活动的反射作用

证明标准是指当事人运用证据对负有举证责任的待证事实进行证明所应达到的程度标准。具体到行政处罚领域，是指法院要求当事人对负有举证责任的案件事实，特别是被诉行政行为的合法性进行证明所应达到的程度标准。

证明标准对诉讼过程中的事实认定具有重要作用，同时也会对行政机关的执法活动产生一定的反射作用。行政机关在执法过程中要全面调查、收集证据，在调查取证的基础上作出相应的行政决定，遵循“先取证后裁决”的原则。因此，行政机关执法人员在作出行政处罚过程中，也须对收集的证据进行判断与权衡，形成一定的“内心确信”，而证明标准恰恰构成规范心证的标尺，为执法人员认定事实、作出决定提供标准，从而使收集的证据在诉讼过程中能达到说服法官认定事实存在的证明程度。本案中，被告×××派出所通过询问、调取监控录像、委托评估等手段进行调查取证，并以一定的证明标准来衡量案件是否“事实清楚”。

二、行政处罚案件的证明标准不一

通说认为，行政处罚案件的证明标准具有一定的灵活性、层次性，以明显优势证明标准为主，以排除合理怀疑标准和优势证明标准为补充，即要根据行政处罚的类型及对当事人权益影响大小等因素，具体确定处罚案件的证明标准。“排除合理怀疑标准”来源于刑事诉讼，对行政机关提出了更高的证明要求，而“明显优势证明标准”相较于“优势证明标准”而言，具有高度盖然性，即若法官确信某案件事实具有高度的概率，则认定该案件事实的存在。

本案中，划车行为属于故意损毁私人财物的行为。根据《中华人民共和国治安管理处罚法》第四十九条的规定，划车的违法行为人可能会面临人身罚、财产罚，对其权益会产生重大影响，因此应适用相对严格的证明标准，即最低适用“明显优势证明标准”。而本案认定第三人是否实施了划车行为，最主要的证据就是小区监控录像，由于录像中的第三人经过涉案车辆时虽有抬手行为，但没有停留，仅依此证据无法直接认定划车行为系第三人所为。故本案收集的现有证据无法达到“明显优势证据”这一较高的证明标准，无法达到“清楚而有说服力”的程度，无法证明违法事实的成立。

三、未达到证明标准时的审慎调查义务

根据《中华人民共和国行政处罚法》第四十条的规定，违法事实不清、证据不足的不得给予行政处罚。换言之，当证明违法事实的证据未达到一定的证明程度时，属于违法事实不清、证据不足的，不能给予行政处罚，但在此情形下也不能径直作出不予处罚决定，而应尽到审慎调查义务，排除主要疑点。

本案中，被告×××派出所将监控录像作为查证违法行为的主要证据，但只调取了一小部分监控录像，而没有对涉案小轿车从停放小区到车主发现划痕这一时间段内的全部视频进行及时全面的核查，从而没有将视频中的主要疑点进行排除。比如，在监控录像中，当第三人经过涉案小轿车时，第三人有一个抬手的动作，同时手里拿着一个黑色的小物件，这些动作足以让人产生一定的合理怀疑：第三人手里拿的是什么物件？那样的抬手动作是否会划伤车？抬手的弧度是否与车上的划痕大体一致？这些疑点是社会大众根据一般观念与普遍常识就能提出来的异议，而被告只调取了部分监控视频，没有进一步调查以排除主要疑点，属于认定事实不清。基于本案现有的主要疑点，再加上行政机关可采取其他可行的调查手段，可以认定被告×××派出所没有尽到审慎调查义务。

综上所述，行政机关作出处罚决定时要全面调查，根据处罚类型及对当事人权益影响大小等因素适用一定的证明标准。当证明违法事实的证据未达到一定的证明程度时，不能苛求行政机关对不存在违法情形做到事实清楚、证据确凿，但行政机关亦不能径直作出不予处罚决定，而要尽到审慎调查义务，排除主要疑点，否则就有进一步调查的必要性。

编写人：北京市门头沟区人民法院　龚浩鸣　王晶

（二）程 序

25

行政机关自设听证程序而未履行亦属于违反法定程序

——付某、王某诉××市城市管理综合行政执法局城建行政处罚及××省住房和城乡建设厅行政复议案

【案件基本信息】

1. 裁判书字号

（2018）陕71行终732号行政判决书

2. 案由：城建行政处罚及行政复议纠纷

3. 当事人

原告（上诉人）：付某、王某

被告（被上诉人）：××市城市管理综合行政执法局（以下简称××市城管执法局）、××省住房和城乡建设厅（以下简称××省住建厅）

【基本案情】

2017年9月22日，××市城管执法局经立案、询问、现场勘验后，作出×市城管处字〔2017〕f12008号行政处罚决定（以下简称008号处罚决定），内容如下：依据《中华人民共和国城乡规划法》第六十四

条、第六十八条①之规定，本行政机关对你户121平方米建筑物免于处罚，其余431平方米违法建筑作出拆除的行政决定。责令你户自收到本决定书之日起5日内自行拆除431平方米违法建筑。逾期，本行政机关将依法拆除。付某、王某不服008号处罚决定，向××省住建厅申请行政复议，××省住建厅作出×建复决字〔2017〕11号行政复议决定（以下简称11号复议决定），维持008号处罚决定，并邮寄送达付某、王某。另查明，××市城管执法局在向付某、王某送达的《行政处罚告知书》中，明确告知其具有要求听证的权利。2017年4月19日，付某、王某以国内挂号信函向××市城管执法局邮寄听证申请。2017年9月29日，付某、王某向××市城管执法局提交材料，反映其于2017年4月19日向××市城管执法局提交了陈述书和听证申请。

付某、王某起诉称，××市城管执法局在作出008号处罚决定时赋予了付某、王某听证的权利，且二人在规定期限内提交了听证申请，但××市城管执法局未组织听证，违反了程序正当原则，请求法院撤销008号处罚决定和11号复议决定。

【案件焦点】

008号处罚决定程序是否违法。

【法院裁判要旨】

一审法院经审理认为：根据《××市城市管理综合行政执法暂行办法》的相关规定，××市城管执法局具有监管职权。付某、王某修建房屋行为违反《中华人民共和国城乡规划法》的规定，××市城管执法局认定其修建的部分房屋系违法建筑，并无不当。虽然××市城管执法局在向付某、王某送达的《行政处罚告知书》中，明确告知其具有要

---

① 本案适用的是当时有效的《中华人民共和国城乡规划法》（2015年修正），《中华人民共和国城乡规划法》2019年修改后，第六十四条、第六十八条内容没有变化。

求听证的权利，但是法律、法规、规章等并未强制性规定行政机关在作出涉案行政行为时赋予当事人听证的权利，即使本案付某、王某向××市城管执法局提交了听证申请，××市城管执法局不组织听证活动，也不违背法律、法规、规章的强制性规定。因此，008号处罚决定合法有效。11号复议决定证据确凿，适用法律、法规正确，程序合法。

一审法院依照《中华人民共和国行政诉讼法》第六十九条之规定，作出如下判决：

驳回付某、王某的诉讼请求。

付某、王某不服一审判决，提起上诉。二审法院经审理认为：依现有证据可以证明××市城管执法局收到了付某、王某提交的听证申请，但未组织听证。虽然法律、法规、规章并未规定行政机关根据《中华人民共和国城乡规划法》作出限期拆除行政行为时当事人具有申请听证的权利，但××市城管执法局发出书面告知付某、王某有申请听证的权利。××市城管执法局告知听证的行为属于其自设义务，该自设义务不违反法律、法规、规章的强制性规定，且有利于保护行政相对人的合法权利，××市城管执法局应当遵守。××市城管执法局收到听证申请后未组织听证即作出008号处罚决定，属程序违法，依照《中华人民共和国行政诉讼法》第七十条规定，008号处罚决定依法应予撤销。根据《最高人民法院关于适用〈中华人民共和国行政诉讼法〉的解释》第一百三十六条第一款之规定，在××市城管执法局作出008号处罚决定存在程序违法的情形下，××省住建厅作出的11号复议决定显属错误，依法亦应予撤销。

二审法院依照《中华人民共和国行政诉讼法》第七十条、第八十九条第一款第二项，《最高人民法院关于适用〈中华人民共和国行政诉讼法〉的解释》第一百三十六条第一款之规定，作出如下判决：

一、撤销（2018）×7102行初44号行政判决；

二、撤销××市城管执法局2017年9月22日作出的008号处罚决定；

三、撤销××省住建厅2017年12月1日作出的11号复议决定。

【法官后语】

听证是指行政机关在作出涉及公民、法人或其他组织利益的重大事项或重大决定之前，依照公平、公正、公开的原则充分听取公民、法人或其他组织的意见并据以作出行政行为的活动。为了保障相对人的合法权益、保证行政权力合法和合理行使、减少行政纠纷，听证制度作为一项程序性规定，被明确写入《中华人民共和国行政处罚法》《中华人民共和国行政许可法》等基本行政法律规范之中。行政法律规范中明确规定听证程序的，属于强制性规范；行政法律规范中没有明确规定听证程序、行政机关认为需要听证的，也可以基于良好行政要求为相对人提供听证机会，属于任意性规范。

本案中，某市城管执法局自设听证义务，符合依法行政要求和正当程序原则，是十分值得提倡的。遗憾的是，××市城管执法局收到听证申请后并未组织听证即作出008号处罚决定。这是否构成程序违法呢？一审法院将“违反法定程序”理解为违反法律、法规、规章明文规定的程序，因《中华人民共和国城乡规划法》未明确规定听证程序，故××市城管执法局未经听证作出008号处罚决定不构成程序违法。二审法院则认为，××市城管执法局告知付某、王某具有听证权利，属于自设义务，并不违反法律、法规、规章的强制性规定，且有利于保护相对人的合法权利，其应当遵守。××市城管执法局收到听证申请后未组织听证即作出008号处罚决定，亦属程序违法。笔者同意二审法院的观点，理由如下。

根据《中华人民共和国行政诉讼法》第七十条第三项规定，行政行为违反法定程序的，人民法院判决撤销或者部分撤销。行政程序是指行政主体实施行政行为时在时间和空间上所遵循的方式、步骤和顺序。违反法定行政程序是指行政主体没有按照法律、法规、规章规定的方式、方法、步骤、次序或期限作出行政行为。这里的“法定程序”不仅包括法律、法规、规章明文规定的程序，也包括一般行政法原则所确定的程序，还应当包括行政机关选择的程序。本案就属于最后一种情况。

将行政机关选择的程序纳入“法定程序”应当满足三个前提条件：一是该程序不违反法律、法规、规章的禁止性规定；二是该程序符合行政法上的正当程序原则；三是该程序有利于保障相对人的合法权益。本案中，008号处罚决定对于付某、王某来说是极为不利的，为了避免实体处理出现错误和偏差，最大限度地保护付某、王某的合法权益，在作出008号处罚决定前，应当听取付某、王某的陈述和申辩意见。虽然《中华人民共和国城乡规划法》未明确规定听证程序，但是××市城管执法局认为应当听证的，也可以为付某、王某提供听证程序。××市城管执法局选择为付某、王某提供听证程序，符合行政法上的正当程序原则，且不违反法律、法规、规章的禁止性规定，具有行政允诺的性质，××市城管执法局应当履行。××市城管执法局向付某、王某发出书面通知之时，听证程序即成为作出008号处罚决定应当履行的法定程序。

付某、王某是基于对××市城管执法局的信赖，向其提出听证申请。××市城管执法局在收到申请后，未按照其书面通知的允诺事项履行听证程序，侵犯了王某、付某的信赖保护利益。一审法院以听证并非《中华人民共和国城乡规划法》明确规定的程序为由，认定008号处罚决定程序合法，失之偏颇。

随着社会法治的发展，依法行政的要求越来越严格，程序正当、诚实守信是依法行政的基本要求，也是法治政府建设的重要指标。行政机关的行为对其他社会主体有着重要的表率和导向作用，人民法院应当监督和引导行政机关依法诚信行政。本案二审法院确立的审判规则，有助于完善行政机关行为的合法性和合理性，充分发挥司法对行政的倒推效应，进一步推进法治政府建设。

编写人：陕西省高级人民法院　张慧颖

26

行政机关根据未经过告知和听证的新证据作出行政处罚决定构成违反法定程序

——××昊宇公司诉××市国土资源和房屋管理局××区国土资源分局、××市××区人民政府土地管理行政处罚案

【案件基本信息】

1. 裁判书字号

（2017）津01行终348号行政判决书

2. 案由：土地管理行政处罚纠纷

3. 当事人

原告（被上诉人）：××昊宇公司

被告（上诉人）：××市国土资源和房屋管理局××区国土资源分局（以下简称××国土分局）、××市××区人民政府（以下简称××区政府）

【基本案情】

××国土分局经调查认定××昊宇公司未经批准自2011年年底，在京沪高速东侧、滨保高速北侧占地建搅拌站。2012年7月18日，××国土分局为××昊宇公司颁发了××国土临时字〔2012〕第033号《临时建设用地批准书》，用地单位名称为××昊宇公司，批准用地面积39763.1平方米，土地用途为临时用地，批准期限为2012年7月至2014年7月。但××昊宇公司在临时用地期满后一直未办理涉案地块的合法手续。××国土分局对××昊宇公司先后作出《责令停止违法行为通知书》《责令限期整改通知书》。2014年12月15日，××国土分局作出××国土监字

〔2014〕第133号《行政处罚告知书》，载明：1. 退还非法占用的土地；2. 限期15日内自行拆除在非法占用的42885.2平方米土地上新建的建筑物和其他设施，并恢复土地原貌；3. 处以罚款428852元。

××昊宇公司在收到《行政处罚告知书》后申请听证，××国土分局于2015年1月21日组织了听证。××国土分局因需要具有耕地破坏鉴定资质的组织对原告造成的耕地破坏程度进行鉴定，于2015年1月27日中止调查，于2015年9月1日决定恢复调查。2015年9月10日，新疆维吾尔自治区司法鉴定科学技术研究所农林牧司法鉴定中心出具司法鉴定书，其中载明“原告××昊宇公司在占用的土地中修建道路（水泥面）、房屋（水泥地坪）、堆料场地等硬化地面共计为44597.2平方米”。2015年9月10日，××国土分局再次中止调查。2016年6月8日，以完善了证据为由决定恢复调查。2016年6月13日，作出了××国土执字〔2014〕第133号《行政处罚决定书》，行政处罚内容为：1. 退还非法占用的土地；2. 限期15日内自行拆除在非法占用的44597.2平方米土地上新建的建筑物和其他设施，并恢复土地原状；3. 处以每平方米10元的罚款，共计44597.2平方米×10元/平方米=445972元。××昊宇公司对该处罚决定不服，向××区政府提起行政复议，××区政府作出维持××国土分局行政处罚决定的复议决定，并已送达。××昊宇公司不服上述行政处罚决定和行政复议决定，诉至法院。

【案件焦点】

××国土分局以未经过告知和听证的新证据认定违法事实并作出行政处罚决定，是否属于违反法定程序。

【法院裁判要旨】

一审法院经审理认为：被告××国土分局对原告事先处罚告知书中载明的非法占地的平方米数与处罚决定书中载明的非法占地平方米数不一致，且处罚决定认定的非法占地的平方米数大于处罚前告知的平方米数，对于超出部分未告知被处罚人陈述、申辩权利，导致被告××国土分局对原告作出的行政处罚决定事实不清，主要证据不足，违反法定程序。××区政府所作行政复议决定，维持了被诉行政处罚决定，亦存在事实不清、证据不足的问题，复议结果错误。

一审法院依照《中华人民共和国行政诉讼法》第七十条第一款第一项、第二项、第三项，第七十九条的规定，作出如下判决：

一、撤销被告××市国土资源和房屋管理局××区国土资源分局于2016年6月13日作出的××国土执字〔2014〕第133号《行政处罚决定书》；

二、撤销被告××市××区人民政府2016年10月25日作出的××政复字〔2016〕7号《行政复议决定书》；

三、判令被告××市国土资源和房屋管理局××区国土资源分局于本判决生效后60日内对原告占用涉案土地行为重新作出处理。

××国土分局、××区政府不服一审判决，均提起上诉。二审法院认为：上诉人××区国土分局虽然在作出行政处罚告知书后举行了听证程序，但此后又进行了司法鉴定，上诉人在举行听证后又发现并考虑了新的重要证据和事实，行政处罚将使被上诉人承担比听证时更为不利的后果。上诉人××区国土分局就此新增证据、认定事实和罚款金额，没有告知被上诉人，也没有给予其陈述、申辩的机会，违反法定程序。根据国土资源部《国土资源听证规定》① 第三十三条规定，主管部门应当根据听证笔录，作出行政许可决定，依法作出行政处罚决定。因此，上诉人不能根据听证中没有涉及的事实和证据作出处罚决定。本案听证之后上诉人根据新的证据对被上诉人违法事实作出新的认定，并对罚款金额作出新的决定，对此应当给予被上诉人再次听证的机会。

综上，被诉行政处罚决定依照《中华人民共和国行政诉讼法》第七十条第一款第三项的规定应予撤销，××区政府所作行政复议决定亦应予

---

① 本案适用的是当时有效的《国土资源听证规定》（2004年1月9日国土资源部第22号令公布），该规章于2020年3月20日修正为《自然资源听证规定》，其中第三十三条的内容与修正前的原规定一致。

撤销。一审判决结果正确，但适用《中华人民共和国行政诉讼法》第七十条第一款第一项和第二项不妥，二审予以纠正。

二审法院依照《中华人民共和国行政诉讼法》第八十九条第一款第一项的规定，作出如下判决：

驳回上诉，维持原判。

【法官后语】

一、关于告知与陈述申辩权的实现问题

行政处罚是典型的负担性行政行为，对于行政相对人程序权利的保障应当更加周严。告知与听取陈述申辩是行政处罚法确立的基本程序制度，贯穿行政处罚全过程，也是行政机关办理行政处罚案件时必须履行的法定程序性义务。

行政相对人获得告知是其陈述申辩权得以实现的前提。行政机关的告知应当及时、全面、真实、充分，实际作出的处罚决定应当与告知内容一致，不能根据未经告知的事实、理由、依据作出处罚决定。本案中，上诉人在作出处罚告知后，又根据鉴定结论这一新的证据认定了新的事实，据此作出的处罚决定书中认定的非法占地面积与罚款金额均大于处罚告知的内容。对于新增的重要证据、认定事实和罚款数额，上诉人并未告知被上诉人，也未听取其陈述、申辩，违反了行政处罚法的基本制度，实质影响了行政相对人重要程序权利的实现，应认定为违反法定程序。

二、关于针对新证据的再次听证问题

听证是在行政程序中以公开对等的方式听取意见的法定制度，行政相对人可以通过举证、质证、辩论等，充分发表意见，提出有针对性的抗辩理由，更有利于查明案件事实和保护行政相对人的合法权益。行政处罚经过听证程序后，如果出现新的证据，行政机关将根据该证据认定新的事实，导致原处罚告知中认定的违法事实改变、处罚幅度加重的，应当及时告知被处罚人，听取其陈述、申辩并组织再次听证。

本案中，上诉人××国土分局虽然在作出行政处罚告知书后举行了听证程序，但此后又进行了司法鉴定，该司法鉴定结论认定的被上诉人非法占地面积大于行政处罚告知书、听证笔录的记载面积，由此罚款金额也将大于行政处罚告知书、听证笔录的记载。至此，上诉人在举行听证后又发现并考虑了新的证据，根据新的证据认定事实所作出的行政处罚决定，将使被上诉人承担比听证时更为不利的后果。在这种情况下，应当将新增内容重新告知被上诉人，并给予其再次听证的机会。

三、关于处罚决定与听证笔录记载不一致的问题

在听证制度的发展过程中，一些国家在行政程序法中形成了听证笔录具有“案卷排他”效力的规则。《中华人民共和国行政处罚法》中虽然没有明确规定，但如果在相应行政管理领域的部门规章中明确规定行政机关应当根据听证笔录作出行政处罚决定的，行政机关应当从其规定，不能根据听证笔录中没有涉及的事实和证据作出处罚决定。根据国土资源部《国土资源听证规定》第三十三条的规定，主管部门应当根据听证笔录，作出行政许可决定，依法作出行政处罚决定。本案中，上诉人××国土分局以超出听证笔录所记载的违法事实和处罚金额作出行政处罚决定，违反了上述规章的规定，属于违反法定程序。

编写人：天津市第一中级人民法院　芦一峰

27

行政处罚程序存在瑕疵是否影响处罚的有效性

——贾天某诉××省××县公安局治安行政处罚案

【案件基本信息】

1. 裁判书文号

（2016）豫17行终114号行政判决书

2. 案由：治安行政处罚纠纷

3. 当事人

原告（上诉人）：贾天某

被告（被上诉人）：××省××县公安局（以下简称××县公安局）

第三人（被上诉人）：陈某梅

【基本案情】

原告与第三人之子李正某均为××县××第三小学校学生。2015 年 4 月 9 日 19 时，原告与第三人之子李正某等学生在××县××第三小学校附近玩耍时，原告不小心身体碰到了李正某。第三人及其丈夫李某到场见李正某在哭，二人问明情况后，李某朝原告腿部踢了一脚，第三人又照原告肩膀上打了一拳。原告之父贾松某赶到现场后报警。被告所在的××派出所民警及时赶到现场。经民警现场调解，第三人夫妇向原告及其父母道歉，陪同原告到医院检查伤情。李某支付了检查费。检查后贾松某夫妇带原告到××派出所要求对第三人夫妇依法处理。××派出所委托对原告的伤情进行鉴定。××县公安局刑事科学技术室于 2015 年 5 月 11 日出具的鉴定结论为：原告的损伤不构成轻微伤。被告××县公安局于 2015 年 7 月 22 日以第三人殴打原告为由，作出××行罚决字〔2015〕第 0988 号行政处罚决定，对第三人作出行政拘留 7 日、并处罚款 500 元的处罚。该拘留 7 日的行政处罚已执行完毕。原告起诉称被告的该行政行为，违反法定程序且适用法律错误，严重侵害了原告的合法权利。被告及第三人陈某梅的行为致使原告的身体和精神受到严重的伤害，造成原告性格改变，学习成绩直线下降。请求依法判决：1. 撤销被告作出的××行罚决字〔2015〕第 0988 号行政处罚决定，责令被告重新作出行政行为；2. 被告依法赔偿原告精神损失 10 万元。

【案件焦点】

公安机关未按照《中华人民共和国治安管理处罚法》第九十九条

第一款规定的办理治安案件的期限30日，未经上一级公安机关批准延长办案期限，且未提供证据证明第三人存在有客观原因造成案件在上述法定办案期限内无法作出行政处理决定，作出处罚决定，是否影响行政处罚的有效性。

【法院裁判要旨】

一审法院经审理认为：《中华人民共和国治安管理处罚法》第九十九条第一款规定："公安机关办理治安案件的期限，自受理之日起不得超过三十日；案情重大、复杂的，经上一级公安机关批准，可以延长三十日。"被告在办理本案过程中，未经上一级公安机关批准延长办案期限，且未提供证据证明第三人存在有客观原因造成案件在上述法定办案期限内无法作出行政处理决定，超过上述法定办案期限，被告的行为属于拖延履行法定职责，具有违法性。被告鉴于第三人夫妇事后陪同原告到医院检查伤情并支付了检查费，且原告的损伤不构成轻微伤，符合减轻处罚的法律规定，且该拘留7日的行政处罚已执行完毕。原告要求责令被告重新作出行政行为请求，本院不予支持。鉴于被告对第三人作出的行政处罚其他程序符合法律规定，该超期限的轻微违法性不影响被告对第三人作出的行政处罚的实体法律效果。为避免被告重新作出结果相同的行政行为而带来的不必要的反复处理和资源浪费，可以对被告作出的被诉行政处罚决定不予撤销。被告的行政行为并未侵犯原告的人身权，原告请求被告赔偿精神损害抚慰金10万元，未向本院提供证据。原告请求被告赔偿精神损害抚慰金10万元缺乏事实和法律依据。原告的诉讼请求，本院不予支持。法院依法驳回原告贾天某的诉讼请求。本案受理费50元，由原告贾天某负担。

原告不服，提起上诉，二审法院以同样事实判决驳回上诉，维持原判。

【法官后语】

本案的焦点问题是公安机关未在《中华人民共和国治安管理处罚法》第九十九条第一款规定的办理治安案件的期限30日内结案，且未经上一级公安机关批准延长办案期限，也未提供证据证明第三人存在有客观原因造成案件在上述法定办案期限内无法作出行政处理决定，在这一情形下作出的行政处罚决定是否合法有效。对该问题存在两种不同意见。

第一种意见认为，《中华人民共和国治安管理处罚法》第九十九条第一款规定："公安机关办理治安案件的期限，自受理之日起不得超过三十日；案情重大、复杂的，经上一级公安机关批准，可以延长三十日。"本案被告××县公安局于2015年4月9日立案受理，到2015年7月22日作出××行罚决字〔2015〕第0988号行政处罚决定，显然超过了三十日的办案期限。属于"违反法定程序的"情形，应当判决予以撤销。

第二种意见认为，××县公安局未在《中华人民共和国治安管理处罚法》第九十九条第一款规定的办理治安案件的期限30日内结案，也未向上一级公安机关申请延期，且未提供证据证明第三人存在有客观原因造成案件在上述法定办案期限内无法作出行政处理决定，超过上述法定办案期限，被告的行为属于拖延履行法定职责，具有违法性。被告鉴于第三人夫妇事后陪同原告到医院检查伤情并支付了检查费，且原告的损伤不构成轻微伤，符合减轻处罚的法律规定，且该拘留7日的行政处罚已执行完毕。鉴于被告对第三人作出的行政处罚其他程序符合法律规定，该超期限的轻微违法性不影响被告对第三人作出的行政处罚的实体法律效果。为避免被告重新作出结果相同的行政行为而带来的不必要的反复处理和资源浪费，可以对被告作出的被诉行政处罚决定不予撤销。被告的行政行为并未侵犯原告的人身权，原告请求被告赔偿精神损害抚慰金10万元，未向本院提供证据。原告请求被告赔偿精神损害抚慰金10万元缺乏事实和法律依据。原告的诉讼请求，本院不予支持。根据

《中华人民共和国行政诉讼法》第六十九条、《中华人民共和国国家赔偿法》第三条、《最高人民法院关于执行〈中华人民共和国行政诉讼法〉若干问题的解释》第五十六条第四项、《最高人民法院关于审理行政赔偿案件若干问题的规定》第三十三条①之规定，判决驳回原告的诉讼请求。

本案中采取了第二种意见。原因如下：

第一，从立法者在立法时确定程序上的办理期限的目的看，立法者是为了使行政部门提高工作效率，防止行政部门无故拖延办理，损害当事人的合法权益。本案的行政处罚超过办理期限并没有直接损害原告的合法权益，只要没有其他认定事实和适用法律方面的问题，可以不予撤销而驳回诉讼请求。

第二，对于超过法定期限作出的行政处罚，如果一律以违反法定程序而撤销，让行政部门重作，将会使受害人的合法权益得不到及时的保护，也不符合行政效率原则，会带来不必要的反复处理，造成行政资源的浪费。

第三，对于没有适当的理由而延期作出的处罚决定，从诉讼经济和行政效率的角度讲，只要没有事实、法律适用、程序严重违法等方面的问题，一般也只能认定为存在程序瑕疵。其结案方式不宜判决撤销，也不宜判决维持，而应判决驳回诉讼请求。对于行政部门存在的程序瑕疵问题，可以通过向相关行政部门发出司法建议的方式，帮助行政部门在以后的工作中加以改正。

编写人：河南省驻马店市汝南县人民法院　焦根柱

---

① 对应现行《最高人民法院关于审理行政赔偿案件若干问题的规定》第三十二条。

（三）处罚原则及实施

28

行政相对人对行政权力的正当合理信赖应予以保护

——×侨城公司诉××市××区城市管理行政执法局行政处罚案

【案件基本信息】

1. 裁判书字号

（2018）粤03行终854号行政判决书

2. 案由：行政处罚纠纷

3. 当事人

原告（被上诉人）：×侨城公司

被告（上诉人）：××市××区城市管理行政执法局

【基本案情】

2003年11月28日、2004年10月26日，××市规划与国土资源局分别发出×规土告〔2003〕37号、×国房告〔2004〕10号《××市土地使用权拍卖公告》，公开拍卖五宗地块的建设用地使用权。×侨城公司拍得上述地块，与××市规划与国土资源局签订了《××市土地使用权出让合同书》，约定土地使用权出让金、开发金、市政配套设施金合计人民币22.68亿元。后又分别取得上述地块的《权利证书》《建设用地规划许可证》《建设工程规划许可证》，其中《权利证书》记载土地用途为居住用地，土地性质均为商品房。

2005 年 5 月，××市××区绿化委员会办公室发现×侨城公司正在动工的××山居住区涉及占用林地，要求其停工并办理征占林地手续。×侨城公司致函××区人民政府、××市国土资源和房产管理局××分局等相关部门协调处理此事。后××区人民政府常务会议重大问题纪要明确："在国土资金收支计划安排的预留专项经费中安排 156.46 万元，作为××山居住区森林植被恢复费和使用林地可行性报告编制经费。"后××市××区绿化委员会办公室至 2014 年一直向××区土地中心催缴森林植被恢复费，但因种种原因，该林地的使用手续一直没有办理下来。

2015 年 3 月 11 日，国家林业局①驻××森林资源监督专员办事处对××山房地产项目非法占用林地案进行挂牌督办，要求××市人民政府积极查处和整改。2016 年 6 月 23 日，××市××区城市管理行政执法局立案查处，勘察发现涉案被占用林地上已建成××山居住区别墅群、高层住宅等商品房共计两千多户，商品房业主均已办理产权登记。林地内原有植被不复存在，林业种植条件严重破坏，生态平衡功能丧失。2016 年 11 月 10 日，××市××区城市管理行政执法局作出〔2016〕×宝监城行罚决字第 2003 号《行政处罚决定书》，对×侨城公司非法占用林地的行为处以"1. 责令限期三个月恢复原状；2. 对非法改变用途林地 245773 平方米处以每平方米 10 元的罚款，共处罚款 2457730 元"。

【案件焦点】

1. 擅自改变林地用途的主体问题；2. ×侨城公司是否实施了改变林地用途的行为；3. 处罚决定内容在客观上是否具备可执行性。

【法院裁判要旨】

一审法院经审理认为：涉案的五宗地块未经林业主管部门审核同意，在公开拍卖之前已被××市土地行政主管部门擅自改变了土地用

---

① 根据 2018 年 3 月 17 日通过的《国务院机构改革方案》，国家林业局的职责已并入其他部门，不再保留国家林业局。

途。×侨城公司作为行政相对人，基于国土部门的公信力，严格按照建设用地使用权出让的相关法律、法规，通过拍卖的方式合法取得涉案五宗地块的土地使用权，且在此后办理的一切产权登记及城市规划许可等严格的审批手续中未遇到障碍。

×侨城公司在知晓所建设项目涉嫌占用林地后没有置之不理、放任不管，而是及时与××区人民政府及国土部门协调处理，××区人民政府通过区政府常务会议重大问题纪要的形式提出了解决方案，明确了责任主体，×侨城公司作为房地产开发企业，在支付了高额的建设用地地价后，取得了全部合法的行政许可审批，得到了政府部门的明确书面承诺，故出于商业经济效益的考虑继续建设施工，该行为符合商业公司的行为逻辑。

行政相对人基于行政机关的公信力对行政行为产生了合理信赖，并且基于该信赖衍生了相关利益，该信赖保护利益在法律上应当得到确认。涉案的五宗地块系公开拍卖取得，×侨城公司信赖土地行政主管部门的公示公信力，此后在发现涉嫌占用林地时也信赖××区人民政府承诺妥善处理解决。土地行政主管部门擅自改变林地用途，由此造成了植被和生态功能的破坏，相关部门应当启动追责机制，而不能仅将一切责任归咎于行政相对人，这有悖于行政行为的公信力原则和对行政相对人的信赖保护原则。

涉案地块上的商品房业主均已取得产权证书，业主所有的物业经不动产登记部门确权，××市××区城市管理行政执法局无权也不可能擅自撤销业主的产权证书，更无权擅自拆除，处罚决定在客观上不具备可执行性。

一审法院依照《中华人民共和国行政诉讼法》第七十条第一项、第六项之规定，判决：

撤销××市××区城市管理行政执法局于2016年11月10日作出的〔2016〕×宝监城行罚决字第2003号《行政处罚决定书》。

二审法院同意一审法院的裁判意见。

【法官后语】

本案涉及的焦点为行政相对人基于行政机关的公信力对行政行为产生了合理信赖，并且基于该信赖衍生了相关利益，该信赖利益在行政法上是否应得到确认的问题。所谓信赖利益保护原则，是指当行政相对人对行政机关作出的行政处分已产生信赖利益，并且这种信赖利益因其具有正当性而值得保护时，行政机关不得随意撤销这种信赖利益，而如果撤销就必须补偿其信赖利益损失。信赖利益保护原则最基本的要义就是政府实施行政行为必须遵守诚实信用原则。

自《中华人民共和国行政许可法》开始实施，就以法律形式确立了信赖利益保护原则，这一原则在我国的确立有利于依法规范行政许可行为、防止行政权的滥用、保护行政相对人的正当信赖利益，对于行政机关树立诚信观念、建设诚信政府具有重要意义。信赖利益保护原则源于民法中的诚实信用原则，它要求"保护人民对国家之信赖，即不容许国家之行为使人民值得保护之信赖利益丧失，或是使人民因此无法预估到负担之增加或丧失之利益"。也就是说，行政相对人对行政权正当合理的信赖应当给予保护，行政机关不得擅自撤销、变更已生效的行政行为，确需撤销或变更的，对无过错的相对人应给予合理的赔偿或补偿。信赖利益保护原则的基础是公众对自己国家及国家权力的信任，这种信任是公众安定性和其他工作、生活能有明确预期的基本前提。这种信任如果没有得到很好的保护，甚至受到损害，公众权利、公众利益乃至整个经济和社会发展都将处于不稳定、不连续的状态之中。

导致本案非法改变林地用途的根源在于国土部门的违法行政。国土部门违反《中华人民共和国土地管理法》及《中华人民共和国森林法实施条例》的相关规定，擅自改变土地用途，将林地改变为建设用地，并通过公开拍卖方式获取了巨额的经济利益。买受人按照建设用地的标准支付了土地使用权出让金，取得《权利证书》《建设工程规划许可证》《建设用地规划许可证》，其不可能怀疑也无从判断公开拍卖的土地性质存在问题。土地行政主管部门作为重要的政府职能部门，具有非同一般的公信力，每年会通过公开招标、拍卖或者挂牌出让方式出售大量建设用地的使用权，房地产开发企业必然基于相信行政权力的正当合理而产生信赖利益。如果这种信赖利益受到损害，将危害整个房地产开发行业的稳定性，严重破坏土地行政主管部门的公信力。

综观本案，信赖利益保护原则体现在多个方面。×侨城公司通过公开拍卖方式取得建设用地使用权，而土地行政主管部门在拍卖之前擅自改变林地用途损害了×侨城公司的信赖利益；在发现土地用途存在瑕疵时，××区人民政府提出的解决方案未能落实，再次损害了×侨城公司的信赖利益；××市××区城市管理行政执法局作出的“限期恢复原状”处罚，不但让×侨城公司在该地块项目上取得的所有行政许可均归于无效，还会损害所有取得产权登记的业主的物权利益。行政相对人基于行政机关的公信力对行政行为产生了合理信赖，并且基于该信赖衍生了相关利益，该信赖利益在法律上应当得到确认。适用信赖利益保护原则，对于防止行政权的滥用，保护行政相对人的正当信赖利益，具有重要意义。

编写人：广东省深圳市盐田区人民法院　张婷

29

对行政相对人及其服务网点同时处以行政罚款违反“一事不再罚”原则

——百事×公司诉××市工商行政管理局××分局工商行政管理案

【案件基本信息】

1. 裁判书字号

（2017）豫13行终391号行政判决书

2. 案由：工商行政管理纠纷

3. 当事人

原告（被上诉人)：百事×公司

被告（上诉人)：××市工商行政管理局××分局（以下简称工商局××分局)

第三人：××旅游公司

【基本案情】

百事×公司及其下属服务网点在店中放置清江画廊景点的宣传彩页，彩页上印有“全国民族文化旅游十大新兴品牌”字样，百事×公司及其服务网点在消费者咨询、报名时依据该宣传页内容对消费者进行宣传。2016 年 7 月，工商局××分局收到对百事×公司及其下属两个服务网点关于清江画廊景点宣传彩页的举报后立案调查，认为百事×公司及其服务网点在店中放置的清江画廊景点宣传彩页上印制的“全国民族文化旅游十大新兴品牌”字样，与其获得的“2008 全国民族文化旅游推介活动新兴十大品牌”称号相比，隐去了“2008”的字样，模糊了其获奖年份，构成了引人误解的虚假宣传，违反了《中华人民共和国反不正当竞争法》的相关规定，遂分别对百事×公司及其下属两个服务网点作出了三个行政处罚决定书。这三个行政处罚均涉及清江画廊景点宣传彩页问题，均有罚款内容，每个处罚 2 万元，共计罚款 6 万元。

【案件焦点】

因同一违法行为给予行政相对人及其服务网点多次罚款的行政处罚是否违反了“一事不再罚”的原则。

【法院裁判要旨】

一审法院经审理认为：原告门店中放置的清江画廊景点的宣传彩页系第三人××旅游公司印制，而非原告制作。原告在经营中向消费者推荐介绍的行为不是对其自身的宣传，且清江画廊景点曾在 2008 年获得中国民族报社组织评选的“新兴十大品牌”的称号，有一定的影响力，被告据此认为原告的行为构成引人误解的虚假宣传行为，并根据《中华人民共和国反不正当竞争法》的规定对原告进行处罚明显不当。该处罚认定的事实不清、证据不足，且适用的法律不当。本案中即便原告的经营行为存在虚假宣传的行为，也应依照《中华人民共和国旅游法》《中华人民共和国消费者权益保护法》的相关规定进行处理，原告请求撤销处罚决定书的请求正当。法院经审理，作出如下判决：

撤销工商局××分局作出的宛工商××分处字（2017）0034号行政处罚决定书。

工商局××分局不服一审判决，提起上诉。

二审法院经审理认为：2016年7月，工商局××分局对百事×公司及其下属两个服务网点就清江画廊宣传彩页一事分别立案查处，并分别作出行政处罚决定，三个行政处罚均有罚款内容，共计罚款6万元。涉案的百事×公司服务网点所谓的经营额都是交给百事×公司，各个网点并非独立核算单位，并没有独立的财产，并不能独立承担财产责任。就涉案服务网点介绍景点宣传单的行为，其三次罚款的行政责任实质上均由百事×公司负担，相当于百事×公司就同一事项、同样数额的经营额重复性地受到了三次罚款的处罚。各个服务网点介绍景点宣传彩页的行为在时间和空间上紧密关联，应当属于法律上的单一行为。《中华人民共和国行政处罚法》第二十四条①明确规定，对当事人的同一个违法行为，不得给予两次以上罚款的行政处罚。工商局××分局上述处罚行为有违“一事不二罚”的法律原则。故上诉人的上诉理由依法不能成立，一审法院判决结果适当。法院遂判决：

驳回上诉，维持原判。

---

① 对应现行《中华人民共和国行政处罚法》第二十九条。

【法官后语】

本案的焦点之一是工商局××分局对百事×公司及其两个服务网点的三次行政处罚是否违反了行政处罚法“一事不再罚”的原则，对此笔者分析如下：

一、对“一事不再罚”原则的理解

《中华人民共和国行政处罚法》第二十九条规定：“对当事人的同一个违法行为，不得给予两次以上罚款的行政处罚。同一个违法行为违反多个法律规范应当给予罚款处罚的，按照罚款数额高的规定处罚。”该条规定在法理上一般将其定义为“一事不再罚”原则或“一事不二罚”原则，其目的在于防止对同一违法行为的重复处罚，体现罚过相当的法律原则，以保护行政相对人的合法权益。

1. 对“一事”的理解。“一事”一般指“同一违法行为”，该“违法行为”指的是行政相对人违反行政法规范（或者说违反行政管理秩序）的行为，而非其他违法行为，更非违纪行为。“同一违法行为”指的是行政相对人实施了一个违反行政法规范的行为，在客观上仅有一个独立完整的违法事实。该“违反行政法规范的行为”既包括一个违法行为即单一违法行为，也包括连续性违法行为即行政相对人基于同一故意，连续实施的同一性质的行政违法行为，还包括继续性违法行为即行政相对人实施一个违法行为后，该违法行为在一定时间段内处于持续状态；该“独立完整的违法事实”是一个独立的违法行为而非一类违法行为，是同一违法行为人实施而非二人以上，是同一违法事实而非一次违法事件。只有符合上述条件才能认定为“一事”。

2. 对“不再罚”的理解。对于“不再罚”的理解一般应把握一个原则，即无论是同一行政机关针对行政相对人的一个违法行为，还是多个行政机关针对行政相对人的一个违法行为，“不再罚”都要求在前一个行政处罚程序结束之后不得再启动新的行政处罚程序对行政相对人进行再次处罚。这里包含了以下几层意思：(1) 同一行政机关对同一行政相对人的“一事”只能给予一次处罚，这里的一次处罚并不意味着只有一个处罚内容，可能会有好几个处罚内容；(2) 不同行政机关根据同一理由和法律规定针对同一行政相对人的“一事”只能给予一次处罚，即行政相对人已经受到一个行政机关的处罚后，另一行政机关不能再次实施处罚；(3) 不同行政机关根据不同理由和法律规定对行政相对人的“一事”不得给予两次以上同种类的行政处罚，即不同行政机关可以根据不同事由对同一行政相对人实施处罚，但这些处罚只能属于不同种类的处罚，而不能属于同种处罚。

3. 上述对“一事不再罚”原则的理解是法理上的广义理解，具体到《中华人民共和国行政处罚法》第二十九条，并不是完全意义上的“一事不再罚”，它仅指狭义的“一事不再罚”，即行政机关对行政相对人的同一违法行为进行处罚时，如果该处罚内容是罚款，则不得给予两次以上的罚款处罚，至于其他类别的处罚则没有明确适用“一事不再罚”原则。

二、本案行政机关的处罚违反了“一事不再罚”原则

根据本案二审查明的事实，工商局××分局对百事×公司本身及其下属的两个服务网点分别立案查处，并分别作出行政处罚决定，均有罚款2万元的内容，共计罚款6万元。

1. 关于这三次行政处罚的内容。这三次行政处罚针对的均是清江画廊的宣传彩页问题，工商局××分局认定百事×公司及其下属服务网点所放置的清江画廊宣传彩页上印制的“全国民族文化旅游十大新兴品牌”字样，与其获得的“2008全国民族文化旅游推介活动新兴十大品牌”称号相比，隐去了“2008”的字样，模糊了其获奖年份，构成引人误解的虚假宣传，因此对这三个主体均处以2万元的罚款，属于针对相同的原因处以相同内容的处罚。

2. 关于这三次行政处罚的性质。三个主体在同一时间段同时放置内容相同的清江画廊宣传彩页，宣传方式均为在消费者咨询报名时由三个主体依据宣传内容对消费者进行宣传，该行为在时间和空间上具有持续性和关联性，属于法律上的单一行为。

3. 关于这三次行政处罚的结果。百事×公司下属两个服务网点的营

业额均归百事×公司所有，其没有独立的财产，无法独立核算，因此不具备独立的人格，不是独立法人，没有独立的责任能力，对这两个网点的罚款处罚只能由具备独立人格的百事×公司来承担，这就导致三个不同的行政处罚结果最终由一个主体承担了。

综合以上三点，可以看出工商局××分局针对百事×公司宣传清江画廊彩页的一个违法行为，给予了三次罚款的行政处罚，违反了行政处罚法“一事不再罚”的原则，因此法院判决撤销工商局××分局的行政处罚决定正确。

编写人：河南省南阳市中级人民法院　陈立丽　白云

30

行政诉讼、复议期间行政处罚的加处罚款不予计算

——×元公司诉××市××区安全生产监督管理局安全监督行政处罚案

【案件基本信息】

1. 裁判书字号

（2016）闽02行终80号行政判决书

2. 案由：安全监督行政处罚纠纷

3. 当事人

原告（被上诉人）：×元公司

被告（上诉人）：××市××区安全生产监督管理局（以下简称××安监局）

【基本案情】

2014年11月12日，被告作出××安监管罚〔2014〕4-1号行政处罚决定书，对原告处以12万元罚款的行政处罚，罚款自收到决定书之日起15日内缴至工商银行××支行，到期不缴每日按罚款数额的3%加处罚款。在被告开给原告的缴费通知书中载明缴款日期自2014年11月12日至2014年11月29日。原告于2014年11月25日向××市人民政府申请行政复议，××市人民政府于2015年1月7日作出×府行复〔2014〕152号行政复议决定，维持被告作出的处罚决定。原告不服，于2015年1月23日向××市××区人民法院提起行政诉讼，××市××区人民法院于2015年7月7日作出（2015）×行初字第4号行政判决，驳回原告的诉讼请求。原告仍不服，向××市中级人民法院提起上诉。××市中级人民法院于2015年10月19日作出（2015）×行终字第99号行政判决书，维持原判，终审判决于2015年11月5日发生法律效力。2015年11月10日，原告通过银行向××区财政局转账120000元，注明为“罚没收入”，但该款于2015年11月11日被退回。2015年12月1日，原告缴纳罚款120000元及加处罚款88320元。原告不服，遂提起本案诉讼。

【案件焦点】

1. 在行政复议与行政诉讼的法定救济途径期间，行政处罚的加处罚款是否予以计算；2. 原告于2015年11月10日的转账行为是否构成履行处罚决定的行为。

【法院裁判要旨】

一审法院经审理认为：关于第一个问题：最高人民法院〔2005〕行他字第29号《最高人民法院行政审判庭关于行政处罚的加处罚款在诉讼期间应否计算问题的答复》规定，根据《中华人民共和国行政诉讼法》的有关规定，对于不履行行政处罚决定所加处的罚款属于执行罚，在诉讼期间不应计算。根据以上规定，对于不履行行政处罚决定所加处的罚款在行政复议和行政诉讼期间不应当计算。本案中，被告于2014年11月12日作出行政处罚决定后，原告不服，在法定期限内提起复议、诉讼，至2015年11月5日终审判决生效，在此期间不应计算加处罚款。最高人民法院〔2005〕行他字第29号《最高人民法院行政审判庭关于行政处罚的加处罚款在诉讼期间应否计算问题的答复》已经明确：对于不履行行政处罚决定所加处的罚款属于执行罚，在诉讼期间不应计算。行政复议与行政诉讼均系行政处罚相对人的法定救济途径，对加处罚款的理解与计算，在行政复议期间亦应参照行政诉讼期间的规定，如此，才能使行政复议与行政诉讼二者相互衔接，互相牵制，并共同保障行政处罚相对人的合法权益。在终审判决生效后，原告仍不履行缴纳罚款的义务，被告可按法律规定对原告每日按罚款数额的百分之三计算加处罚款。故被告向原告收取行政复议、诉讼期间和2015年11月10日原告缴款之后的加处罚款行为违法，被告应于本判决生效之日起三十日内重新核定加处罚款的数额。

关于第二个问题，原告于2015年11月10日按照被告处罚决定书上提供的账号通过银行转账120000元，11月11日该款被退回，但是被退回的原因并不在原告，故原告11月10日缴款的行为应视为原告已履行处罚决定的行为，被告不应当向原告收取11月10日之后的加处罚款。

综上，被告向原告收取行政复议、诉讼期间和2015年11月10日原告缴款之后的加处罚款违反法律规定，应予撤销，被告应返还原告不当收取的加处罚款。原告要求被告支付利息的诉讼请求于法无据，不予支持。据此，依照《中华人民共和国行政诉讼法》第七十条第一款第六项之规定，判决如下：

一、被告向原告收取行政复议、诉讼期间和2015年11月10日原告缴款之后的加处罚款行为违法，被告应于本判决生效之日起三十日内重新核定加处罚款的数额。

二、驳回原告的其他诉讼请求。

××安监局不服一审法院判决，提起上诉。

二审法院经审理认为：本案争议点在于行政处罚相对人对行政处罚决定在申请行政复议、提起行政诉讼的期间能否计算加处罚款的问题。申请行政复议、提起行政诉讼是法律赋予行政处罚相对人法定的救济途径，行政处罚相对人有权依照法律的规定，行使法律赋予其合法的救济途径，不因行政处罚相对人行使法定的救济途径而对其产生不利的影响或后果。当然，行政处罚相对人未在法定期间内行使法律赋予的救济权利，又未履行生效的行政处罚决定，行政机关可以采取《中华人民共和国行政处罚法》第五十一条①规定的措施。但根据《中华人民共和国行政处罚法》第五十一条的规定，该规定的前提针对的是"当事人逾期不履行行政处罚决定"，而本案被上诉人系在法定的期间内依法提起行政复议及行政诉讼，不能因此而认定被上诉人存在逾期不履行行政处罚决定的情形。且行政复议与行政诉讼均是法律规定给予行政相对人的法定救济途径，二者是相互衔接的，也是互相牵制的，在对于复议、诉讼期间能否加处罚款的理解应该一致。最高人民法院对于行政处罚的加处罚款在诉讼期间不应计算的答复，在行政复议程序中借鉴参照使用，并无不妥。上诉人上诉主张其有权收取被上诉人在行政复议以及行政诉讼期间的加处罚款的理由，二审法院不予支持。

当然，在人民法院作出生效判决后，行政处罚相对人应积极、主动履行法院的生效判决。本案中，被上诉人已于2015年11月10日履行了缴纳行政处罚罚款的义务，据此，原审判决认为被上诉人已经履行了缴纳罚款的义务，上诉人不应收取被上诉人2015年11月10日之后的加处罚款的认定正确。上诉人上诉主张应予收取被上诉人2015年11月10日之后的加处罚款的观点，不能成立。至于被上诉人主张其虽然在2015年11月5日收到法院的生效判决，其至2015年11月10日缴纳罚款，这5天的时间扣抵其之前在法定的时限内提前5天提起行政复议的时

① 对应现行《中华人民共和国行政处罚法》第七十二条，下同。

间，该理由没有法律依据，二审法院不予支持。

综上，原审判决认定事实清楚，适用法律正确，程序合法。上诉人的上诉请求没有事实根据和法律依据，二审法院不予支持。依照《中华人民共和国行政诉讼法》第八十九条第一款第一项的规定，判决如下：

驳回上诉，维持原判决。

【法官后语】

加处罚款，就法律性质而言属于执行罚，是行政机关对逾期不履行义务的相对人课以新的金钱给付义务，以督促其自觉履行义务的强制执行行为。本案的核心问题在于，在行政复议与行政诉讼的法定救济途径期间，行政处罚的加处罚款是否予以计算。

首先，不应将申请复议、提起诉讼视为“当事人逾期不履行行政处罚决定”的行为。根据《中华人民共和国行政处罚法》第七十二条的规定，收取加处罚款的前提是“当事人逾期不履行行政处罚决定”，是针对“逾期不履行”而施加的更为不利的后果。而申请行政复议、提起行政诉讼是法律赋予行政处罚相对人的法定救济途径，是相对人为维护其自身利益而行使权利的行为和过程，不应当使行政处罚相对人因申请复议、提起诉讼而面临对其不利的影响或后果，这样才符合行政法律的应有之义。将行使权利简单等同于拒不履行义务实属不当，因此，行政处罚相对人申请行政复议或提起行政诉讼期间，不应认定为逾期不履行行政处罚决定。

其次，具体行政行为的效力最终需由司法审查确定。有观点认为，基于《中华人民共和国行政诉讼法》第五十六条规定，诉讼期间，不停止行政行为的执行，所以加处罚款应自行政机关指定的缴款期满之日起计算。此种理解过于机械偏颇。行政行为一经作出固然具有执行力，但此种效力是基于国家权威而作出的推定，即在有权机关作出最后认定之前推定行政行为合法。相对人一旦提起诉讼，则行政行为的效力最终需由司法审查确定，诉讼结束后还计算诉讼期间的加处罚款是不合理的。

最后，本着公平合理及适度适当的理念，复议、诉讼期间亦不应计算加处罚款。如前文所述，既然申请复议、提起诉讼不应视为“逾期不履行行政处罚决定”，被诉行政行为在诉讼期间一般不予执行，则谈何计算作为执行罚的加处罚款？且诉讼期间不计算加处罚款也并不危害公共利益。将一审、二审的诉讼期间计算加处罚款，相对人面临的将是一笔高额的甚至超过原处罚金额的罚金，对相对人来说有失公平，亦有失法律效果和社会效果的统一。

编写人：福建省厦门市思明区人民法院　魏江　罗小艺

31

未充分说明理由的行政处罚决定构成违法

——××市机关液化气有限责任公司诉××市住房和城乡建设局、××市人民政府城建行政处罚案

【案件基本信息】

1. 裁判书字号

（2016）苏06行终602号行政判决书

2. 案由：城建行政处罚纠纷

3. 当事人

原告（上诉人）：××市机关液化气有限责任公司（以下简称机关液化气公司）

被告（被上诉人）：××市住房和城乡建设局（以下简称××住建局）、××市人民政府

【基本案情】

2015年7月25日晚，××市××镇××新村×号楼×××室发生瓶装液化气泄漏爆炸事故，造成人员伤亡。经公安机关调查，涉事故液化气钢瓶系案外人吴某芹当日至机关液化气公司充装后，送至用户处。吴某芹至机关液化气公司充装价为75元，向用户收取价格为87元，所用钢瓶为用户提供。9月23日，××市住房和××住建局立案后进行调查，查明吴某芹未取得瓶装燃气经营许可，也非机关液化气公司培训上岗的送气服务人员，认定机关液化气公司行为违反《江苏省燃气管理条例》第二十条第二款①，“禁止向无瓶装燃气经营许可证或者瓶装燃气供应许可证的单位和个人供应用于销售的燃气”的规定。9月30日，作出×住建罚字〔2015〕27号行政处罚决定书。认定机关液化气公司向无瓶装经营许可证人员销售燃气，2015年7月至9月23日期间，机关液化气公司以批发价的形式向自然人吴某芹出售瓶装液化气，吴某芹未取得瓶装燃气经营许可证和供应许可证违法销售燃气。据此，××住建局作出责令机关液化气公司改正，并处罚款人民币10000元的行政处罚决定。机关液化气公司不服，申请行政复议，××市人民政府于2016年2月22日作出〔2015〕×行复第57号行政复议决定，维持被诉处罚决定。机关液化气公司仍不服，向一审法院提起行政诉讼，请求撤销××住建局所作行政处罚决定书和××市人民政府所作行政复议决定书。

【案件焦点】

机关液化气公司有无向不具有瓶装燃气经营许可证或者瓶装燃气供应许可证的吴某芹供应用于销售的燃气，也就是吴某芹将瓶装燃气提供给用户的行为是否构成销售？

---

① 对应现行《江苏省燃气管理条例》第二十七条第四款规定：禁止向未取得燃气经营许可证或者供应许可证的单位或者个人供应用于经营的燃气。下同。

【法院裁判要旨】

一审法院经审理认为：吴某芹自机关液化气公司以批发价75元充装液化气后，再到用户处按机关液化气公司公布的瓶装液化气价格收取87元，其交易过程符合销售定义，属赚取差价的销售经营行为。吴某芹未取得瓶装燃气经营许可证或者瓶装燃气供应许可证，也不是瓶装燃气经营企业或瓶装燃气供应站点的送气服务人员，向用户提供瓶装燃气并赚取差价，属于违法经营销售行为。机关液化气公司明知吴某芹无瓶装燃气经营许可证或者瓶装燃气供应许可证，仍向其供应用于销售的燃气，违反了《江苏省燃气管理条例》第二十条第二款之规定，××住建局作出的行政处罚具有事实依据。机关液化气公司主张吴某芹与用户间系代充服务关系，缺乏事实依据，不予采纳。

一审法院依照《中华人民共和国行政诉讼法》第六十九条之规定，作出如下判决：

驳回原告机关液化气公司的诉讼请求。

机关液化气公司持原审起诉意见提起上诉。二审法院经审理认为：××住建局作出处罚决定前，未向吴某芹及燃气用户调查取证，所举公安机关调查笔录等证据不能满足销售行为的成立要件，由于直接当事人调查程序的缺失，被诉处罚决定证据明显不足。处罚决定未充分说明理由且调查取证存在缺失，导致被诉处罚决定据以成立的主要事实未能查清。被诉处罚决定成立的前提建立在对吴某芹行为性质定性的基础上，且势必对吴某芹的后续权利产生直接影响，××住建局在吴某芹没有参与行政程序，未作陈述、申辩的情形下，直接认定其行为构成销售，违反法定程序。

同时根据《中华人民共和国行政诉讼法》第二十九条的规定，本案的处理结果明显与吴某芹存在利害关系，一审法院未追加吴某芹参加诉讼明显不当。但二审以被诉处罚决定认定事实不清、程序违法为由否定被诉处罚决定的效力，从诉讼经济以及当事人实体权利保护的角度，对本案不作发回重审处理。

二审法院依照《中华人民共和国行政诉讼法》第八十九条第一款第二项，第七十条第一款第一项、第三项之规定，作出如下判决：

一、撤销（2016）苏0684行初66号行政判决；

二、撤销××市住房和城乡建设局×住建罚字〔2015〕27号行政处罚决定书；

三、撤销××市人民政府〔2015〕×行复第57号行政复议决定书。

【法官后语】

本案争议的焦点是吴某芹将瓶装燃气提供给用户使用的行为是否构成销售，即被诉处罚决定成立的前提需建立在第三人行为性质的定性基础之上。

人民法院对行政处罚的合法性审查是法律赋予的职责，与促进行政机关依法行政并不矛盾。液化气属于危险品，代充气行为的普遍存在具有明显的安全隐患，需要通过日常监管保证经营和使用安全，但监管手段不能限于行政处罚，更不能在未查清违法行为基本事实的情况下进行处罚。在法律规范对代充气行为的应受处罚性缺乏明确规定的情形下，将代充气认定为用于经营必须遵循“先取证、后处罚”的原则，对直接当事人进行调查核实，对用于经营的构成要件进行充分论证，同时根据正当程序的要求，通知直接利害关系人参与行政程序，并保证陈述申辩权的行使。当然，对被诉处罚决定的否定并不意味着对职能部门履行正常监管职能的否定，相反，是要求行政机关依法切实履行监管职责，而不是简单采取“以罚代管”“一罚了之”。

行政主体作出对行政相对人合法权益产生不利影响的行政行为需建立在第三人行为性质的基础上时，必须向行政相对人说明作出该行政行为的理由。《中华人民共和国行政处罚法》第四十四条规定，行政机关在作出行政处罚决定之前，应当告知当事人拟作出的行政处罚内容及事实、理由、依据，并告知当事人依法享有的陈述，申辩，要求听证等权利。该条区分了行政处罚的事实、依据及理由，实质上明确了理由说明的独立价值。根据《中华人民共和国行政处罚法》第五十九条的规定，行政处罚决定书应当载明被处罚人违反法律、法规、规章的事实和证据，以及行政处罚的种类和依据。该条虽未明确规定处罚决定书中应当说明理由，但根据“无理由则不行政”以及行政处罚法的立法体例可知，行政处罚决定书中附具理由说明是行政处罚的应然之意。

首先，按照行政处罚的一般程序，立案—调查核实—作出拟处罚决定并告知相对人—听取陈述申辩、听证—作出最终的处罚决定，从举轻以明重的角度看，处罚决定前需要告知拟处罚的理由，正式处罚决定也势必要求说明理由，这才符合直接影响当事人基本权利的行为需要说明理由的基本要求；其次，告知相对人拟处罚的理由，便于当事人了解案件事实、参与行政程序、陈述申辩，行政处罚决定只有说明理由才能回应相对人的意见表达，否则相对人的参与权以及陈述申辩将流于形式；最后，说明理由系事实认定与法律适用之逻辑纽带，尤其是行政处罚决定的作出需要建立在民事法律事实的判断等基础上时，只有在处罚决定中主动说明理由，才能有效抑制行政恣意，提升处罚决定的接受度。

编写人：江苏省南通市中级人民法院　金保阳　张祺炜

32

行政机关逾期做出的行政处罚是否有效

——王德某诉××县公安局治安行政处罚案

【案件基本信息】

1. 裁判书字号

（2015）鄂××行初字第00002号行政判决书

2. 案由：治安行政处罚纠纷

3. 当事人

原告：王德某

被告：××县公安局

【基本案情】

原告王德某与第三人付某系公媳关系，王德某之子王某系付某之夫，付某与王某因家庭矛盾自2013年7月始暂时分居生活。2013年9月8日下午6时许，第三人付某与其母刘玉某来到原告王德某家探望儿子王书某，在原告家中，双方因家庭琐事发生争执，争执过程中付某持石头砸原告背部，原告之妻冯玉某和王某见状迅速上前抱住付某并将石头夺下。原告因付某用石头砸自己，遂举起拳头对付某进行恐吓，刘玉某见状抓住原告意欲阻止，原告将刘玉某的胳膊扭住将其按倒在地，见刘玉某示弱后松手放了刘玉某。此时付某抄起凳子欲砸原告，被冯玉某阻止，原告见状因激愤强行抱住付某、刘玉某推往门口，继而用一只手抓住付、刘二人的头发，另一只手开门，将付、刘二人掀至门外时，致使付、刘、王德某自己三人同时摔倒在门口地上，刘玉某摔倒后滚下楼梯，付某倒地后继续抓挠原告，原告遂用拳头对付某进行殴打，当原告挣脱付某的抓挠准备回屋关门时，付某将脚伸进门内阻拦原告关门，原告用脚将付某伸进门内的脚踢出门外将房门关上。付某随即打电话至110报警，被告接警后当即出警至纠纷现场进行处置。

被告在办案过程中，考虑到纠纷双方系家庭成员和亲戚关系，多次征求双方意见意欲调解，并给了充足时间促使双方沟通和解，终因双方无和解的诚意而未能调解解决。被告认为原告和第三人的行为构成殴打他人的违法行为，根据《中华人民共和国治安管理处罚法》第四十三条第一款之规定，于2014年3月4日作出×公（×）行决字〔2014〕第69号行政处罚决定，给予王德某行政拘留5日、付某罚款三百元的处罚。原告不服该行政处罚决定，向××县人民政府申请行政复议，××县人民政府于2014年10月作出×复决字〔2014〕第4号行政复议决定书，维持了被告的行政处罚决定。

【案件焦点】

行政机关逾期做出的行政处罚是否有效。

【法院裁判要旨】

法院经审理认为：被告××县公安局作为辖区内治安管理的行政职能部门，依照《中华人民共和国治安管理处罚法》第二条之规定，对违反治安管理秩序的行为依法给予治安管理处罚系其法定职责，具备治安处罚的主体资格。在本案中，被告接警后即出警至纠纷现场进行处置，在案件查处中履行了受案、传唤、调查取证、权利义务告知、调解、处罚告知、处罚裁决和送达的程序，其执法程序符合法律规定。公民应当自觉遵守法律秩序，遇有纷争理性面对，克制自己的言行，防止事态恶化升级，避免危及他人与自己的生命健康安全，何况本案的纠纷双方是家庭成员和亲戚关系，遇事更应友好协商，化解矛盾。本案原告、第三人在纠纷过程中，均未约束克制自己，实施了互相殴打的违法行为。在纠纷的起因上，第三人首先持石头砸了原告背部，过错在于第三人；在违法后果上，原告于纠纷过程中因激愤在事态被他人制止得到基本控制的情形下，以暴力强行驱赶第三人、刘玉某出门，致使三人同时在门口摔倒，刘玉某被摔倒后滚下楼梯；之后原告为了挣脱第三人的抓挠，对第三人实施了殴打，其违法行为致付某、刘玉某二人轻微伤，后果明显大于第三人。原告以被告办案超期为由，主张被告办案程序违法，与《中华人民共和国治安管理处罚法》的立法精神不符，《公安机关执行〈中华人民共和国治安管理处罚法〉有关问题的解释》第十二条规定“……客观原因造成案件不能在法定期限内办结的，公安机关应当继续进行调查取证，及时依法作出处理决定……”，且被告履行了延长办案期限的审批程序，故法院不予支持。据此，××县人民法院依照

《最高人民法院关于执行〈中华人民共和国行政诉讼法〉若干问题的解释》① 第五十六条第四项之规定，判决如下：

驳回原告王德某的诉讼请求。

判决后当事人双方均未上诉。

【法官后语】

按照依法行政的原则，行政活动既要遵守实体法规则，也要遵守程序法规则，法院在司法审查当中，不仅要对具体行政行为进行实体审查，还要进行程序审查，程序审查与实体审查同等重要。行政机关的办事期限是行政程序的基本要素之一，法律在授权行政机关作出某种行政行为时，往往会规定一个办事期限。例如，《中华人民共和国治安管理处罚法》第九十九条规定："公安机关办理治安案件的期限，自受理之日起不得超过三十日；案情重大、复杂的，经上一级公安机关批准，可以延长三十日。为了查明案情进行鉴定的期间，不计入办理治安案件的期限。"办案期限不仅是行政机关办理行政事务所应遵守的程序，也是依法行政的要求；本案被告从立案至作出处罚决定已超过了上述法律规定的办案期限，属程序违法，但程序违法分为两种情况：一是违反法定程序，二是程序瑕疵。一个行政行为如果被认定为违反法定程序的话，依法应当撤销或确认违法，如果被认定为程序瑕疵的话，则不足以导致具体行政行为被撤销。行政机关超过办事期限作出的行政行为是不是违反法定程序？还是程序瑕疵？在行政诉讼中对此问题一定要进行慎重对待，首先要判断行政机关不遵守行政时限的规定这个程序是主要程序还是次要程序，一个程序如果影响行政行为的主要内容或者效力就是主要

① 《最高人民法院关于适用〈中华人民共和国行政诉讼法〉的解释》于2018年2月6日发布，自2018年2月8日起施行。本解释施行后，《最高人民法院关于执行〈中华人民共和国行政诉讼法〉若干问题的解释》（法释〔2000〕8号）、《最高人民法院关于适用〈中华人民共和国行政诉讼法〉若干问题的解释》（法释〔2015〕9号）同时废止。

程序，否则就是次要程序。例如，《中华人民共和国行政处罚法》规定，作出行政处罚决定时不告知当事人陈述、申辩权利或拒绝听取当事人陈述、申辩的，行政处罚决定不能成立。这些程序在整个行政处罚程序中地位比较高，对当事人的权益影响比较大，这些程序毋庸置疑是主要程序。违反了这些程序，一般都构成违反法定程序。其他对当事人权益影响比较小的程序是次要程序，如行政机关作出行政行为的期限，虽然法律也往往要求行政机关作出行政行为时必须遵守期限，但由于其本身不具有那么大的重要性，即使违反了对当事人的权益一般也不会造成损害或者损害甚微，因此，违反次要程序就只是程序瑕疵。其次要看行政机关逾期作为的逾期是否超过了法律的容忍度——行政追究时限。《中华人民共和国行政处罚法》第三十六条规定了对违法行为的处罚时效，“违法行为在二年内未被发现的，不再给予行政处罚；涉及公民生命健康安全、金融安全且有危害后果的，上述期限延长至五年。法律另有规定的除外”。《中华人民共和国治安管理处罚法》第二十二条第一款规定了对违反治安管理行为的追究时效，“违反治安管理行为在六个月内没有被公安机关发现的，不再处罚”。结合本案，被告是2013年9月8日立案，后来经批准延长一个月，在2014年3月4日作出对原告的处罚决定，并没有超过六个月，因此被告逾期作出的行政行为可以判断是违反了次要程序，同时没有超过行政追究时限，属程序瑕疵。通过上述的分析，可以肯定，本案被告逾期作出的行政处罚决定在程序上仅属程序瑕疵，人民法院对本案的处理是正确的。

编写人：湖北省宜昌市秭归县人民法院　邓颖尹　邓娇

六、行政强制

本章导读

行政强制，包括行政强制措施和行政强制执行。行政强制措施是指行政机关在行政管理过程中，为制止违法行为、防止证据损毁、避免危害发生、控制危险扩大等情形，依法对公民的人身自由实施暂时性限制，或者对公民、法人或者其他组织的财物实施暂时性控制的行为。行政强制执行是指行政机关或者行政机关申请人民法院，对不履行行政决定的公民、法人或者其他组织，依法强制履行义务的行为。行政强制权是国家行政权的重要组成部分，是确保行政的实效性、维护公共利益的重要手段。行政机关实施行政强制，能够保证法律法规的有效实施，保障行政职权的有效行使，维护社会秩序的和谐稳定。

行政强制是典型的侵益性行政行为，是对公民、法人和其他组织的人身自由、财产等实施的强制，因此其实施尤其需要遵循行政强制法定原则。首先，主体须合法，只有法律、法规规定的行政机关才能实施行政强制，其他机关不得实施。其次，职权须合法，行政机关必须在法定职权范围内实施行政强制，不得超越职权、滥用职权。再次，程序须合法，行政机关实施行政强制必须严格遵照法定程序，注意履行催告义务，听取当事人的陈述和申辩。最后，授权和委托须合法，行政强制权的授予和委托均需要依照法律规范的规定进行。

（一）违建拆除

33

对正在进行的违法建设可依法定程序“快速拆除”

——蒋某诉××市××区城市管理行政执法局
城管行政强制及行政赔偿案

【案件基本信息】

1. 裁判书字号

（2018）苏06行终192号行政判决书

2. 案由：城管行政强制及行政赔偿纠纷

3. 当事人

原告（上诉人）：蒋某

被告（被上诉人）：××市××区城市管理行政执法局（以下简称××城管局）

【基本案情】

××城管局于2017年8月29日、9月29日在××市××名邸×号楼张贴《城市规划管理提示书》，友情提示居住户禁止从事：1. 房屋未批先建；2. 擅自改变住宅外立面；3. 擅自在建筑物楼顶、退层平台、住宅底层院内以及配建的停车场进行建设；4. 擅自在设备平台、通风井等部位进行工程建设；5. 其他违反城市规划的建设活动。蒋某系××市××名邸×号楼某室的房屋所有权人。2017年10月4日，蒋某未经批准，在自家南侧设备平台上安装铝合金窗户。同年10月15日，××城管局进行现场勘查，发现包括蒋某在内的81户居住户在设备平台上安装了铝合金窗户。10月31日，××城管局将蒋某在设备平台上安装的铝合金窗户予以拆卸。经法院现场勘查，拆卸后的铝合金外框及四块玻璃完好，有九根嵌条略有变形，其中四根嵌条上有切割的痕迹。

【案件焦点】

1. ××城管局认定蒋某封闭设备平台的行为违法，是否具有事实和法律依据；2. ××城管局强制拆除蒋某封闭的设备平台，程序是否合法；3. 蒋某的赔偿请求能否得到支持。

【法院裁判要旨】

一审法院经审理认为：蒋某未经批准擅自封闭设备平台的行为违反《中华人民共和国城乡规划法》[①] 第六十四条规定，依法应受到相应处理。××城管局未作出任何责令停止建设或限期拆除行政决定，径行对案涉铝合金窗户进行拆卸，程序违法。××城管局未违法处置蒋某的建筑材料，蒋某要求××城管局赔偿损失的主张不能成立。

综上，一审法院根据《中华人民共和国行政诉讼法》第七十四条第二款第一项、《最高人民法院关于审理行政赔偿案件若干问题的规定》第三十三条[②]之规定，判决如下：

一、确认××城管局强制拆除蒋某铝合金窗户的行为违法；

二、驳回蒋某的行政赔偿请求。

蒋某不服，提起上诉。二审法院经审理认为：关于××城管局认定蒋某封闭设备平台的行为违法，是否具有事实和法律依据的问题。蒋某的

---

① 本案适用的是当时有效的《中华人民共和国城乡规划法》（2015年修正），《中华人民共和国城乡规划法》2019年修改后，第六十四条内容没有变化，下同。

② 对应现行《最高人民法院关于审理行政赔偿案件若干问题的规定》（法释〔2022〕10号）第三十二条，下同。

建设行为实质是未经规划许可擅自在中空天井外安装铝合金窗户，从而借助合法建筑的墙体，共同围成封闭空间。设备平台属于业主共有部分，封闭后的设备平台与蒋某的住宅合为一体，不仅客观上增加了私有部分面积，改变了小区原有设计规划及建筑物原有外立面，还可能造成安全隐患，属于违法建设行为。蒋某的建设行为不属于尚可采取改正措施消除影响的情形，故依法应予拆除。综上，××城管局认定蒋某封闭设备平台的行为违法具有事实和法律依据。

关于××城管局强制拆除蒋某封闭的设备平台，程序是否合法的问题。《中华人民共和国城乡规划法》第六十八条规定，城乡规划主管部门作出责令停止建设或者限期拆除的决定后，当事人不停止建设或者逾期不拆除的，建设工程所在地县级以上地方人民政府可以责成有关部门采取查封施工现场、强制拆除等措施。从“责令停止建设”的规定内容看，该条针对的主要是正在进行中的违法建设行为，根据特别法优先普通法的原则，在建建筑的处理应当依照《中华人民共和国城乡规划法》第六十八条之规定，对不听制止而继续建设的行为要进行及时处理，采取查封施工现场或者强制拆除等即时措施，不受《中华人民共和国行政强制法》规定的强制执行程序的限制。本案中，蒋某无视城管部门的宣传提示及监管，继续实施违法建设行为，应当以正在进行的违法建设行为视之。××城管局既未对蒋某的行为作出书面限期拆除决定，亦未由××市××区人民政府责成拆除，在此情况下，××城管局直接对蒋某封闭的设备平台进行拆除，违反法定程序，依法应当确认违法。

关于蒋某的赔偿请求能否得到支持的问题。违法建筑不受法律保护，但组成建筑物的原材料属于公民合法财产，如果行政机关采用不合理的方式强制拆除违法建筑，造成不当损害的，应当承担赔偿责任。虽然××城管局的强制拆除行为程序违法，但未改变蒋某建设行为违法的定性，在对建筑物、构筑物的拆除过程中，无论采取何种保护性措施，都不可能让建筑材料完全保持原有状态，嵌条变形、建筑材料价值减损等情况均不可避免。因此，应当认为××城管局拆除手段合理合法，与蒋某的损失之间不存在因果关系，对蒋某主张的损失，××城管局不承担赔偿责任。

综上，二审法院依照《中华人民共和国行政诉讼法》第八十九条第一款第一项之规定，作出如下判决：

驳回上诉，维持原判。

【法官后语】

一、违法建设所涉基本理论与利益衡量

行政机关查处违法建设过程中之所以出现前述有意识的分类执法行为，根本原因在于违法建设的认定缺乏类型化标准，由此引发了财产保护、行政效率以及公共利益之间的失衡与失范。因此，有必要充分考虑并衡量违建所关涉的行政管理、公共利益以及私人权利之间的相互关系，从而对查处违法建设的程序作出合理的选择。

首先，从促进行政效率的角度而言，违法建筑往往建设速度极快，如不及时处理，易造成迅速蔓延的趋势。实践中有的行为人采取突击的形式搭建违法建设，待造成之后，再采取各种方式阻碍行政机关执法，或者即使被行政机关发现，行为人也采取诉讼等方式拖延时间，继续搭建。违法建设正在进行时是最好的拆除时机，一旦不能及时拆除，将增加行政机关后续拆违工作的成本。因此，对于正在进行的违法建设，最有效的办法就是行政机关及时发现、及时制止，制止不成的，及时拆除。其次，从维护公共利益的角度而言，或者从终极意义上来说，保障特定社会秩序的实现才是行政强制执行的价值所在。有的违法建筑可能占用了小区公共空间或破坏了建筑物整体的环境与美观；有的违法建筑可能对邻居的通风采光、通行等相邻权造成影响；还有的违法建筑甚至会引发环境污染，滋生安全隐患。如果所有的违法建设行为，均不加区分地依照行政强制法的程序实施查处和拆除，势必导致社会公共利益及他人正当权利长期处于受损害、受威胁的状态，这显然有悖《中华人民共和国行政强制法》第一条规定的“维护公共利益和社会秩序”的立法目的。最后，从平衡个人权益的角度而言，个人利益并非决定正当法律程序适用与否的唯一条件。个人权利的现实程度、权利的大小与其保障和救济制度成正向关系，个人权益越重要，法律赋予的程序保障力度也就相应地越大。有的违法建筑由于成本低、建设快、长期得不到查处等原因，容易产生示范效应，导致一个范围内的人群出现法不责众的心理而共同实施违法建设行为。违法建设的户外广告如果历经较长时间得不到拆除，相对人设置广告的目的早已达到，最终即使拆除，对行为人的惩戒功能也早已丧失。

综上分析，在多元的行政管理实践中，对违法建设不能“一刀切”地采取同样的行政强制执行程序和方式。对于正在进行的违法建设等特定情况，应当强调对违法建设的快速处理，以达到尽快减少或者消除违法建筑对社会秩序和公共利益所造成的损害之目的。

二、正在进行的违法建设的判断标准

违法建设正在进行是行政机关能否直接适用《中华人民共和国城乡规划法》第六十八条的核心要素。因此，其认定应当尤为慎重，自由裁量亦应限缩在最低限度内。在建建筑一般是指尚未完工、还不具备居住和使用功能的建筑物、构筑物。实践中，有的建筑物、构筑物成本较低、面积较小、结构简单，数日甚至数小时即可完成，此类建设行为隐蔽性强、周期短，往往未被发现即已竣工。此时，如果仍然拘泥于违法建设“正在进行”的一般标准，可能导致对此类行为的纵容。因此，行政机关在行为人实施违法建设前，已经通过适当方式提示告知，但行为人拒不听从、坚持完成建设的，或者行政机关在合理时间内即发现了行为人已实施完毕的违法建设行为，均可视为正在进行的违法建设。

编写人：江苏省南通市中级人民法院　张祺炜

34

非“在建”状态违建不适用“快拆”机制

——范某瓜诉××市××区城市管理行政执法局、××市××区人民政府城建行政处罚案

【案件基本信息】

1. 裁判书字号

（2017）闽0211行初82号行政判决书

2. 案由：城建行政处罚纠纷

3. 当事人

原告：范某瓜

被告：××市××区城市管理行政执法局（以下简称××行政执法局）

被告：××市××区人民政府（以下简称××区政府）

【基本案情】

2016年12月19日，被告××行政执法局作出询问通知书（No.0009690），要求原告范某瓜于2016年12月19日15时至××行政执法局××中队接受询问。2016年12月31日，被告××行政执法局作出责令改正违法行为通知书（No.0014356），要求原告范某瓜于2017年1月3日至××行政执法局××中队接受询问。2017年1月5日，被告××行政执法局作出××城执限拆〔2017〕57号《责令限期拆除决定书》，要求原告在2日内将存放于以上建筑物内的财物搬迁完毕，并自行拆除违法建设的住宅、附属及遮雨棚，逾期未拆除的，该局将组织强制拆除。2017年1月11日，原告向被告××区政府提出复议申请，请求依法撤销××城执

限拆〔2017〕57号《责令限期拆除决定书》。2017年4月11日，××区政府作出××政行复〔2017〕3号行政复议决定书，维持××城执限拆〔2017〕57号《责令限期拆除决定书》。

另查明，案涉建筑物无合法权属证明或用地审批手续。在被告××行政执法局对案涉建筑物进行查处时，案涉建筑物未处于在建状态。

【案件焦点】

1. 被告××行政执法局作出案涉责令限期拆除决定书程序是否合法；2. 被告××区政府作出的复议决定有无事实和法律依据，程序是否合法。

【法院裁判要旨】

法院经审理认为：根据《××经济特区城市管理相对集中行使行政处罚权规定》第五条第一款第二项、第三项之规定，被告××行政执法局作为集中行使城市管理行政处罚权的执法机关，具有查处辖区内的违法建设、非法占地案件的法定职权。案涉建筑物在被查处时未处于在建状态，不属于《××经济特区城市管理相对集中行使行政处罚权规定》第二十四条所规定的"在建的违法建筑物、构筑物"。被告××行政执法局作出案涉决定书系因原告之行为违反《中华人民共和国土地管理法》第二条第三款之规定，根据《中华人民共和国土地管理法》第七十六条、第七十七条①之规定对原告之行为作出处罚，其应当符合行政处罚相应的程序要求。但根据在案证据，被告××行政执法局作出案涉拆除决定书未对原告进行罚前告知，未保障原告陈述、申辩之权利，属于程序违法，被告××区政府经复议后予以维持亦属不当。原告请求撤销被告××行政执法局作出的××城执限拆〔2017〕57号《责令限期拆除决定书》及被告××区政府作出的××政行复〔2017〕3号行政复议决定

---

① 本案适用的是当时有效的《中华人民共和国土地管理法》（2004修正），《中华人民共和国土地管理法》2019年修订后，对应的现行条款为第七十七条、第七十八条。

书，有相应的事实与法律依据，应予支持。

法院依照《中华人民共和国行政诉讼法》第七十条第一款第三项之规定，判决如下：

一、撤销被告××市××区城市管理行政执法局于2017年1月5日作出的××城执限拆〔2017〕57号《责令限期拆除决定书》；

二、撤销被告××市××区人民政府于2017年4月11日作出的××政行复〔2017〕3号《行政复议决定书》。

该案一审宣判后，原、被告双方均未上诉。该判决现已生效。

【法官后语】

《中华人民共和国行政强制法》第四十四条规定，对违法的建筑物、构筑物、设施等需要强制拆除的，应当由行政机关予以公告，限期当事人自行拆除。当事人在法定期限内不申请行政复议或者提起行政诉讼，又不拆除的，行政机关可以依法强制拆除。一般来说，对该条文所规定的“建筑物、构筑物、设施”的理解，指的是已经完工的“建筑物、构筑物、设施”。违法建设具有搭建容易、拆除困难的突出特点，由此也产生了另外一个问题，即对于在建、尚未完工的“建筑物、构筑物、设施”，如果也适用该条款，就难以确保拆违程序的便捷、顺遂、及时、有效。

出于对执法效率及最大限度地减少违法当事人损失、降低执法成本、提升执法效果的考量，针对现行《中华人民共和国行政强制法》的法律困境，很多地方出台了相关的“即查即拆”或“快处机制”的制度设计。

因为建筑物、构筑物、设施等是重要财产，涉及价值较大，多数还关系到当事人的生产生活，影响到城市的有序发展和建筑物周围许多人的利益，涉及面广，社会影响大，社会关注度高，所以行政机关对于在建违建在适用“即查即拆”或“快处机制”时应符合相关程序及条件。

本案中，原告确认案涉建筑物无合法权属证明或用地审批手续。但原、被告亦确认，被告对案涉建筑物进行查处时，案涉建筑物未处于在建状态。故不属于在建违法建设，不应适用“即查即拆”或“快处机制”。被告××行政执法局作出案涉拆除决定书未对原告进行罚前告知，未保障原告陈述、申辩之权利，属于程序违法，被告××区政府经复议后予以维持亦属不当，故判决撤销案涉拆除决定书及复议决定书。

编写人：福建省厦门市集美区人民法院　蓝水凤

（二）查封、扣押

35

行政机关在查封扣押期满后未作出解除扣押决定的行政行为是违法行政行为

——××充电服务有限公司诉××市城乡规划管理局城市管理行政强制措施案

【案件基本信息】

1. 裁判书字号

（2016）豫0883行初85号行政判决书

2. 案由：城市管理行政强制措施纠纷

3. 当事人

原告：××旭恒充电服务有限公司

被告：××市城乡规划管理局

第三人：崔某涛

【基本案情】

原告××充电服务有限公司从事电动车充电服务，2014年8月1日与第三人崔某涛经营的××忠生超市签订市区街道路边安装快速充电桩租赁合作协议，约定原告投资在××忠生超市批发行（即××忠生超市）安装快速充电器一台，由第三人经营，原告和第三人约定六四分成。2014年9月3日，被告以快速充电器在店外经营，影响市容为由，对第三人作出×规管暂扣字（2014）第001108号违法物品查封暂扣通知单，认定第三人的行为违反了《河南省〈城市市容和环境卫生管理条例〉实施办法》第十六条之规定，根据《河南省城建监察规定》第十六条之规定，决定查封台式充电器一台，限7日内到城管支队法制科接受处理。第三人收到通知后告知原告，经原告多次去被告单位要求处理，被告至今未作出处理。另查明，根据×政办〔2015〕130号文件，××市城乡规划管理局的城市管理职责自2015年12月31日起划入市住房和城乡建设局，具体由市住房和城乡建设局的二级机构综合执法局负责城市管理职责，扣押的台式充电器现由综合执法局保管。2016年6月，××市城乡规划管理局更名为××市城乡规划局。

【案件焦点】

1. 原告是否具有诉讼主体资格；2. 被告是否适格；3. 被告所作出的行政强制措施是否违法。

【法院裁判要旨】

法院经审理认为：（一）被告的查封扣押物品通知虽是针对第三人作出，但第三人到庭认可扣押的物品实为原告所有，原告具备本案的诉讼主体资格。（二）关于被告是否适格的问题。依据×政办〔2015〕130号文件，××市城乡规划管理局的城市管理职责自2015年12月31日起划入市住房和城乡建设局，但其查封扣押原告物品的行为发生在2014年9月3日，在职责调整之前，原告起诉被告并无不当，××市城乡规划局是本案适格被告，至于被告名称由原××市城乡规划管理局变更为××市城乡规划局，并不影响其在诉讼中的权利和义务。（三）行政强制措施的实施旨在保障行政机关依法履行职责，维护公共利益和社会秩序，保护公民、法人和其他组织的合法权益。本案被告认为原告存在影响市容的行为，对原告的物品进行扣押，依据法律规定，查封扣押的期限不得超过三十日，被告在查封扣押期满之前未作出处理决定，应当及时作出解除查封、扣押的决定，但逾期未作出，其扣押物品的行政行为违法，扣押的物品应予以返还。被告单位职责调整并不影响其返还查封扣押物品的实施。依据《中华人民共和国行政强制法》第二十五条第一款、第二十八条第一款第四项，《中华人民共和国行政诉讼法》第七十四条第二款第一项①之规定，判决如下：

一、确认被告 2014 年 9 月 3 日扣押原告台式充电器的行为违法；

二、被告于判决生效后立即返还 2014 年 9 月 3 日扣押原告的台式充电器一台。案件受理费 50 元，由被告承担。

【法官后语】

本案的争议焦点主要有三个：

一、原告是否具有诉讼主体资格

《中华人民共和国行政诉讼法》第二十五条第一款②规定，行政行

---

① 本案适用的是当时有效的《中华人民共和国行政诉讼法》（2014 年修正），《中华人民共和国行政诉讼法》2017 年修改后，第七十四条内容没有变化。

② 本案适用的是当时有效的《中华人民共和国行政诉讼法》（2014 年修正），《中华人民共和国行政诉讼法》2017 年修改后，第二十五条增加一款，作为第四款："人民检察院在履行职责中发现生态环境和资源保护、食品药品安全、国有财产保护、国有土地使用权出让等领域负有监督管理职责的行政机关违法行使职权或者不作为，致使国家利益或者社会公共利益受到侵害的，应当向行政机关提出检察建议，督促其依法履行职责。行政机关不依法履行职责的，人民检察院依法向人民法院提起诉讼。"第一款内容没有变化。

为的相对人以及其他与行政行为有利害关系的公民、法人或者其他组织，有权提起诉讼。本案中，被告作出的查封台式充电器的行政行为的相对人为本案第三人崔某涛，但根据原告与第三人签订的租赁合作协议，该快速充电器由原告投资安装，由第三人经营，原告和第三人约定六四分成，可见该快速充电器是由原告所有，所以原告具有诉讼主体资格。

二、被告是否适格

依据×政办〔2015〕130号文件，被告××市城乡规划管理局的城市管理职责自2015年12月31日起划入市住房和城乡建设局，但其查封扣押原告物品的行为发生在2014年9月3日，在其职责调整之前，原告起诉被告并无不当，××市城乡规划局是本案适格被告，至于被告名称由原××市城乡规划管理局变更为××城乡规划局，并不影响其在诉讼中的权利和义务。

三、被告所作出的行政强制措施是否违法

行政强制措施的实施旨在保障行政机关依法履行职责，维护公共利益和社会秩序，保护公民、法人和其他组织的合法权益。本案中被告依据其法定权限，认为原告存在影响市容的行为，对原告的物品进行扣押并无不当之处。但是依照《中华人民共和国行政强制法》第二十五条的规定，“查封、扣押的期限不得超过三十日”，扣押期满后，应根据《中华人民共和国行政强制法》第二十八条第一款的规定，“行政机关应当及时作出解除查封、扣押决定”。本案中被告在查封扣押期满之前未作出处理决定，逾期也未作出解除查封扣押决定，其扣押物品的行政行为违法。另，被告单位职责调整并不影响其返还查封扣押物品的实施。

编写人：河南省孟州市人民法院　梁慧娟

36

交警应要求不需要翻译的外国当事人出具书面说明

——金某诉某市公安局公安交通管理局某区交通支队某大队行政强制措施案

【案件基本信息】

1. 裁判书字号

（2020）京行终2281号行政判决书

2. 案由：行政强制措施纠纷

3. 当事人

原告（上诉人）：金某（非中国籍，下略）

被告（被上诉人）：某市公安局公安交通管理局某区交通支队某大队（以下简称交通大队）

【基本案情】

2019年9月6日，金某驾驶电动自行车与案外人李某发生交通事故，李某受伤后被送往医院治疗。交通大队民警在对事故现场进行勘查后，因搜集交通事故案件证据需要，根据《中华人民共和国道路交通安全法》第七十二条第二款之规定，决定对原告的电动自行车采取扣留的行政强制措施。民警在前往医院询问李某的过程中，向金某出具扣留车辆凭证。在医院经询问后，民警作出北京市公安局交通管理局道路交通事故认定书（简易程序），认定金某对本次事故负全责。金某及案外人李某均签字确认。后民警告知金某次日即可前往停车场领取车辆。2019年9月18日，金某将其被扣留的车辆领回。金某不服交通大队的扣车行为，向法院提起诉讼。

【案件焦点】

1. 交通大队适用简易程序扣留车辆是否违法；2. 金某不需要他人翻译时，交通大队未要求其出具书面声明是否违法。

【法院裁判要旨】

一审法院经审理认为：关于第一个争议焦点，道路交通安全法第七十二条第二款规定，交通警察应当对交通事故现场进行勘验、检查，收集证据；因收集证据的需要，可以扣留事故车辆，但是应当妥善保管，以备核查。上述条文规定了交通警察处理交通事故的职权，同时对扣留事故车辆的适用条件作出限制性规定即“收集证据的需要”，从而排除了基于“收集证据的需要”之外的目的扣留事故车辆行为的合法性。“收集证据的需要”显然需要交通警察根据事故现场的特定环境进行判断。本案中，交通大队民警在对现场进行勘验、检查后，因另有伤者被送往医院治疗，需要向其进一步核实事故情况，故民警基于进一步收集证据的需要，作出被诉扣车行为，符合上述规定。另外，并无证据证明民警系基于“收集证据的需要”之外的目的作出被诉扣车行为，故被诉扣车行为实体处理合法适当。

关于金某主张交通大队适用简易程序扣留车辆违法的问题。道路交通事故处理的简易程序与一般程序的区分系指整个程序而言，若仅就作为道路交通事故处理程序中的行政调查环节之一，且具有一定独立性的事实行为即被诉扣车行为的实体合法性评价而言，上述区分不具有太大意义。无论整个处理程序是否适用简易程序，均不影响扣留车辆行为的实施，亦不影响扣留车辆行为的实体合法性。另外，根据《中华人民共和国行政强制法》第十八条第二项的规定，行政机关实施行政强制措施应当由两名以上行政执法人员实施。根据在案证据执法记录仪拍摄视频显示，交通大队确有两名民警在事故现场执法，故就被诉扣车行为而言，交通大队的处理符合上述规定，并无明显不当。金某有关被告适用简易程序作出被诉扣车行为的主张，依据不足，不予支持。

关于第二个争议焦点，《道路交通事故处理程序规定》第九十九条规定，公安机关交通管理部门在处理道路交通事故过程中，使用中华人民共和国通用的语言文字。对不通晓我国语言文字的，应当为其提供翻译；当事人通晓我国语言文字而不需要他人翻译的，应当出具书面声明。经公安机关交通管理部门批准，外国人可以自行聘请翻译，翻译费由当事人承担。上述条文系从规章层面对交管部门处理道路交通事故过程中遇有不通晓我国语言文字的当事人或其他人员时如何处理作出的规定，既是出于查明案件事实的需要，亦是保障不通晓我国语言文字的事故当事人能够充分行使程序权利并及时获得救济。根据上述条文的文本含义，对不通晓我国语言文字的当事人，提供翻译系交管部门的义务。与此相对，对当事人而言，要求交管部门提供翻译或自行聘请翻译则是其权利。对于权利的放弃，上述条文规定了严格的程式要件，即“出具书面声明”。应当认为，“出具书面声明”虽系对当事人的义务性规定，但该程序的设置旨在为交通警察判断当事人是否“通晓”我国语言文字提供基本依据，体现了对其基本表达权的尊重，亦会影响其陈述申辩权的充分行使，具有重大的实践意义，理应得到严格执行。本案中，根据在案证据执法记录仪视频内容显示，虽然事故处理过程中被告在得知金某是外籍人士后，第一时间询问其能否运用汉语正常交流，金某表示没有问题，但金某未出具书面声明，交通警察仅凭口头询问即认为原告通晓我国语言文字而未为其提供翻译的执法行为，不符合上述规定要求。考虑到被诉扣车行为已经实施完毕，故应当确认违法。

一审法院依照《中华人民共和国行政诉讼法》第七十四条第二款第一项之规定，判决如下：

确认交通大队作出的扣留车辆行为违法。

二审法院同意一审法院裁判意见。

【法官后语】

我国客观上存在外籍人员与各类行政机关打交道从而引发纠纷的风

险。在坚决反对外国人享有超脱于中国司法权的特权的基础上，应当注重保护外国人的合法权利，进一步增强我国对外国优秀人才的吸引力。具体到行政执法领域，语言不通不仅是执法部门查明事实、处理相关案件的一大难点，更是外国人表达自身合理诉求、维护正当权益的重大障碍。语言不通，自然无法理解行政行为将要对其造成的影响，亦无法准确表达自身诉求，遑论有效行使陈述、申辩等基本的程序性权利。

本案中，《道路交通事故处理程序规定》第九十九条第一款的规定提出了三个层次的要求：首先，要求公安机关交通管理部门在处理涉外交通事故过程中，使用中华人民共和国通用的语言文字；其次，对不通晓我国语言文字的，应当为其提供翻译，可见，提供翻译已经成为相关执法部门的一项义务，而非任由其选择是否提供；最后，当事人通晓我国语言文字而不需要他人翻译的，应当出具书面声明。这既是对当事人的义务性规定，也是交通警察在没有他人为当事人进行翻译的情况下，进行后续执法行为的前提。已如前述，此项权利关系外国人诸多基本权利。而对于语言通晓与否的判断总体较为主观，在突发交通事故的情况下，外国人的情绪波动可能较大，若当事人仅需口头表示即可放弃提供翻译的权利，在当时各项工作处理节奏较快、外国当事人急于处理完毕相关事宜的情况下，可能未能很好地保障外国当事人相关权利，或者出现事后反悔的情况，对后续执法亦可能造成相当程度的困扰。在此，规章制定者将对放弃翻译权利的要求，上升到了出具书面说明的程度，规定了严格的程式要件。这既有利于执法机关更为谨慎地对待这项当事人的重要权利，也有利于外国当事人更加慎重地作出判断，对于自身权利放弃可能带来的后果有较为清醒的认识，从根本上避免后续对外国当事人可能造成的权利侵犯以及相关的调查处理结果基础不够牢固的情况，对于展现我国既严肃又人性化的行政执法形象亦有积极意义。

因此，如果该外国人只是口头表示不需要提供翻译，交警亦应当将须出具书面说明的规定向其释明，并要求其按照上述规定出具书面说明。如果当事人只是口头表示不需要翻译，交警也没有提供翻译就进入执法程序，则可能会导致程序违法，进而导致行政行为被撤销或者确认违法的法律后果。

中国融入世界的程度日益加深，在中国境内的外国人也日益增多。行政机关在作出涉及外国籍人的行政行为时，在已有明确规定的情况下，应当严格按照法定程序进行执法。本案对于交警执法实践具有较强的示范作用，体现了法官“以事实为依据，以法律为准绳”的裁判标准，同时也体现了法官在解释法律和运用法律上的准确与审慎。

编写人：北京市第一中级人民法院　徐志文

七、行政赔偿

本章导读

行政赔偿，是指国家行政机关及其工作人员在行使职权的过程中侵犯公民、法人和其他组织的合法权益并造成损害，由国家承担赔偿责任的制度。行政赔偿责任包括以下构成要件：一是主体要件，即行政赔偿中的侵权行为主体为行政机关及其工作人员。二是行为要件，是指行政机关及其工作人员行使职权过程中的违法行为。三是损害要件，是指职务行为给公民、法人和其他组织的合法权益造成了特别损害。损害首先应当具有法定性，即只有合法权益才受法律保护；其次应当具有现实性，即必须是给既有权益造成实际损害；再次应当具有特殊性，即受害人遭受了其他人没有遭受的损害；最后应当具有直接性，即损害是由国家侵权行为直接造成的。四是因果关系要件，指相对人遭受的损害与行政机关及其工作人员的职务行为之间具有关联性，损害是由行政机关及其工作人员造成的，但存在受害人有过错、不可抗力、第三人过错等抗辩事由的情形除外。五是依据要件，即只有在法律明确规定的范围、方式和标准内，公民、法人和其他组织才享有行政赔偿请求权。

行政机关应当依法履行赔偿义务，认真落实人民主体地位，坚持服务人民的根本立场，充分赔偿公民、法人和其他组织因行政机关违法行政行为造成的损害，积极维护公民、法人和其他组织的行政赔偿权利。

（一）赔偿事由

37

被确认违法的行政行为并不必然导致行政赔偿

——朱某诉××市公安局××分局治安行政赔偿案

【案件基本信息】

1. 裁判书字号

（2019）京03行赔终223号行政赔偿判决书

2. 案由：治安行政赔偿纠纷

3. 当事人

原告（上诉人）：朱某

被告（被上诉人）：××市公安局××分局

【基本案情】

2018年7月9日16时许，在××市××区××市场淡水鱼区内，原告一家三口与范甲、范乙一方因卖鱼一事发生纠纷，后双方发生互殴。被告依法受理案件后，经调查取证认定了原告殴打他人的事实。2018年10

月22日，被告对原告作出3892号处罚决定书，根据《中华人民共和国治安管理处罚法》第四十三条第二款第一项之规定，决定给予原告行政拘留十日，并处罚款人民币500元。行政拘留执行完毕后，原告针对3892号处罚决定书向××市公安局申请行政复议，要求予以撤销。2019年1月25日××市公安局作出424号《行政复议决定书》，认定：1. 关于处罚实体问题。根据《中华人民共和国治安管理处罚法》第四十三条第二款第一项之规定，本案中原告殴打他人的事实可以认定，其违法行为应予处罚，被告作出的行政处罚决定符合法律规定。原告以事实不清、证据不足等为由，请求复议机关撤销被告对其作出的行政处罚决定没有事实和法律依据。2. 关于处罚程序问题。根据《中华人民共和国治安管理处罚法》第九十九条第一款之规定，公安机关办理治安案件的期限，自受理之日起不得超过三十日；案情重大、复杂的，经上一级公安机关批准，可以延长三十日。本案中，被告办理案件超期，属程序违法。复议机关应予纠正。综上所述，被告作出的3892号处罚决定书认定事实清楚，证据充分，处罚适当，但程序违法，确认被告作出的3892号处罚决定书违法。该《行政复议决定书》已经发生法律效力。

2019年2月19日，原告通过快递向被告邮寄了行政赔偿申请书，要求被告赔偿因处罚违法给原告造成的各项损失104万元（误工费2万元、经营性损失2万元、精神损害抚慰金100万元），但被告拒收该邮件，该邮件被退回。原告遂提起涉案赔偿之诉，要求被告赔偿各项损失104万元。

【案件焦点】

原告主张的各项损失赔偿是否应当支持。

【法院裁判要旨】

一审法院经审理认为：根据《中华人民共和国国家赔偿法》第二条第一款和《最高人民法院关于审理行政赔偿案件若干问题的规定》第三

十二条[①]的规定，赔偿请求人取得国家赔偿，应以其合法权益受到国家机关和国家机关工作人员违法行使职权行为的侵害为前提条件，且赔偿请求人应对其主张承担举证责任。本案中，虽然被告对原告作出的处罚决定书被复议机关确认违法，但因确认违法的原因只是被告办案超期，对于被告作出处罚决定在认定原告的违法事实和适用法律方面，复议机关均认为符合法律规定，且原告亦未提交证据证明被告超期办案的行为对其权利产生了实际影响，即原告不能证明被告的上述行为侵犯了其合法权益并造成了损害，故原告要求被告赔偿各项损失并向其赔礼道歉缺少事实和法律依据，法院不予支持。一审法院遂判决：

驳回原告全部赔偿请求。

二审法院同意一审法院裁判意见。

【法官后语】

本案争议的唯一焦点问题是，被告对原告作出的行政处罚决定书被确认违法后，原告是否应当得到行政赔偿。

根据《中华人民共和国国家赔偿法》第二条第一款、《中华人民共和国行政诉讼法》第三十八条第二款和《最高人民法院关于审理行政赔偿案件若干问题的规定》第十一条的规定，公民、法人或其他组织取得国家赔偿，必须具备两个条件：一是国家机关和国家机关工作人员行使职权时，侵犯了公民、法人或其他组织的合法权益；二是侵犯行为造成了损害结果，且公民、法人或其他组织对此应当承担举证责任。

本案中，被告因办案超期，导致其对原告作出处罚决定的执法程序违法，被复议机关依法确认违法。首先，虽然被告办案超期，但被告在办案期间并未对原告限制人身自由，也未对其财产采取任何强制措施，因此被告办案超期的违法行为并未侵犯原告的合法权益；其次，原告主

① 对应现行《最高人民法院关于审理行政赔偿案件若干问题的规定》第十一条。

张被告赔偿的损失包括误工费、经营性损失、精神损害抚慰金和赔礼道歉。根据《中华人民共和国国家赔偿法》第三十四条的规定，侵犯公民生命健康权的，造成身体伤害的，应当赔偿因误工减少的收入。第三十五条规定，有本法第三条或者第十七条规定情形之一，致人精神损害的，应当在侵权行为影响的范围内，为受害人消除影响，恢复名誉，赔礼道歉；造成严重后果的，应当支付相应的精神损害抚慰金。《中华人民共和国国家赔偿法》第三条和第十七条规定的是行政、侦查、检察、审判机关以及看守所、监狱等部门及其工作人员侵犯人身权的情形，上述第三十四条规定的也是侵犯人身权的情形，而本案被告并未侵犯原告的人身权，故不存在赔偿误工费、支付精神抚慰金以及赔礼道歉的前提条件。根据《中华人民共和国国家赔偿法》第三十六条第八项规定，对财产权造成其他损害的，按照直接损失给予赔偿。因原告主张的经营性损失并非直接损失，所以该项请求也得不到支持。最重要的一点是，原告对于其因被告超期办案导致其身体造成损害并造成财产发生直接损失的主张，并未提交证据予以证明。因此，本案原告要求被告行政赔偿的两个条件均不具备，其诉讼请求无法得到支持。

此外，虽然本案被告作出的行政处罚决定是在行政复议程序中被确认违法的，未经过行政诉讼程序，但是其情形属于《中华人民共和国行政诉讼法》第七十四条第一款第二项中规定的“程序轻微违法”，该条款规定，行政行为程序轻微违法，但对原告权利不产生实际影响的，法院判决确认违法，但不撤销行政行为。《最高人民法院关于适用〈中华人民共和国行政诉讼法〉的解释》第九十六条列举了三种轻微违法情形，其中第一种是“处理期限轻微违法”，本案就属于此种情形。因为程序轻微违法未对当事人依法享有的陈述、申辩、听证等重要程序性权利产生实质损害，即对当事人的权利没有予以实质性剥夺或减损，为了防止撤销重作判决造成程序空转，所以法律才规定对于程序轻微违法，但对原告权利不产生实际影响的，只判决确认违法，而不撤销被诉行政行为。由此也可以得出结论，程序轻微违法但对原告权利不产生实际影响的行政行为，不可能对原告造成损失，此种情况下，原告要求被告进行行政赔偿，不应支持。

编写人：北京市顺义区人民法院　宋颖

38

拆除违法建筑过程中不当处置有利用价值的建筑材料是否应承担赔偿责任

——陈某诉××市××区×××镇人民政府行政赔偿案

【案件基本信息】

1. 裁判书字号

（2017）苏06行赔终3号行政判决书

2. 案由：行政赔偿纠纷

3. 当事人

原告（上诉人）：陈某

被告（上诉人）：××市××区×××镇人民政府（以下简称×××镇政府）

【基本案情】

2000年，陈某未经规划审批，在××区×××镇×××村×组其住宅后建设厂房1210.36平方米。该建筑位于×××镇乡、村庄规划区内。后陈某以上述厂房为经营场所注册个体工商户，用于经营织布、床上用品加工、销售。2015年1月21日，×××镇政府向陈某作出《责令限期拆除违法建设事先告知书》，告知拟作出《责令限期拆除违法建筑决定》的理由、依据及享有陈述、申辩和听证的权利。2015年5月8日，×××镇政府作出《责令限期拆除违法建筑决定书》，限于2015年5月11日前自行拆除上述违法建筑，逾期不拆除的，被告将依法帮助拆除。2015年6月20日，被告组织人员将陈某厂房内的物品搬离，未清点财产、未制作财产清单，亦未明确由原告保管搬离的物品，后将厂房拆除，将搬出的物品直接堆放在厂房外、原告房屋边，其中，纺织成品和半成品打包后整齐堆放，并加盖雨布，其他财产包括机器设备等露天放置在场地，未采取任何保护措施。之后××县人民法院以程序违法为由判决确认×××镇政府强制拆除陈某厂房的行为违法。该判决生效后，陈某向×××镇政府提出国家赔偿申请，×××镇政府以未侵犯其合法权益为由决定不予赔偿。原告认为×××镇政府未妥善保管原告的财产，要求赔偿其厂房损失、动产损失、停产停业损失、设备搬迁费用等损失共计300余万元。被告认为，违法建筑不属于赔偿范围，且被告对拆除后的财产采取了适当的保护措施，未造成物品损坏，拆除后的财产堆放在原告家场地，原告未及时处理财产造成的损失由其自行承担。

【案件焦点】

被告×××镇政府对原告强制拆除造成的损失该如何赔偿。

【法院裁判要旨】

一审法院经审理认为：×××镇政府强制拆除涉案厂房行为已被生效判决书确认为违法，且拆除行为客观上给原告造成了财产损失。

关于不动产损失。原告未经依法审批所建筑的厂房为违法建设，故原告为建筑上述厂房所支出的人工费及其他费用并非合法损失，依法不属于行政赔偿的范畴。对于被拆卸后尚有利用价值的物品，属于原告的合法财产，但因原告负有自行拆除义务，即使由其自行组织拆除，亦不可能完全保有原先的使用价值，可利用的价值应在材料费的70%左右，因×××镇政府并未尽必要的谨慎义务，导致了该材料中70%的价值又有所毁损，酌情认定因被告未采取保护性拆除所致可利用财产的损毁价值为材料费70%中的70%。

关于动产损失。×××镇政府在拆除厂房之前，未制作财产清单，亦未明确对搬离的物品由原告保管，对厂房内的财产直接放置在厂房外、原告居住的房屋边，虽然将原告厂房内的纺织成品和半成品打包后整齐堆放并加盖雨布，但是纺织品经雨淋、受潮后易毁损或贬值，仅加盖防雨布并不能有效起到防雨防潮的作用和效果。而且，被告对其他财产也未采取有效保护措施，致使财产损毁或贬值。当然，虽然被告未明确上述财产交由原告保管，但是原告当时在场，且该财产放置在原告家屋后，原告具备管理和控制上述财产的能力和条件，但是其未及时处置上述财产，放任损失扩大，其应承担一定责任。综合考虑原、被告的责任大小，被告赔偿动产损失的60%，其余损失由原告自行承担。

关于停产、停业损失及设备搬迁费用。根据《中华人民共和国国家赔偿法》第三十六条第八项的规定，对公民、法人和其他组织的财产权造成损害的，按照直接损失给予赔偿。因原告案涉厂房系违法建筑，应当予以拆除，即便原告自行拆除亦会产生上述费用或损失，而且停业损失属于间接损失，亦不属于行政赔偿的范围，故对原告该主张不予支持。

据此，一审法院判决如下：

一、被告××市××区×××镇人民政府赔偿原告陈某财产损失741297元，于本判决生效后一个月内履行；

二、驳回原告陈某的其他诉讼请求。

陈某、×××镇政府均提起上诉，二审法院经审理，同意一审法院的裁判意见。

【法官后语】

本案系违法强制拆除违法建筑所引起的行政赔偿案件。在此类案件中，需要着重厘清赔偿范围及在原告对损害事实举证受阻的情况下如何确定举证责任的问题。

一、关于赔偿范围

从《中华人民共和国国家赔偿法》第二条及《中华人民共和国行

政诉讼法》第七十六条的规定可以看出，行政赔偿责任的构成要件应当包括行政行为的违法性、合法权益受到实际损害、实际损害与违法行政行为存在因果关系。因此，在确定赔偿范围时主要考量损失是否为权利人的合法财产遭受的损失、该损失与行政行为是否存在直接因果关系（间接损失亦不属国家赔偿法规定的赔偿范围）。而违法建筑强制拆除引起的行政赔偿案件中，最常见的损失为不动产（建筑物）损失、建筑物内的动产损失、停产停业、设备搬迁损失等。

1. 不动产损失

违法建筑不受法律保护，但公民的合法财产受法律保护，即违法建筑的搭建人对建筑材料享有的所有权受法律保护，而该所有权仅应当为拆除后的建筑材料享有的所有权，并非搭建人搭建时投入的建筑材料的所有权。因为违法建筑不受法律保护，搭建人搭建时投入的建筑材料成本系其对违法行为的投入，所以不属于其合法财产损失范围。

即便搭建人对拆除后的建筑材料享有所有权，但从现实可能性的角度考虑，无论是搭建人自己拆除还是执法人员拆除，都不可能完全保有拆除前的财产价值。因此，应当确定一个合理的损失率，该损失视为强制拆除行为的附随结果。当然，在确定损失率时也应兼顾建筑物的成新率、构造等因素。换言之，此合理损失率并非一个固定值，其可能因建筑物的年限、构造不同而有所不同。

因为强制拆除具有合理的损失率，所以只有在拆除人暴力、野蛮拆除，可能造成拆除后建筑材料再利用价值减少，亦即损失率明显超过合理限度的情况下，才可能产生行政赔偿的后果。本案中，原告的厂房为砖混结构、彩钢结构、砖木结构的厂房，认定合理损失率为30%，拆除不当致可利用财产损失70%，认定赔偿率为49%。如果违法建筑刚刚建成，其合理损失率认定20%也并无不可。

2. 关于动产损失

对于拆除行为造成建筑物内部的动产损失的，拆除人应当承担责任。因为该动产为权利人的合法财产，所以拆除人在拆除时对该合法财产负有审慎注意和妥善安置的义务。如因拆除人明显未尽文明拆除义务导致权利人该动产遭受损失的，拆除人应当全额赔偿。本案所涉动产损失，法院要求原告分担的主要原因是原告有控制和管理动产不受损失的能力和条件，却放任财产损失扩大，应分担责任。假设本案原告对动产无控制和管理的能力和条件，则被告应赔偿全部动产损失。

3. 关于停产停业、搬迁设备损失等

应当认定该部分损失与被告拆除厂房的行为无直接因果关系。因为违法建筑应当予以拆除，即便原告自行拆除亦会产生上述费用或损失，所以该损失不能列入行政赔偿的范围。

二、关于损害事实的举证责任

《中华人民共和国行政诉讼法》第三十八条第二款规定，在行政赔偿、补偿的案件中，原告应当对行政行为造成的损害提供证据。因被告的原因导致原告无法举证的，由被告承担举证责任。从结果意义上的举证责任来讲，无论该条规定的是举证责任的转移还是举证责任的倒置，在实践中都很难把握。例如，被告强制拆除时没有对拆除现场进行财产登记、没有拆除现场视频资料，而原告提供的证据仅为自己制作的财产清单，甚至是拆除前一段时间的盘货清单，如果按照该条规定，应由行政机关对损失事实承担举证责任，而行政机关事实上又不能举证，那么导致的结果可能是按照原告提供的证据认定损失。很显然，该结果有明显的不合理性。本案情况便是如此，也正是基于对原告提供的关于动产损失证据存疑，本案在鉴定过程中，法官和鉴定人均到现场进行了核查，在无法对财产进行精准确认的情况下，采取了相对合理的标准，对原告的动产损失进行了界定。因此，我们认为解决原告对损失举证受阻的思路是适当降低原告损害事实的证明标准和合理的司法裁量，即在行政机关程序违法导致原告证明受阻的情况下，损害赔偿事实证明标准应当降低，达到优势证明标准即可，然后由法官在此基础上对原告主张的损害事实进行客观、公平、合理的判定，排除明显不合理的损失。

编写人：江苏省如皋市人民法院　张弦

39

行政行为违反合理注意义务及行政法比例原则造成相关人员人身损害的应当赔偿

——白玉某诉××市××区城市管理综合行政执法监察局、××市××区人民政府××街道办事处行政赔偿案

【案件基本信息】

1. 裁判书字号

（2016）京 02 行赔终 64 号行政判决书

2. 案由：行政赔偿纠纷

3. 当事人

原告（上诉人）：白玉某

被告（被上诉人）：××市××区城市管理综合行政执法监察局（以下简称××城管执法局）

被告（上诉人）：××市××区人民政府××街道办事处（以下简称××街道办事处）

【基本案情】

白玉某系退休人员。白玉某之子白某系××市××区××××小区×号楼×单元 101 号、102 号房屋产权人。白某没有规划审批手续，在开发商赠送的小院位置扩占绿地搭建钢架结构建筑。2014 年 7 月 7 日，××城管执法局和××街道办事处对涉案钢架结构建筑进行了部分拆除。实施强制拆除前及强拆当天未通知白某，强拆时白某家中仅有白玉某在家，××城管执法局和××街道办事处未派人进行看护。在拆除过程中，白玉某推开房

门伸手拽到垂在门外的电焊机电缆，后拆除工作人员用手掰开白玉某拽着线缆的手指，再之后白玉某倒地受伤。当日，白玉某被送往医院就医，经医院诊断为左髌骨骨折。

后白某认为强制拆除行为违法，向××市××区人民法院提起行政诉讼。2014年11月19日，××市××区人民法院作出（2014）×行初字第287号行政判决书，认定白某建设钢架结构小院，未取得建设工程规划许可证，违反了城市规划的禁止性规定，属于违法建设，应予查处并拆除。但在强制拆除前，××城管执法局未作出限期拆除决定、强制拆除决定，亦未告知强制拆除的具体时间。对于2014年7月7日的强制拆除行为，××城管执法局和××街道办事处也没有提前公告或以其他形式告知，应认定为程序违法。因此，判决确认××城管执法局和××街道办事处于2014年7月7日对白某搭建的钢架结构建筑实施强制拆除的行为违法。现（2014）×行初字第287号行政判决书已经发生法律效力。此后，白玉某分别向××城管执法局和××街道办事处递交行政赔偿申请书。二被告均决定不予赔偿。白玉某不服，遂提起行政赔偿诉讼。

【案件焦点】

在强制拆除违法建设行为被法院认定为违法的前提下，拆除工作人员与白玉某的肢体接触，是否构成对白玉某人身损害进行行政赔偿的理由。

【法院裁判要旨】

一审法院经审理认为：人民法院生效行政判决已确认被告××城管执法局和××街道办事处于2014年7月7日实施的强制拆除行为程序违法。白玉某倒地虽非二被告工作人员故意推倒所致，但二被告及其工作人员在强制拆除违法建设过程中，未尽到保障现场人员安全的义务，尤其疏忽了对老年人人身安全保护的合理注意义务，引发白玉某左髌骨骨折的后果。对该结果的发生二被告存在过错，应当对白玉某的倒地受伤承担责任。同时，白玉某亦提供了证据，证明其系2014年7月7日二被告强制拆除违法建设过程中倒地受伤，并提供司法鉴定报告，医疗费、护理费、残疾生活辅助具费等相关收据作为证据，证明其合法权益受损，被告应当予以赔偿。但白玉某提出赔偿精神抚慰金的诉讼请求，因无证据予以证明，并结合案情，法院不予支持。二被告主张原告白玉某的伤情与强拆行为无关，缺乏证据支持，对该主张法院不予支持。故根据《中华人民共和国国家赔偿法》的相关规定，判决二被告赔偿白玉某医疗费、护理费、营养费、交通费、残疾赔偿金以及残疾生活辅助具费共计55336.53元，驳回原告白玉某的其他赔偿请求。鉴定费7500元，由二被告共同负担。

白玉某及××街道办事处持原审起诉意见提起上诉。××市第二中级人民法院经审理认为：依照《中华人民共和国国家赔偿法》的规定，国家机关和国家机关工作人员违法行使职权侵犯公民、法人和其他组织的合法权益造成损害的，受害人有取得赔偿的权利。在行政赔偿诉讼中，合法权益受到损害是原告获得赔偿的前提。

《最高人民法院关于行政诉讼证据若干问题的规定》第五条规定，在行政赔偿诉讼中，原告应当对被诉具体行政行为造成损害的事实提供证据。本案中，已有生效行政判决确认××城管执法局和××街道办事处于2014年7月7日实施的强制拆除行为程序违法。在拆除过程中，白玉某倒地虽非××城管执法局和××街道办事处工作人员故意推倒所致，但××城管执法局和××街道办事处工作人员未能尽到保障现场人员安全的义务，尤其疏忽了对老年人人身安全保护的合理注意义务，对白玉某左髌骨骨折的后果发生存在过错，应对白玉某倒地受伤承担责任。同时，白玉某提交了相关证据证明其系在2014年7月7日××城管执法局和××街道办事处强制拆除违法建设过程中倒地受伤，并提供司法鉴定报告，医疗费、护理费、残疾生活辅助具费等相关收据作为证据，证明其合法权益受到损害，××城管执法局和××街道办事处应当予以赔偿。一审法院认为××城管执法局和××街道办事处关于白玉某的伤情与强制拆除行为无关的主张缺乏证据支持，并无不当。

依据《中华人民共和国国家赔偿法》第三条第一款第五项、第三十二条第一款、第三十四条第一款第二项的规定，造成部分或者全部丧失劳动能力的，应当支付医疗费、护理费、残疾生活辅助具费、康复费等因残疾而增加的必要支出和继续治疗所必须的费用以及残疾赔偿金。残疾赔偿金根据丧失劳动能力的程度，按照国家规定的伤残等级确定，最高不超过国家上年度职工年平均工资的二十倍。依据鉴定结论，白玉某在医院治疗的费用具有合理性，个人支付部分合计 5193.84 元，应予以支持。白玉某聘请护工支出护理费 10990 元亦具有合理性，应予以支持，白玉某的家人白某与金某共看护 27 天，以其日均收入 116.67 元计算，护理费为 3150.09 元，法院予以支持；未有人员看护的护理费部分，一审法院酌定每日 120 元，7 天共计 840 元，并无不当。有关营养费问题，鉴定机构确定营养期 60 日为宜，一审法院酌情确定营养费每日 50 元，共计 3000 元，亦无不当。白玉某的就医交通费，一审法院酌定为 300 元，因白玉某的伤残等级被司法鉴定机构认定为十级，一审法院确定残疾赔偿金数额为 31620.5 元，对残疾生活辅助具费等 242.1 元的赔偿请求亦予以支持，均无不当，二审法院应予维持。本案中，白玉某提出赔偿精神抚慰金 55 万元的诉讼请求，因无证据予以证明，且结合本案案情，二审法院不予支持。综上，一审法院依据《中华人民共和国国家赔偿法》第二条第一款、第三条第一款第五项、第七条第二款、第三十二条第一款、第三十四条第一款第二项，《最高人民法院关于审理行政赔偿案件若干问题的规定》第三十三条①之规定，判决××城管执法局和××街道办事处于判决生效之日起十五日内共同赔偿白玉某 55336.53 元、驳回白玉某的其他赔偿请求是正确的，二审法院予以维持。一审法院关于鉴定费分担的认定，亦无不当。白玉某和××街道办事处的上诉请求，缺乏事实及法律依据，二审法院不予支持。依照《中华人民共和国行政诉讼法》第八十九条第一款第一项的规定，判决如下：

驳回上诉，维持一审判决。

---

① 对应现行《最高人民法院关于审理行政赔偿案件若干问题的规定》第三十二条。

【法官后语】

本案中，白玉某人身权受到侵犯的原因并不属于《中华人民共和国国家赔偿》第三条第一款前四项规定的可以获得赔偿的情形。故本案争议焦点之一，即在××城管执法局和××街道办事处违反法定程序，拆除白某未取得建设工程规划许可证的钢架结构小院的行为已被法院生效判决确认违法的情况下，拆除工作人员与白某之父白玉某的肢体接触，是否构成对白玉某人身损害进行行政赔偿的理由。

根据在案证据可以认定，在拆除违法建设过程中，白玉某与拆除工作人员有肢体接触，再之后白玉某倒地。但无法认定拆除工作人员在将白玉某的手掰开过程中，存在侵害白玉某身体之故意。同时，二被告认为，拆除工作人员将白玉某之手掰开的目的，也是为了保障白玉某本人及拆除工作人员的人身安全的合理做法，其不应当承担对白玉某受伤赔偿的责任。但根据行政赔偿“违法归责原则”的定位，二被告违法拆除违法建设，已构成进行行政赔偿的前置要件。在此前提下，二被告违反比例原则，未尽到合理注意义务，致使白玉某在拆除违法建设过程中受伤，可以认定其行为存在过错，应当对白玉某的受伤承担赔偿责任。

所谓比例原则是指，行政主体实施行政行为应兼顾行政目标的实现和保护相对人的权益，如果行政目标的实现可能对相对人的权益造成不利影响，则这种不利影响应被限制在尽可能小的范围和限度之内，二者有适当的比例。本案中，二被告拆除违法建设系其实施行政行为所要实现的行政目标，履行其应尽的义务。但二被告在拆除违法建设时，未采取必要措施将行政行为可能造成的不利影响限制在尽可能小的范围内。在拆除违法建设前，二被告已经知晓年迈的白玉某独自留在家中，无其他家人看管。在此情况下，二被告并未预见到白玉某作为违法建设人白某之父，对拆除违法建设存有抵触情绪，且其年迈行动迟缓，站在即将被拆除的违法建设门外，有可能出现反抗行为，造成身体受到伤害的危险。同时，二被告亦未采取必要措施，即指派专人对白玉某的人身安全进行保护，放任了危险结果的发生，扩大了其行为所产生的不利影响。

因此，在二被告违法拆除违法建设的前提下，其行为所产生的后果与不利影响之间比例失衡，显然违反行政法比例原则，故应当对白玉某的受伤承担赔偿责任。

同时，虽本案为行政赔偿案件，但因涉及拆除工作人员行为导致白玉某人身权受到侵害之问题。故在本案审理的过程中，亦应当参考民事侵权责任的归责原则，结合案情综合考量过错分担问题。从民事侵权责任的角度来说，民事过失的关键在于行为人违反了对他人的注意义务并造成他人的损害，行为人对受害人注意义务的违反，是行为人负过失责任的根据。结合民事侵权相关规定，本案中，拆除工作人员在强制拆除违法建设过程中，未尽到保障现场人员安全的义务，尤其疏忽了对老年人人身安全保护的合理注意义务，因此，二被告在拆除违法建设的过程中存在疏忽大意的过错，应当承担赔偿责任，且应当是全部责任。

编写人：北京市丰台区人民法院　杜明哲

（二）赔偿数额

40

行政赔偿与行政补偿竞合之诉中救济确定

——杨某诉××市人民政府××街道办事处行政赔偿案

【案件基本信息】

1. 裁判书字号

（2019）浙06行赔终5号行政赔偿判决书

2. 案由：行政赔偿纠纷

3. 当事人

原告（被上诉人）：杨某

被告（上诉人）：××市人民政府××街道办事处（以下简称××街道）

【基本案情】

杨某的房屋坐落于××市××街道某村9幢。2015年9月，因某村20幢房屋发生倒塌，××市建筑业管理局委托浙江省建设工程质量检验站有限公司对某村的相关房屋进行了危房排查，经鉴定，上述房屋的危险性评级为D级，建议在条件许可的情况下拆除重建。12月20日，××街道通知某村的相关住户（包括杨某）其居住房屋系D级危房并要求住户搬离。嗣后，××街道依据危房改造政策与杨某沟通协商拆迁房屋等事宜。因杨某要求原址重建，××街道主张异地安置，双方未就危房改造达成一致意见。2017年1月9日，××街道作出告知书，决定对涉案房屋进行拆除，截至1月13日，涉案房屋已拆除完毕。经杨某诉讼，上述拆除行为被法院确认违法。2018年3月4日，杨某向××街道寄送行政赔偿申请书，要求××街道对其房屋原址重建、恢复原状，并就房屋装修及室内物品的损失、安置费用及搬迁费、店面出租损失、维权费用和精神损失提出赔偿。

【案件焦点】

1. 杨某要求被告赔偿房屋及相关损失是否有事实与法律依据；2. 案件涉及行政补偿与行政赔偿竞合问题应如何考量确定。

【法院裁判要旨】

一审法院经审理认为：本案××街道的强制拆除已构成重大且明显违法，应当依法赔偿。杨某主张的损失包括以下五个部分：一是房屋损失；二是屋内装修及物品损失；三是过渡费及搬迁费；四是店面出租损失；五是维权费用和精神损失。第一，房屋损失。根据《中华人民共和国国家赔偿法》第三十六条的规定，××街道既可以用在改建地段或者就近地段提供类似房屋的方式予以赔偿，也可以根据作出赔偿决定时点有效的房地产市场评估价格为基准确定赔偿款，且应结合《××市城镇危旧房屋治理改造工作实施意见（试行）》（以下简称128号文件）第十七条第三项规定的产权置换安置房屋面积按照原有房屋面积上浮30%，结合提供产权置换房屋实际套型就近上靠置换，置换用房套型面积分别为75平方米、100平方米、125平方米、150平方米等规定。鉴于案涉房屋已被拆除，房地产评估机构可以参考《国有土地上房屋征收评估办法》第十三条所规定的方法，本着疑点利益归于产权人的原则，独立、客观、公正地出具评估报告。第二，屋内装修及物品损失。××街道办应当根据市场行情，结合杨某的装修清单，按照有利于杨某的原则酌情确定赔偿数额，符合《中华人民共和国国家赔偿法》第十五条第一款、《中华人民共和国行政诉讼法》第三十八条之规定。第三，过渡费及搬迁费。参照128号文件第十八条，认定按原有住宅房屋建筑面积（不包括附属房）计付每平方米20元过渡费及2000元的一次性搬迁费，并无不当。过渡费从2017年1月9日起计算至实际赔偿日止。第四，店面出租损失，涉案房屋系住宅且其未提供经营相关证据，故不予支持。第五，维权费用和精神损失费用。上述费用于法无据。

一审法院依照《中华人民共和国行政诉讼法》第七十四条第二款第一项、第七十六条，《中华人民共和国国家赔偿法》第四条第一款第四项、第三十六条第一款第八项的规定，判决如下：

一、责令××街道在本判决生效后九十日内按照本判决对杨某予以行政赔偿；

二、驳回杨某的其他诉讼请求。

二审法院同意一审法院裁判意见。

【法官后语】

本案系涉及危旧房拆迁改造而引发的行政赔偿案件。从实践来看，部分地方政府在房屋征收过程中，法治思维和法治方式仍有待加强。未经依法征收补偿，径行以强拆取代合法征收，在后续行政赔偿诉讼中，涉及行政补偿请求权与行政赔偿请求权的竞合，导致司法审查问题逐渐复杂。具体到本案，既有因违法拆除杨某的房屋对其房屋和其他合法财产造成的损失，也有因未依据相关征收补偿政策规定进行补偿而对其造成的应补偿利益的损失，还包括搬迁、临时安置、补助等其他的损失。传统观点认为，征收中的违法强拆，只能走行政补偿路径，当事人主张补偿损失的应当提起行政补偿之诉；又有观点认为，即便在行政赔偿之诉中，就赔偿数额的确定亦只能参照行政补偿标准，行政赔偿标准就是行政机关征收的补偿标准。依照上述观点，通过违法强拆替代合法征收时既能免除繁杂的征收手续，又不存在违法强拆时对行政相对人合法权益的补偿损失费用，价值取向偏离，无法彰显对行政相对人合法补偿的原则性保护。

本案涉及上述竞合之诉，在审理过程中，应统筹考虑行政赔偿与行政补偿，进行全面赔偿，切实保护行政相对人的合法权益。赔偿范围首先界定为应予补偿的房屋损失及屋内物品和其他财产损失。针对房屋损失，包括房屋价值及过渡、临时安置补偿。房屋价值以《国有土地上房屋征收与补偿条例》及《中华人民共和国国家赔偿法》中规定的赔偿方式、标准进行衡量，发挥主观能动性，赋予行政相对人充分选择权，以用在改建地段或者就近地段提供类似房屋的方式予以赔偿，同时结合当地128号文件按照原有房屋面积上浮30%具体确定产权置换面积，或根据作出赔偿决定时点有效的房地产市场评估价格为基准主张赔偿款。而过渡、临时安置费用，应通过128号文件确定费用标准，以××街道作出行政决定为起算点，以实际赔偿日为终结点，计算过渡费用。而针对屋内物品及其他财产损失，依照合理分配举证责任原则，××街道强制拆除违反正当程序原则，也未依法公证或者依法制作证据清单，造成杨某举证困难，应按照有利于相对人的原则结合装修清单等酌情确定赔偿数额。而针对精神损害赔偿，严格遵从赔偿直接损失的原则，未将其纳入赔偿范围。本案通过整合行政赔偿、行政补偿竞合之诉的审查规则，结合违法行为类型、情节轻重等问题，统筹适用《中华人民共和国国家赔偿法》及《国有土地上房屋征收与补偿条例》相关规定，依法科学地确定赔偿范围、项目与数额，减少了各方当事人的诉累。

编写人：浙江省绍兴市越城区人民法院　任玲萍

41

过错原则在行政赔偿中的适用

——任秀某诉××市××区城市管理综合行政执法监督局行政赔偿案

【案件基本信息】

1. 裁判书字号

（2016）京03行赔终13号行政赔偿判决书

2. 案由：行政赔偿纠纷

3. 当事人

原告（上诉人）：任秀某

被告（被上诉人）：××市××区城市管理综合行政执法监督局（以下简称××城管局）

【基本案情】

任秀某系××可可××蔬菜店业主葛燕某之母。因该店多次存在店外经营现象，××城管局已多次告知如再发生店外经营行为，将对其进行行政处罚。2013年9月5日，××城管局工作人员在巡查中发现，该蔬菜店又存在店外经营现象，故决定对店外摆放的物品进行先行登记保存。当××城管局的工作人员将其中6箱水果搬至执法车上时，任秀某用手拉住水果箱进行阻挠致其摔倒受伤。后任秀某被××市××区第一医院诊断为“双侧多发肋骨骨折、右腕三角骨骨折、多发软组织损伤、脑外伤综合症”。2014 年 12 月 25 日，葛燕某曾诉至××市××区人民法院，要求确认××城管局于 2013 年 9 月 5 日对××可可××蔬菜店的行政执法行为违法，法院经审理认为，××城管局在行政执法过程中程序违法，故于 2015 年 3 月 23 日作出（2015）×行初字第 16 号《行政判决书》，确认××城管局于 2013 年 9 月 5 日对葛燕某经营的××可可××蔬菜店行政执法行为违法。后××城管局对此不服，提起上诉，在二审期间，××城管局提出撤诉申请，二审法院于 2015 年 5 月 20 日作出（2015）××行终字第 427 号《行政裁定书》，准予××城管局撤回上诉。2015 年 7 月 30 日，任秀某向××城管局提出行政赔偿申请，要求××城管局赔偿任秀某医疗费 8366.91 元；误工费 16662.5 元；护理费 15300 元；伙食补助费及营养费 3000 元；任秀某后续的医疗费及影响正常工作的赔偿费 4 万元；精神抚慰金 1 万元。××城管局未在法定期限内对任秀某作出书面答复。2015 年 10 月 23 日，任秀某诉至××市××区人民法院，要求××城管局赔偿其医疗费 8366.91 元、误工费 16662.5 元、护理费 15300 元、伙食补助费和营养费 3000 元，上述费用共计 43329.41 元。本案在一审审理过程中，任秀某于 2015 年 10 月 24 日向××市××区人民法院提出伤残鉴定申请，鉴定机构经向任秀某告知鉴定风险后，任秀某撤回了鉴定申请。

【案件焦点】

××城管局对任秀某的损害是否承担赔偿责任，责任如何确定。

【法院裁判要旨】

一审法院经审理认为：《中华人民共和国国家赔偿法》第二条第一款规定：“国家机关和国家机关工作人员行使职权，有本法规定的侵犯公民、法人和其他组织合法权益的情形，造成损害的，受害人有依照本法取得国家赔偿的权利。”故国家赔偿应以公民、法人和其他组织的合法权益受到侵犯并造成损害为前提。本案中，因任秀某之子葛燕某经营的××可可××蔬菜店多次存在店外经营现象，事发当日，××城管局工作人员在巡查中发现，该蔬菜店又存在店外经营现象，故决定对店外摆放的物品进行先行登记保存，××城管局的行为属正当履行法定职责，××城管局在履行职责过程中，虽执法程序违法，但未对任秀某的合法权益造成损害。任秀某所受之伤系其阻挠被告执法所致，造成的后果应由其自行承担，故对任秀某的诉讼请求本院不予支持。依据《最高人民法院关于审理行政赔偿案件若干问题的规定》第三十三条①之规定，作出如下判决：

驳回原告任秀某的赔偿请求。

任秀某持原审起诉意见提起上诉。二审法院经审理认为：《中华人民共和国国家赔偿法》第二条第一款规定："国家机关和国家机关工作人员行使职权，有本法规定的侵犯公民、法人和其他组织合法权益的情形，造成损害的，受害人有依照本法取得国家赔偿的权利。"该法第三十四条第一款第一项规定，造成身体伤害的，应支付医疗费、护理费，以及赔偿因误工减少的收入。本案中，2013年9月5日，××城管局在对××可可××蔬菜店店外摆放的物品进行先行登记保存过程中，未向××可可××蔬菜店业主葛燕某制作并送达先行登记保存物品的清单，其执法程序违法。在上述行政程序缺失的情况下，××城管局工作人员将6箱水果搬至执法车的行为属于明显的执法不当行为，在此过程中造成任秀某摔倒受伤，故任秀某所受伤害与××城管局的不当执法行为具有一定因果关系。但葛燕某经营的××可可××蔬菜店多次存在店外经营的违法现象，且任秀某在××城管局执法过程中亦存在阻挠行为，因此，任秀某及××城管局均存在违法及不当的行为，双方均应承当一定的法律后果，××城管局对任秀某因其执法所受伤害而造成的损失应适当给予赔偿，本院将结合案件情况，确定××城管局的赔偿金额。综上，一审法院判决驳回任

① 对应现行《最高人民法院关于审理行政赔偿案件若干问题的规定》第三十二条，下同。

秀某的赔偿请求，属认定事实不清，本院应予撤销。

二审法院依照《中华人民共和国行政诉讼法》第八十九条第一款第二项、《中华人民共和国国家赔偿法》第三十四条第一款第一项以及《最高人民法院关于审理行政赔偿案件若干问题的规定》第三十三条之规定，作出如下判决：

一、撤销（2015）×行初字第89号行政赔偿判决书；

二、××城管局于本判决生效之日起三十日内赔偿任秀某所受伤害造成损失人民币七千元；

三、驳回任秀某的其他赔偿请求。

【法官后语】

本案在处理上有几种不同意见。

第一种观点认为，××城管局对任秀某所受伤害不承担赔偿责任，理由是××可可××蔬菜店违法经营在先，××城管局的行为属正当履行法定职责，××城管局在履行职责过程中，虽执法程序违法，但未对任秀某的合法权益造成损害，任秀某所受之伤系其阻挠××城管局执法所致，造成的后果应由其自行承担。

第二种观点认为，××城管局对任秀某所受伤害承担全部赔偿责任。理由是无论任秀某是否有违法行为，××城管局在履行职责过程中的违法行为毕竟造成了任秀某的身体伤害，从严格监督行政机关行政执法的角度而言，××城管局应对任秀某的损害承担赔偿责任。

第三种观点认为，××城管局对任秀某所受伤害应承担适当的赔偿责任，即综合考量任秀某和××城管局在事件中的责任，进而确定××城管局对任秀某的赔偿数额。

笔者同意第三种观点。

一、行政赔偿案件兼具行政案件与民事案件的特点，故不仅应适用公法一般原则，也应考量并借鉴民法的基本原则

民法是国家赔偿法的法律渊源。在《中华人民共和国国家赔偿法》

颁布实施以前，关于国家赔偿责任的规定见之于《中华人民共和国民法通则》[1] 第一百二十一条："国家机关或者国家机关工作人员在执行职务中，侵犯公民、法人的合法权益造成损害的，应当承担民事责任。"可见国家赔偿与民法关系密切，二者在体现公平、正义方面应当是相同的。在国家赔偿制度上，行政机关与相对人之间原本处于不平等的地位，在行政机关行使职权过程中，体现了命令与服从的关系，这在行政机关履行职能的过程中是必要的。但是，一旦行政机关的行为损害了相对人的合法权益，引发了赔偿问题，其与相对人之间在赔偿程序上就应当是相对平等的。如果让原来的不平等的地位在赔偿程序中得以延续，以相对人的力量是无法对抗行政机关的。因此，民法作为最注重公平正义的法律，其基本精神理应在国家赔偿制度中得以借鉴，行政赔偿案件适用调解程序，即是这一原则的体现。

二、过错原则是行政赔偿案件归责原则的有益补充

过错原则是民事责任归责原则中最普遍、最基础的模式。虽然国家赔偿和民事侵权赔偿在责任主体、是否涉及公权力、赔偿程序、赔偿标准和范围等方面存在一定的区别，但二者同属损害赔偿责任范畴，均以矫正正义、实现公平为价值目标，归责原则的构成要件相近，这为国家赔偿中适用民事责任归责原则提供了必要性和可能性，尤其在行政机关和相对人均存在过错的行政赔偿案件中，适用过错原则是保障公平正义的有效途径。

由于相对人与行政机关均存在过错，无论缺少任何一方均不会导致损害的出现，从强化行政机关依法行政、合理行政的角度看，行政机关的职责决定了其对损害事实承担责任的必然性，故行政机关应对其行为承担责任。从提升社会及公民诚信意识的角度看，行政相对人不仅在从事私法行为中应当遵守合法、诚信的原则，在实施公法行为中也应受到该原则的规制。因此，在行政行为实施过程中，行政机关导致了相对人

---

① 《中华人民共和国民法通则》现已失效。

的损害，而此行政相对人对于该行政行为所造成人身、财产损害也具有过错的，应当基于各自的过错程度承担相应的责任。

《中华人民共和国国家赔偿法》第五条规定了国家不承担赔偿责任的情形，其中第二项规定，因公民、法人和其他组织自己的行为致使损害发生的，国家不承担赔偿责任。这里需要注意的是，该项规定是指如果公民、法人和其他组织所受到的损失完全是由其自身的过错所造成，与行政机关及其工作人员执行职务的行为不存在直接的因果关系，则国家不需要承担赔偿责任。但行政机关工作人员行使职权的行为与受害人自己的行为共同造成损害的发生，在这种情况下，并不能完全免除国家的赔偿责任，而是应该具体分析双方的过错大小，由国家和受害人分担责任，这也是过错原则在此类案件中的体现。

本案中，××城管局在行政执法过程中程序违法，执法方式不当，而任秀某亦存在违法经营及阻碍行政执法的违法行为，双方均存在违法及不当的行为，虽然任秀某的损害与××城管局的执法行为具有因果关系，但任秀某对其损伤也负有一定责任。故本案适用过错原则，按照双方的过错程度，最终确定了××城管局的赔偿数额，既保障了相对人的合法权益，又有效地监督了行政机关的行政执法行为，取得了良好的法律效果和社会效果。

编写人：北京市第三中级人民法院　贾志刚

八、行政程序

本章导读

行政程序是行政主体实施行政行为时应当遵循的方式、步骤、顺序和时限所构成的一个连续过程。行政程序具有独立的、不可替代的价值，其不仅是实现实体法的工具和手段。程序与实体同等重要，程序的不当必然导致实体结果的不公正，程序的违法同样会导致行为的最终违法。行政程序能够加强行政主体与相对人以及社会公众之间的沟通，提高行政行为的可接受性；能够监督行政权的行使，防止行政权滥用，保护公民、法人和其他组织的合法权益，从而维护社会稳定。

行政程序有以下基本原则：一是公开原则，行政主体应当将行政权行使的过程向相对人和社会公众公开；二是公平、公正原则，是指行政主体作出行政行为时所选择的行政程序必须具有科学性、可行性、合理性、正当性，所选择的行政程序有益于达成行政目的且不因行政相对人的身份、地位不同而有所偏见；三是参与原则，是指行政主体在作出行政行为时，除法律有特别规定外，应当尽可能为行政相对人提供参与行政行为作出过程的条件和机会，从而确保行政相对人实现程序性权益，也可以使行政行为更加符合社会公共利益；四是效率原则，是指行政行为作出的方式、步骤、顺序和时限必须有助于确保基本的行政效率，并在不损害行政相对人合法权益的前提下适当提高行政效率。行政程序的基本制度有回避制度、听证制度、公开制度、表明身份制度、说明理由制度、禁止单方接触制度、调查制度等，所有这些制度都是为了更好地贯彻落实行政程序的基本原则，从而维护相对人和人民群众的根本利益。

（一）诉讼期限

42

超过起诉期限丧失诉权不能通过行政复议重新取得

——王某、张某诉××市自然资源和规划局××分局、××市自然资源和规划局行政复议案

【案件基本信息】

1. 裁判书字号

（2019）鄂01行终632号行政判决书

2. 事由：行政复议纠纷

3. 当事人

原告（上诉人）：王某、张某

被告（被上诉人）：××市自然资源和规划局××分局（以下简称市国土规划局××分局）、××市自然资源和规划局（以下简称市国土规划局）

【基本案情】

2013年11月14日，××省人民政府作出×政土批〔2013〕1780号《省人民政府关于批准××市2012年城区第5批次建设用地的批复》，批准同意征收××市××区××村集体农用地39.2521公顷。2013年12月25日，××市人民政府根据上述批复，作出〔2013〕第231号《××市人民政府征收土地公告》，征收××街××村土地19.6201公顷。2014年8月4日，市国土规划局××分局发布×土征补×公告〔2014〕第38号《征收土地补偿安置方案公告》，公告的主要内容包括被征收土地的基本情况、征收土地补偿费标准和数额、地上附着物和青鱼苗补偿费的标准和数额、补偿费用的支付对象和支付方式及农业人口的安置途径。

王某、张某系××市××区××街××村村民。2012年，王某的丈夫及张某分别与××街××村村民委员会、鑫×瑞公司签订《房屋拆迁补偿安置协议书》和《××村集体土地征用安置补偿协议》。2018年9月17日，王某、张某向市国土规划局申请行政复议，复议请求为撤销市国土规划局××分局作出的×土征补×公告〔2014〕第38号《征收土地补偿安置方案公告》中的征收土地补偿安置方案。市国土规划局受理该行政复议申请后，于2018年11月20日作出《延期审理通知书》，决定延期30日作出行政复议决定。2018年11月29日，王某、张某明确复议请求为撤销市国土规划局××分局作出的×土征补×公告〔2014〕第38号《征收土地补偿安置方案公告》。2018年12月18日，市国土规划局作出《行政复议决定书》，认为市国土规划局××分局虽履行了征地补偿安置方案的公告职责，但未在法定期限内作出，确认市国土规划局××分局未依照法定时限公告补偿安置方案行为违法。王某、张某不服，提起诉讼。

【案件焦点】

原告的起诉是否属于行政诉讼受案范围、是否超过起诉期限。

【法院裁判要旨】

一审法院经审理认为：王某、张某不服被诉×土征补×公告〔2014〕第38号《征收土地补偿安置方案公告》，提起诉讼。根据《征收土地公告办法》第七条、第九条、第十条、第十一条的规定，有关市、县人民政府土地行政主管部门会同有关部门根据批准的征收土地方案，在征收土地公告之日起45日内以被征收土地的所有权人为单位拟订征地补偿、安置方案并予以公告。被征地农村集体经济组织、农村村民或者其他权利人对征地补偿、安置方案有不同意见的或者要求举行听证会的，应当在征地补偿、安置方案公告之日起10个工作日内向有关市、县人民政府土地行政主管部门提出。有关市、县人民政府土地行政主管部门将征地补偿、安置方案报市、县人民政府审批，征地补偿、安置方案经批准后，由有关市、县人民政府土地行政主管部门组织实施。可见，土地行政主管部门拟订的征地补偿、安置方案，需经市、县人民政府批准后方可组织实施。土地行政主管部门公告拟订的征地补偿、安置方案的目的，是让相关权利人知悉安置补偿的标准和方法并提出意见。被诉《征收土地补偿安置方案公告》行为是对土地行政主管部门拟订的、尚需批准的征地补偿、安置方案予以公告，不会对被征收人的安置补偿利益产生实际影响，故不属于人民法院行政诉讼的受案范围。

一审法院依照《最高人民法院关于适用〈中华人民共和国行政诉讼法〉的解释》第六十九条第一款第八项和第三款的规定，作出如下裁定：

驳回王某、张某的起诉。

王某、张某不服一审判决，提起上诉。二审法院经审理认为：市国土规划局××分局于2014年8月4日发布×土征补×公告〔2014〕第38号《征收土地补偿安置方案公告》，自该公告期满之日起即视为送达，上诉人于2018年9月才向市国土规划局申请行政复议，超过了上述法律规定的复议申请期限。同时，上诉人于2019年1月才向法院起诉，也超过了法定起诉期限。在已经明显超过复议期限、起诉期限的情况下，尽管被上诉人市国土规划局受理了上诉人的复议申请，以超期作出程序违法为由作出了确认违法的行政复议决定，并告知上诉人有权在收到该决定之日起 15 日内向人民法院起诉，但从维护起诉期限制度从而维护行政法律关系的稳定性出发，不应认为因超过起诉期限而已经丧失了的诉权可以通过行政复议的方式重新取得。

根据本案查明事实，王某的丈夫及张某已于 2012 年分别与××街××村村民委员会、鑫×瑞公司签订《房屋拆迁补偿安置协议书》和《××村集体土地征用安置补偿协议》，上诉人再次提起本诉缺乏诉的利益，从而缺乏启动司法程序进入实体审理的必要性。综上，一审裁定驳回上诉人的起诉并无不当，上诉人的上诉理由不能成立，法院不予支持。

二审法院依照《中华人民共和国行政诉讼法》第八十九条第一款第一项之规定，裁定如下：

驳回上诉，维持原裁定。

【法官后语】

本案涉及的法律适用问题包括三个：行政复议申请期限、行政诉讼起诉期限和行政诉讼受案范围。两审法院所持裁判规则对处理类似案件具有重要参考意义。

关于行政复议申请期限的问题。《中华人民共和国行政复议法》第九条规定，原告可以自知道该具体行政行为之日起六十日内提出行政复议申请；但是法律规定的申请期限超过六十日的除外。《最高人民法院关于适用〈中华人民共和国行政诉讼法〉的解释》第六十四条规定："行政机关作出行政行为时，未告知公民、法人或者其他组织起诉期限的，起诉期限从公民、法人或者其他组织知道或者应当知道起诉期限之日起计算，但从知道或者应当知道行政行为内容之日起最长不得超过一年。复议决定未告知公民、法人或者其他组织起诉期限的，适用前款规定。"根据本案查明的事实，原告申请行政复议的时间明显超过了法定期限。

关于行政诉讼起诉期限的问题。行政诉讼起诉期限是指法律规定的当事人不服某一行政行为向法院请求司法救济的时间限制。行政诉讼起诉期限制度具有多种价值，既可以维护公法秩序的稳定，又可以敦促当事人及时启动权利救济程序，及早解决行政纠纷，使不确定的行政法律关系尽快确定，从而提高行政管理和公共服务的效率。根据《最高人民法院关于适用〈中华人民共和国行政诉讼法〉的解释》第六十四条第一款“行政机关作出行政行为时，未告知公民、法人或者其他组织起诉期限的，起诉期限从公民、法人或者其他组织知道或者应当知道起诉期限之日起计算，但从知道或者应当知道行政行为内容之日起最长不得超过一年”的规定，本案原告就征地公告提起行政诉讼明显超过了行政诉讼起诉期限。本案的特殊之处在于，被告受理了原告明显超过法定期限的行政复议申请，原告再就行政复议及《征收土地补偿安置方案公告》行为提起诉讼，人民法院应如何处理。对此，二审法院明确指出，不应认为因超过起诉期限而已经丧失了的诉权可以通过行政复议的方式重新取得，从而维护了起诉期限制度的严肃性，保持了行政法律关系的稳定。

关于征收土地补偿安置方案公告是否属于行政诉讼受案范围的问题。一审法院认为，土地行政主管部门拟订的征地补偿、安置方案，需经市、县人民政府批准后方可组织实施。被诉公告行为是对土地行政主管部门拟订的、尚需批准的征地补偿、安置方案予以告知，不会对被征收人的安置补偿利益产生实际影响，属于《最高人民法院关于适用〈中华人民共和国行政诉讼法〉的解释》第六十九条第一款第八项规定的“行政行为对其合法权益明显不产生实际影响的”情形。二审法院就此作了进一步论述，认为原告已与相关单位签订《房屋拆迁补偿安置协议书》和《××村集体土地征用安置补偿协议》，表明其对征收补偿相关行政行为予以认可，其再行起诉违背了诚实信用原则，其与被诉行政行为缺乏法律上的利害关系。

编写人：湖北省武汉市洪山区人民法院　冉超

43

经行政复议后再提起行政诉讼情形下对起诉期限的认定

——王某诉×区残疾人联合会政府信息公开及行政复议案

【案件基本信息】

1. 裁判书字号

（2019）鲁03行终295号行政裁定书

2. 案由：政府信息公开及行政复议纠纷

3. 当事人

原告（上诉人）：王某

被告（被上诉人）：×区残疾人联合会（以下简称×区残联）、×区人民政府（以下简称×区政府）

【基本案情】

王某于2018年11月向×区残联发出政府信息公开申请。×区残联于2018年12月5日对其申请作出政府信息公开申请答复书。王某认为该答复不符合法律规定，向×区政府申请行政复议。×区政府受理后于2019年1月17日作出行政复议决定书，维持了×区残联政府信息公开申请答复。王某于2019年1月22日收到×区政府邮寄送达的行政复议决定书后未在15日内提起行政诉讼。2019年5月29日，王某以×区残联为被告向法院提起行政诉讼，要求撤销×区残联于2018年12月5日作出的政府信息公开申请答复书。后法院依法追加×区政府为本案共同被告。

【案件焦点】

王某针对×区残联的政府信息公开答复提起本案行政诉讼是否已经超过法定起诉期限。

【法院裁判要旨】

一审法院经审理认为：王某收到×区残联作出的政府信息公开申请答复书后，向×区政府提起行政复议申请，×区政府受理后作出了行政复议决定书，维持了×区残联作出的政府信息公开申请答复书，并于2019年1月22日邮寄送达王某。故应以王某收到行政复议决定书的时间确定起诉期限。该行政复议决定书明确告知王某“如不服本决定，可以自接到本决定书之日起十五日内依法向人民法院提起行政诉讼”。故王某于2019年5月起诉超过了法定的起诉期限且无《中华人民共和国行政诉讼法》第四十八条规定的情形。

一审法院根据《最高人民法院关于适用〈中华人民共和国行政诉讼法〉的解释》第六十九条第一款第二项、第三款之规定，裁定如下：

驳回王某的起诉。

王某不服一审裁定，提起上诉。二审法院经审理认为：王某于2019年1月22日收到×区政府邮寄送达的行政复议决定书，其于同年5月才向一审法院提起行政诉讼显然已经超出十五日的法定起诉期限，且其在本案中亦无《中华人民共和国行政诉讼法》第四十八条规定的情形。因此，一审法院认定王某提起本案诉讼已超法定起诉期限并据此驳回其起诉正确，依法应予维持。王某上诉主张其针对×区残联的政府信息公开不作为想继续追究，按照行政机关作出行政行为后起诉期为6个月的规定，对×区残联的起诉期限应计算到2019年6月5日，该主张依法不能成立，不予支持。

二审法院依照《中华人民共和国行政诉讼法》第八十九条第一款第一项之规定，裁定如下：

驳回上诉，维持原裁定。

【法官后语】

本案主要涉及经行政复议后再提起行政诉讼情形下对起诉期限的理解和把握问题。

关于起诉期限的问题，本案原告王某主张其只起诉×区残联，故其起诉期限为6个月，其起诉并未超期。但法院认定其已经行政复议程序，其起诉已经超出法律规定的复议后15日的起诉期限，故驳回其起诉。王某在本案中的主张虽不符合法律规定，但也代表了实践中的一种观点，而实践中对此观点应当进行纠正，从而对经行政复议后再提起行政诉讼情形下的起诉期限问题予以正确认定。而对此问题的正确认定则涉及对《中华人民共和国行政诉讼法》和《最高人民法院关于适用〈中华人民共和国行政诉讼法〉的解释》一系列相关条文的梳理和把握。这其中既涉及起诉期限，也涉及被告主体，还涉及复议和诉讼的法律衔接。

首先，从复议和诉讼的法律衔接以及相关的最基本的起诉期限规定来看，根据《中华人民共和国行政诉讼法》第二条和第四十四条的规定，公民、法人或者其他组织认为行政机关的行政行为侵犯其合法权益的，其可以先向复议机关申请行政复议，对行政复议决定不服的，再向人民法院提起诉讼；也可以不经行政复议而直接向人民法院提起诉讼（法律、法规规定应先复议后诉讼的除外）。而根据《中华人民共和国行政诉讼法》第四十五条和第四十六条第一款的规定，其中经行政复议后再提起行政诉讼情形下的起诉期限为原告收到复议决定书之日起15日内，不经行政复议而直接提起行政诉讼情形下的起诉期限则为自原告知道或者应当知道作出行政行为之日起6个月内。

其次，对于像本案这样的复议机关决定维持原行政行为的情形，其起诉期限问题还应与行政诉讼被告主体问题一并结合起来进行理解。因为根据《最高人民法院关于适用〈中华人民共和国行政诉讼法〉的解释》第五十九条和第一百三十四条第一款的规定，公民、法人或者其他组织作为行政复议申请人向复议机关申请行政复议后，在复议机关作出维持原行政行为决定的情形下，行政复议申请人作为原告向人民法院提起行政诉讼的，应当将作出原行政行为的行政机关和复议机关作为行政诉讼的共同被告，而不能只起诉作出原行政行为的行政机关或复议机关。此时如果原告只起诉作出原行政行为的行政机关或者复议机关的，人民法院应当告知原告追加被告。若原告不同意追加，则人民法院应当将另一机关列为共同被告。且在此情形下，应当以复议决定送达时间确定起诉期限。

因此，通过对上述法律和司法解释规定的综合理解不难看出，在复议机关作出维持原行政行为决定的情形下，原告若对此提起行政诉讼，则必须以作出原行政行为的行政机关和复议机关作为行政诉讼的共同被告，而不能只选择上述两机关中的某一机关提起行政诉讼，且此情形下必须以复议决定送达时间确定起诉期限。本案即是如此。本案中，王某对于×区残联作出的政府信息公开申请答复不服，其可以先申请行政复议后提起行政诉讼，也可以不经行政复议而直接提起行政诉讼。但本案中王某选择了先申请行政复议后提起行政诉讼，并且×区政府的行政复议系决定维持原行政行为，此时王某在行政复议后提起行政诉讼，依法应当将作出原行政行为的行政机关即×区残联和复议机关即×区政府作为共同被告，且起诉期限依法为王某收到×区政府作出的行政复议决定书之日起15日内，而非其知道或者应当知道×区残联作出行政行为之日起6个月内。因此，一审法院在王某只起诉×区残联的情况下应告知其追加复议机关即×区政府为共同被告，并且在王某申请追加×区政府为共同被告后，应以王某收到×区政府作出的行政复议决定书的时间确定起诉期限，且起诉期限依法为王某收到×区政府作出的行政复议决定书之日起15日内。而王某于2019年1月22日收到×区政府邮寄送达的行政复议决定书，其于2019年5月才向一审法院提起行政诉讼显然已经超出15日的法定起诉期限，且其在本案中亦无《中华人民共和国行政诉讼法》第四十八条规定的情形。因此，本案一、二审法院认定王某提起本案诉讼已超法定起诉期限并据此驳回其起诉无疑是正确的。

编写人：山东省淄博市中级人民法院　荣明潇

（二）受案范围

44

行政机关不履行行政复议决定是否属于行政案件受案范围

——××市××区××镇××村民委员会诉××市××区人民政府确认不作为行政行为违法案

【案件基本信息】

1. 裁判书字号

（2019）桂行终1324号行政裁定书

2. 案由：确认不作为行政行为违法纠纷

3. 当事人

原告（上诉人）：××市××区××镇××村民委员会（以下简称××村民委）

被告（被上诉人）：××市××区人民政府（以下简称××区政府）

【基本案情】

1980年9月22日，原××县革命委员会向××县××公社××大队××片（林场）颁发《山界林权证》（证号：204），确认“山×弄”一带总面积3631亩，其中现有林575亩，宜林荒山3056亩，属××大队所有。1990年5月25日，原××县人民政府颁发《山界林权证》（证号：34），确认包括但不限于“山×弄”一带的林地面积32784亩（其中与别的单位共有5703

亩），属国营××平塘分场×尾岭分区所有。××村民委向××区政府提出申请，要求对国营××林场持有的34号《山界林权证》有关“山×弄”一带林地进行核查。2011年6月22日，××区政府作出×政处〔2011〕2号《关于修正国营××林场持有的1990年第34号〈山界林权证〉的决定》，一、修正国营××林场持有的1990年颁发的第34号《山界林权证》林地内“山×弄”一带林地登记内容，即将该证范围内“山×弄”一带面积约3631亩林地权属不再作为国营××林场国有林地凭证；除修正的3631亩林地范围外，国营××林场持有的第34号《山界林权证》其他内容不变；二、“山×弄”一带面积约3631亩林地内现有林木的林权，按谁种谁收之原则处理，维持该范围林地的经营管理现状。国营××林场及××村民委均不服，向××市人民政府申请复议。2011年11月23日，××市人民政府作出×政复决字〔2011〕32号行政复议决定，一、撤销××区政府作出的《关于修正国营××林场持有的1990年第34号〈山界林权证〉的决定》；二、本案由××区政府重新处理。之后，××区政府要求该区林业局、法制办等部门进行调查核实，但未有处理结果。2018年1月、3月，××村民委分别再次向××区政府提出申请，要求纠正第34号《山界林权证》。2018年10月，××区政府向××村民委、国营××林场送达权属纠纷补正告知书，××村民委认可收到该告知书。××村民委在收到行政复议决定书后，没有提起行政诉讼。

【案件焦点】

××村民委因××区政府未履行行政复议决定，请求确认该未履行行为违法，是否属于行政案件受案范围。

【法院裁判要旨】

一审法院经审理认为：《中华人民共和国行政复议法》第三十一条第三款、第三十二条规定，行政复议决定书一经送达，即发生法律效力；被申请人应当履行行政复议决定，被申请人不履行或者无正当理由拖延履行行政复议决定的，行政复议机关或者有关上级行政机关应当责令其限期履行。××村民委在本案中诉请确认××区政府未履行行政复议决定行为违法及重新作出处理决定。××市人民政府×政复决字〔2011〕32号行政复议决定中已撤销××区政府作出的×政处〔2011〕2号行政处理决定，并责令××区政府重新处理。××村民委在法定期限内没有对该行政复议提起诉讼，××区政府亦陈述在行政复议撤销后没有收到相关诉讼通知，该行政复议决定已经发生法律效力，对当事人具有拘束力。《中华人民共和国行政复议法》第三十七条规定，被申请人不履行或者无正当理由拖延履行行政复议决定的，对直接负责的主管人员和其他直接责任人员依法给予警告、记过、记大过的行政处分；经责令履行仍拒不履行的，依法给予降级、撤职、开除的行政处分。《中华人民共和国行政复议法实施条例》第六十二条也规定，被申请人在规定期限内未按照行政复议决定的要求重新作出具体行政行为，或者违反规定重新作出具体行政行为的，依照行政复议法第三十七条的规定追究法律责任。在本案中，××村民委的诉讼请求实质上属于生效行政复议决定的执行问题。依照前述法律规定，××区政府应当及时履行上述行政复议决定，对于其未履行该复议决定的，××村民委应当向行政复议机关或者有关上级机关反映，要求责令××区政府履行行政复议决定，而非向人民法院提起行政诉讼。因此，××村民委提起的诉讼请求不属于人民法院行政诉讼的受案范围。

一审法院依照《最高人民法院关于适用〈中华人民共和国行政诉讼法〉的解释》第六十九条第一款第一项的规定，作出如下裁定：

驳回××村民委的起诉。

××村民委不服一审判决，提起上诉。二审法院经审理认为：根据《中华人民共和国行政复议法》第三十二条“被申请人应当履行行政复议决定。被申请人不履行或者无正当理由拖延履行行政复议决定的，行政复议机关或者有关上级行政机关应当责令其限期履行”的规定，行政复议决定一经送达，即发生法律效力。作为复议机关的下级机关被申请人××区政府，应当在收到决定书之后开始履行决定。对于下级机关不履行行政复议决定的，当事人应当申请上级机关责令履行或通过法院进行强制执行，法律并未设定提起行政诉讼进行救济的路径，故本案不属于人民法院受理行政案件的受案范围。综上，一审法院驳回起诉的处理结果正确，××村民委的上诉理由不能成立，依法不予支持。

二审法院依照《中华人民共和国行政诉讼法》第八十九条第一款第一项的规定，作出如下裁定：

驳回上诉，维持原裁定。

【法官后语】

行政相对人就同一行政行为可以通过行政复议和行政诉讼两种路径寻求救济，这就存在路径选择及复议与诉讼的衔接问题。本案争议的焦点是当事人因原行政机关不履行行政复议决定，请求确认该不履行行为违法及诉请判决责令履行是否属于行政案件受案范围。

一、不履行行政复议决定的行政行为是否属于人民法院行政案件的受案范围

根据《中华人民共和国行政诉讼法》第四十四条的规定，除法律、法规规定复议前置外，对属于法院受案范围的行政案件，行政相对人可以先申请行政复议，对行政复议决定不服的，再向法院提起诉讼；也可以直接向法院提起诉讼。即当事人就同一行政行为的救济，有选择行政复议和行政诉讼两条路径，并行不悖，但不能同时提出。对于已进入行政诉讼程序审理的行政行为，不得再提起行政复议，否则有违司法审查的终局性。对于已进入行政复议程序审查的行政行为，不得同时提起行政诉讼，否则存在审查的重复性和诉讼与复议衔接的混乱，违反“一事不再理”原则；对于已有行政复议结论，当事人的权利已经得到相应救济，因缺乏诉的利益，不得再提起行政诉讼，否则有违行政行为效力的原则。毕竟行政行为具有稳定性、拘束力及实现性，在行政机关作出行政行为后，不得随意变更和改变，故对行政相对人及行政机关均具有拘束力，各方当事人应当按照行政行为所规制的内容予以执行。在本案中，××村民委的诉求经过行政复议审查并在该复议决定中得到相应的救

济，已无再诉的利益，因此，××村民委在本案的诉请，不属于人民法院行政案件的受案范围。

二、不履行行政复议的救济

关于不履行行政复议决定的救济路径。本案中，××村民委诉请的实质是行政复议的履行问题，即属于执行范畴。引起本案的原因在于，××区政府迟迟未履行行政复议决定确定的内容，导致××村民委的诉求未得到落实。对于行政复议的履行，《中华人民共和国行政复议法》第三十一条第三款、第三十二条规定，行政复议决定书一经送达，即发生法律效力；被申请人应当履行行政复议决定，被申请人不履行或者无正当理由拖延履行行政复议决定的，行政复议机关或者有关上级行政机关应当责令其限期履行。如果复议机关或上一级行政机关对被申请人没有采取责令限期履行措施，申请人也可以依照《中华人民共和国行政诉讼法》和最高人民法院有关执行的司法解释向人民法院申请强制执行。另外，《中华人民共和国行政复议法》及其实施条例均对行政机关不履行或无正当理由拖延履行行政复议决定规定了相应的处罚措施。因此，对于××区政府未履行复议决定的，××村民委应当向行政复议机关或者有关上级机关反映，要求责令××区政府履行行政复议决定，而非向人民法院提起行政诉讼。

三、本案的其他提示

对于行政机关的职责，一般在法律法规中都有相应规制，应当在规定的期限内作出相应的行政行为。在本案中，行政复议决定生效多年后，作为履行义务的行政机关××区政府直至本案的诉讼阶段，都未作出相应的处理，严重影响行政相对人的利益。对此，应当强化行政监督，督促行政机关及时履行职责，妥善处理矛盾纠纷，切实保障行政相对人的合法权益。

编写人：广西壮族自治区来宾市中级人民法院　韦霄倩

（三）程　序

45

听证程序不是行政命令的前置程序

——周某诉××市水利农机局水利行政命令案

【案件基本信息】

1. 裁判书字号

（2018）苏02行终257号行政判决书

2. 案由：水利行政命令纠纷

3. 当事人

原告（上诉人）：周某

被告（被上诉人）：××市水利农机局（以下简称××水利局）

【基本案情】

2017年8月2日，××水利局水政监察执法人员巡查发现周某擅自侵占位于××市××镇××港××港河口西侧的长江滩地，认为该行为涉嫌违反防洪法相关规定，于同日立案。执法人员于同日上午到现场进行勘验，制作的勘验（检查）笔录、勘验图载明：周某经营的砂场位于长江滩地，属长江防洪工程管理范围，东侧为新×港口水道，北侧为长江，西侧为华×码头，南侧为长江大堤及蔡××砂场。砂场南北长103米，东西长52米，占地面积3600平方米。执法人员向周某进行询问并制作了笔录，送达了责令停止水事违法行为通知书。

2017年8月15日，××水利局向周某送达责令限期改正水事违法行为通知书；同年9月6日，又向周某送达行政处罚事先告知书和听证告知书。同年9月19日，××水利局作出限期清除决定书，并于同日送达周某。

周某在一审中提出其向××水利局执法人员口头提出听证要求，但××水利局一直未予答复。

【案件焦点】

1. 周某有无非法侵占长江滩地的违法事实；2. 听证是否必须作为行政命令的前置程序。

【法院裁判要旨】

一审法院经审理认为：周某经水利行政部门许可临时占用涉案长江滩地的期限至2012年3月17日止，经港口管理部门许可从事港口经营业务的期限至2017年1月26日止，逾期后未经延续许可期限即不再具备合法占用该长江滩地和从事相关港口业务的条件。根据勘验（检查）笔录、勘验图、现场照片以及周某询问（调查）笔录等证据，能够证明2017年8月2日水利执法人员查处时，周某存在未经水利行政主管部门批准擅自占用长江滩地用于货物装卸的违法事实。

关于被诉行政决定的程序问题。本案被诉的限期清除决定在法律属性上属于行政命令而不属于行政处罚，听证程序并非作出行政命令的前置程序。本案中，××水利局在拟作出罚款和限期清除的行政决定前，一并告知周某拟作行政决定的事实、理由及依据，并告知其有权要求听证。因此，××水利局在作出责令清除决定前，应当根据周某的要求举行听证，但周某并未在期限内提出听证要求。周某辩称曾口头向执法人员提出听证要求，但对该主张并无证据证明，不能成立，应视为周某在行政程序中对其听证权利的放弃。

一审法院依照《中华人民共和国行政诉讼法》第六十九条之规定，判决如下：

驳回周某的诉讼请求。

二审法院经审理同意一审法院裁判意见。

【法官后语】

一、限期清除决定不属于行政处罚

行政机关在处理违法行为时，无论对违法行为处以何种行政处罚，都应首先要求违法行为人及时纠正违法行为，如执法过程中通常会作出责令限期清除、责令改正违法行为等决定，在法律属性上属于行政命令而不属于行政处罚。以限期清除决定为例，是指行政主体制止正在发生的违法行为、危险状态及不利后果，要求违法行为人履行法定义务，停止违法行为，消除不良后果或恢复原状等具有强制性、命令性的行政行为。这种行政行为本质上属于行政命令中的禁令，即行政机关依法要求行政相对人不为一定行为的意思表示。行政命令不会涉及行政相对人的权利，只会影响其义务，即行政命令是要求行政相对人履行一定作为或不作为的义务。限期清除决定一经作出便为行政相对人设定了义务，无论该行政命令是否合法，若行政相对人不执行行政主体的命令，就会受到行政处罚或行政强制执行的后果。因此，限期清除决定是行政执法过程中的一种独立的行政行为。

二、听证的适用范围

在行政法律关系当中，作为相对人的公民、法人或者其他组织所面对的是组织严密和拥有广泛行政权的行政机关。为了保护相对人的合法权益，平衡行政机关和相对人的关系，法律赋予公民、法人或者其他组织参与权、平等权、受益权、知情权、救济权等权利。听证不仅是行政处罚程序的重要程序，也是当事人享有的重要程序性权利，如新修订的《中华人民共和国行政处罚法》第六十三条明确规定了听证的适用范围，主要包括较大数额的罚款；没收较大数额违法所得，没收较大价值非法财物；降低资质等级、吊销许可证件；责令停产停业、责令关闭、限制从业；其他较重的行政处罚。此外，听证也适用于行政机关依法告知听证权利，当事人、利害关系人申请听证的，以及行政机关认为有必要举行听证的其他情形，如涉及公共利益的重大行政许可等。

三、听证程序并非作出责令限期清除决定的必要前置程序

《中华人民共和国行政处罚法》第二十八条第一款规定："行政机关实施行政处罚时，应当责令当事人改正或者限期改正违法行为。"一般认为，责令改正不是必须与行政处罚决定同时作出，而是在调查确认存在违法事实后即可作出，以防止违法行为持续而造成更大的损害。本案中的限期清除决定即水利部门在经调查确认违法侵占长江滩地的违法事实后作出。由于限期清除决定属于行政命令而非行政处罚，因此，行政处罚程序中要求告知、组织听证、陈述和申辩等程序要求并不当然适用于本案行政命令行为，行政机关作出限期清除决定时也无告知听证权的义务。

如果行政性对人实施的合法行为被行政主体错误实施了限期清除的命令，就会导致行政相对人的合法权益受到侵害。为保障行政命令功能的正确行使，应赋予行政相对人法律救济的途径。因此，行政相对人认为该行政命令损害其合法权益的，可以申请行政复议或提起行政诉讼。

编写人：江苏省江阴市人民法院　黄剑　李卫

九、政府信息公开

本章导读

政府信息公开是指行政机关应当主动或者依申请，及时、准确地将在履行行政管理职能过程中制作或者获取的，以一定形式记录、保存的信息向相对人和社会公众公布，但法律法规另有规定的除外。将政府信息以一定的方式予以公开是现代国家治理的需求，在现代社会，公民不再只是被管理者，而是以治理者的身份积极参与国家的共同治理。及时、准确地公开政府信息，不仅能够保障公众的知情权，便于公众有效参与国家治理；还有助于提高政府工作的透明度，从而有利于公众监督政府依法行政。此外，政府信息公开还能够服务于人民群众生产、生活和经济社会活动的需要，从而充分发挥政府信息的多种价值。

行政机关公开政府信息，应当坚持“以公开为常态、不公开为例外”。根据《中华人民共和国政府信息公开条例》的规定，政府信息豁免公开的范围包括：依法确定为国家秘密的政府信息，法律、行政法规禁止公开的政府信息，公开后可能危及国家安全、公共安全、经济安全、社会稳定的政府信息，涉及商业秘密、个人隐私等公开会对第三方合法权益造成损害的政府信息，行政机关的内部事务信息，行政机关在履行行政管理职能过程中形成的过程性信息以及行政执法案卷信息。除法定豁免公开的政府信息外，政府信息应当公开。政府信息公开的方式包括主动公开和依申请公开，在实践当中，行政机关应当进一步完善主动公开机制，规范并健全依申请公开机制，不断提高政府信息公开的质量，努力构建阳光政府。

46

行政机关不得以限制查阅时间的方式变相剥夺申请人知情权

——陈某诉××市××区××街道办事处政府信息公开案

【案件基本信息】

1. 裁判书字号

（2019）苏 0691 行初 1216 号行政判决书

2. 案由：政府信息公开纠纷

3. 当事人

原告：陈某

被告：××市××区××街道办事处

【基本案情】

2019 年 1 月 11 日，原告向被告申请公开“×众燃气、原水果批发市场周边及××路所涉所有被搬迁户获得安置补偿的具体数额、补偿款发放方式、房屋产权置换具体方式”。同年 7 月 24 日，被告作出〔2019〕××

依复第 13 号政府信息公开申请答复书（以下简称 13 号答复书），称其已对×众燃气、原水果批发市场周边及××路项目所涉所有被搬迁户获得安置补偿的具体数额进行了汇总，通知原告于指定时间指定地点查阅相关材料。关于补偿款发放方式及产权置换方式，其已提供《×众燃气、原水果批发市场周边及××路景观路项目房屋搬迁补偿安置方案》《×众燃气、原水果批发市场周边及××路景观路项目购房须知》供陈某查阅，如仍需所有被搬迁户的具体补偿款发放方式及房屋产权置换方式，建议原告向××区住房建设服务中心咨询。原告认为，该答复书未按原告要求的形式提供政府信息，申请人到达指定地点查看时，也不提供充分的时间和条件，实质上对原告知悉信息造成了困难和障碍，侵害了原告的知情权，遂诉至法院，请求撤销 13 号答复书并责令被告依法作出书面答复。被告认为，其在法定期限内作出 13 号答复书后，原告于 7 月 30 日按照答复的约请到达查阅地点，但原告未查阅摘抄就自行离开。被告已积极履职，原告拒绝查阅其申请公开的信息，未能获取信息系原告自身原因所致。原告要求公开的信息涉及几十户搬迁补偿安置协议及相关内容，按照原告要求的形式邮寄成本过高，采用查阅方式同样可以达到原告目的。被告安排原告进行现场查阅符合《中华人民共和国政府信息公开条例》第四十条的规定，请求判决驳回陈某的诉讼请求。

【案件焦点】

1. 被告提供现场查阅方式、查阅时间是否合法、适当；2. 被告逾期提供证明答复程序合法的证据，是否影响被诉答复行为的合法性。

【法院裁判要旨】

法院经审理认为：根据《中华人民共和国政府信息公开条例》第四十条的规定，行政机关应当根据申请人要求和政府信息保存实际情况，确定公开的具体形式。在申请人要求公开的形式与信息载体安全、公开成本存在冲突的情况下，行政机关可以通过电子数据以及其他适当形式，或安排申请人查阅、抄录的方式向申请人提供信息。案涉信息涉及被搬迁户近 180 户，被告对案涉信息并未加工、汇总成表格，而是分别体现在每户的拆迁补偿安置协议等载体中，因原告申请获取的信息量大，公开成本过高，被告采取现场查阅、抄录的方式提供信息，符合法律法规的规定。但查阅具有一定的缺陷，要求申请人短时间内记忆大量的信息内容显然不合常理。本案中，被告限定原告查阅、摘抄的时间为一小时，而结合庭审被告陈述，案涉信息记载于近 180 户的拆迁安置补偿协议中，原告申请信息内容包括补偿金额、补偿款发放方式、房屋产权置换方式等，要求原告在一小时内完成对所需信息的查阅、摘抄明显不当，被告实际是以限制查阅、摘抄时间的方式不当剥夺了原告对案涉信息的获取权，与拒绝公开信息并无二致。因此，被诉 13 号答复书内容不合法。被告在法定期限内负有举证义务，如有正当理由需要延期举证的，应当在法定期限届满前向人民法院书面申请延期，并经法院准许。本案系依法适用简易程序审理的政府信息公开案件，被告无正当理由未在法院确定的举证时限内提交被诉行政行为程序合法的证据，应当视为没有相应证据证明其答复期限的合法性。原告于 1 月 11 日提出申请，被告于 7 月 24 日作出被诉 13 号答复书，应当被认定为程序违法。综上，被诉 13 号答复书内容及程序均不具有合法性，应予撤销，被告应当向原告重新作出答复。

法院依照《中华人民共和国行政诉讼法》第七十条第一款第三项、第六项，《中华人民共和国政府信息公开条例》第一条、第四十条，《最高人民法院关于审理政府信息公开行政案件若干问题的规定》第九条第一款之规定，作出如下判决：

一、撤销被告××市××区××街道办事处于 2019 年 7 月 24 日作出的〔2019〕××依复第 13 号政府信息公开申请答复书；

二、限被告××市××区××街道办事处于本判决生效之日起二十个工作日内对原告陈某的申请重新作出答复。

【法官后语】

实践中，为降低公开成本，越来越多的行政机关采取安排申请人指定时间到指定地点查阅、抄录的方式提供信息。此种提供信息的方式也被《中华人民共和国政府信息公开条例》第四十条所采纳，但是对于哪些情况可以采取此种方式公开、采取此种方式需要注意哪些问题，有的行政机关往往容易忽视。

首先，按照申请人要求的形式提供政府信息是常态，安排查阅、抄录提供政府信息是例外。按照《中华人民共和国政府信息公开条例》第四十条的规定，按照申请人要求提供信息公开成本过高，可以安排申请人查阅、抄录相关政府信息。一般而言，申请人要获取的信息量大、面广，可以视为公开成本过高的情形，行政机关应当结合一般生活常理并根据其保存政府信息的实际情况予以考量把握。

其次，行政机关公开政府信息应当遵循便民原则，以满足申请人的知情权为目的。《中华人民共和国政府信息公开条例》第五条明确规定，行政机关公开政府信息，应当坚持以公开为常态、不公开为例外，遵循公正、公平、合法、便民的原则。便民原则要求行政机关在政府信息公开中尽可能满足当事人的要求，减少当事人的程序负担，节约当事人的办事成本。查阅是一种行为方式，意即找出并阅读，其本身对信息不具有直接复制的功能。在信息量较小时，这一方式简便易行，有利于申请人及时获取信息；但在信息量较大时，限制查阅时间、要求申请人短时间内记忆大量信息内容显然不符常理。与书面邮寄、电子数据答复的方式相比较，查阅方式本身具有一定的局限性，在安排查阅时，行政机关更应当允许信息公开申请人妥当安排，给予申请人充足的时间查阅并辅之以抄录的方式获取信息，以满足申请人的信息知情权。

另外，本案的审理还提醒行政机关应重视举证时限。被告以逾期提交的证据以期证明其答复期限在法定期限内。从《中华人民共和国行政诉讼法》第三十四条、《最高人民法院关于适用〈中华人民共和国行政诉讼法〉的解释》第三十四条的规定可见，被告在法定期限内具有举证义务，如有正当理由需要延期举证的，应当在法定期间届满前向人民法院书面申请延期，并经法院准许。行政诉讼证据的作用是为了证明行政行为作出时所依据的事实，包括实体和程序两个方面，被告逾期提供程序合法的证据，又未依法申请延期的，应当视为没有相应证据证明其行政程序合法。司法审查遵循全面审查的原则，这就要求行政机关在应诉过程中不仅要举证证明实体处理的合法性，也要对举证程序的合法性足够重视。

编写人：江苏省南通经济技术开发区人民法院　莫晴晴

47

政府信息公开中个人隐私保护应适当让渡于公共利益

——韩某诉××市××××新城××镇人民政府政府信息公开案

【案件基本信息】

1. 裁判书字号

（2019）苏10行终226号行政判决书

2. 案由：政府信息公开纠纷

3. 当事人

原告（被上诉人）：韩某

被告（上诉人）：××市××××新城××镇人民政府（以下简称镇政府）

【基本案情】

韩某为××镇××村××组村民，2017年7月15日其以邮寄方式向镇政府提出政府信息公开申请，要求书面公开下列信息：“（一）公开分户调查结果：经确认的房屋权属、用途、建筑面积、初步评估结果等；（二）公开分户补偿安置情况：安置房地点、面积、套数、补偿金额、困难照顾、折迁最低住房保障情况等；（三）公开征收或者征用土地、房屋折迁及其补偿、补助费用的发放、使用情况。”镇政府于2017年7月25日作出《××镇人民政府信息公开申请延期答复告知书》后，2017年8月14日作出《信息公开告知书》主要内容为“你要求公开的信息属于信息公开范围，本机关将以你指定的方式提供所申请的信息。具体信息内容见附件（共79页）。另，你所申请公开的××组分户房屋折迁补偿金额，该信息目前不存在”。原告不服该告知，于2017年8月27日向××市××区人民政府申请行政复议，区政府于2018年9月10日作出第64号复议决定书，认为镇政府作出的《信息公开告知书》存在内容认定事实不清、程序不当的情形，决定予以撤销并责令在法定期限内依法重新作出答复。2018年10月10日镇政府向韩某邮寄发出《政府信息公开申请补正通知书》，要求其就申请获取的信息内容范围进行明确。该邮件于10月16日退回，11月19日向韩某送达。11月14日，韩某向镇政府提交《对××镇人民政府补正通知书的复函》，明确其申请获取的信息内容范围。11月19日，镇政府向××东路东延工程××村各被折迁户发出《征求意见函（公告）》，就韩某所申请公开的信息征求××东路东延工程××村各被折迁户的意见。该《征求意见函（公告）》的主要内容为：“根据《中华人民共和国政府信息公开条例》[①] 第二十三条的规定，征求你们的意见。请你们自本征求意见函发布之日起10日内书面告知我政府你们的意见。如果你们未在征求意见函发布之日起10日内书面通知政府你们的意见，从保护你们个人隐私的方面考虑，你们的行为将被视为不同意公开涉及你们个人隐私的政府信息。”2018年12月10日，镇政府向韩某作出《关于韩某申请政府信息公开的答复》并于当日以邮寄方式送达，主要内容如下：“根据《中华人民共和国政府信息公开条例》第

---

① 新修订的《中华人民共和国政府信息公开条例》已对相关内容作出修改，并于2019年5月15日起实施，下同。

二十三条的规定，本机关征求了第三方意见，第三方不同意公开。现本机关依照《中华人民共和国政府信息公开条例》第二十一条的规定，对你答复如下：你所申请的政府信息涉及第三方个人隐私，公开后可能损害第三方合法权益，经征询第三方意见，第三方不同意公开，故本机关对你所申请的政府信息不予公开。”原告不服该答复，诉至法院，请求确认答复违法并撤销，责令镇政府依法重新答复。

【案件焦点】

镇政府以政府信息涉及第三人隐私，第三人不同意公开为由，拒绝政府信息公开而作出的答复是否具有合法性。

【法院裁判要旨】

一审法院经审理认为：根据修改前的《中华人民共和国政府信息公开条例》第十三条的规定，公民、法人或者其他组织可以依法向国务院部门、地方各级人民政府及县级以上地方人民政府部门申请获取相关政府信息。故镇政府具有受理其职责范围内的政府信息公开申请并依法作出处理的法定职责。该条例第十二条第四项规定，乡（镇）人民政府应当依照本条例第九条的规定，在其职责范围内确定主动公开的政府信息的具体内容，并重点公开下列政府信息：征收或者征用土地、房屋拆迁及其补偿、补助费用的发放、使用情况。根据上述规定可知，韩某向镇政府申请公开××村村民在被安置过程中的相关政府信息，涉及土地征收、房屋征收等方面的信息，属于政府应当主动公开的范畴，现韩某以申请公开的方式申请上述信息，镇政府理应依法向韩某公开，即使韩某所申请的政府信息涉及其他被拆迁人的隐私，镇政府也应该在对涉及婚姻状况、宗教信仰等个人隐私的内容予以删减后依法公开，而不能以涉及个人隐私且被拆迁人拒绝公开为由一律不予公开，因此，镇政府以第三方不同意公开为由，对韩某申请的信息不予公开，明显不符合法律规定，所作出的《关于韩某申请政府信息公开的答复》应予撤销。

法院根据《中华人民共和国行政诉讼法》第七十条第一款第一项、

《最高人民法院关于审理政府信息公开行政案件若干问题的规定》第九条之规定，判决如下：

一、撤销镇政府于2018年12月10日作出的《关于韩某申请政府信息公开的答复》；

二、镇政府于本判决生效之日起十五个工作日内向韩某依法重新作出答复。

镇政府不服，提起上诉。二审法院经审理认为：本案中，韩某向镇政府申请书面公开××东路东延工程××村村民在被安置过程中的相关政府信息，涉及征用土地、房屋拆迁及分户补偿安置情况等方面。镇政府应当对照《中华人民共和国政府信息公开条例》的规定，根据其是否制作或保存相关信息等不同情况分别进行处理，并依法向申请人公开作出答复。如果属于公开范围，即使韩某所申请的政府信息涉及其他被拆迁人的隐私，镇政府也应在将涉及其他被拆迁人的个人隐私的有关内容进行删减后依法公开，而不能以韩某所申请的政府信息涉及第三方个人隐私，公开后可能损害第三方合法权益为由一律不予公开。因此，镇政府以第三方不同意公开为由，对韩某申请的政府信息不予公开，其理由不符合法律规定，所作出的《关于韩某申请政府信息公开的答复》依法应予撤销。综上，镇政府的上诉理由不能成立，不予采纳。原审判决认定事实清楚，适用法律正确，处理恰当，应予维持。

二审法院依照《中华人民共和国行政诉讼法》第八十九条第一款第一项之规定，判决如下：

驳回上诉，维持原判。

【法官后语】

因各地城镇化进程的推进，因拆迁引发的政府信息公开案件呈增长之势。被拆迁人往往通过申请政府信息公开的方式弥补掌握信息的不对等，如通过申请公开征收土地批文来界定土地征收的合法性，通过申请公开安置、补偿明细来衡量自身获得的安置、补偿是否公平等。在一定程度上讲，政府信息公开既成为被拆迁人维护自身合法权益的有效途径，也起到了监督行政机关依法行政，防止房屋征收部门滥用权力、暗箱操作的客观效果。

《国有土地上房屋征收与补偿条例》第十五条规定："房屋征收部门应当对房屋征收范围内房屋的权属、区位、用途、建筑面积等情况组织调查登记，被征收人应当予以配合。调查结果应当在房屋征收范围内向被征收人公布。"第二十九条第一款规定："房屋征收部门应当依法建立房屋征收补偿档案，并将分户补偿情况在房屋征收范围内向被征收人公布。"尽管上述两条规定了向被征收人公布，但对于此处的"被征收人"是指申请政府信息公开的被拆迁人个人还是所有被拆迁人，以及"公布"的信息是单向的与申请人相关的信息还是所有被拆迁人的信息，均存在语义上的不同理解。2008年5月1日起施行的原《中华人民共和国政府信息公开条例》第十四条第四款规定："行政机关不得公开涉及国家秘密、商业秘密、个人隐私的政府信息。但是，经权利人同意公开或者行政机关认为不公开可能对公共利益造成重大影响的涉及商业秘密、个人隐私的政府信息，可以予以公开。"由于上述规定"行政机关认为""可以"公开而不是应当公开，留给行政机关一定的判断权和自由裁量空间。实践中，有些政府或者拆迁部门基于拆迁工作的推进考量，倾向性、习惯性解读为不公开。其理由往往为：其他被拆迁人相关的信息涉及第三人隐私，而第三人未明确表示同意公开，且不公开不会给公共利益造成重大影响，故不予公开。2019年新修订的《中华人民共和国政府信息公开条例》第十五条规定："涉及商业秘密、个人隐私等公开会对第三方合法权益造成损害的政府信息，行政机关不得公开。但是，第三方同意公开或者行政机关认为不公开会对公共利益造成重大影响的，予以公开。"该条规定虽然去掉了"可以"，但依然保留了"行政机关认为"的规定。行政机关上述对法律规定的解释方式及不公开相关信息的做法，也是拆迁领域政府信息公开案件大量成诉的主要原因之一。

本案中，镇政府以发布《征求意见函（公告）》的形式，征求第三人意见，并最终以信息涉及第三人隐私、第三人不同意公开为由，作出不予公开答复。对此，一、二审均认为，从《中华人民共和国政府信息公开条例》等相关规定及立法本意出发，对个人隐私的保护应当适度让渡于公共利益。对于征收或者征用土地、房屋拆迁及其补偿、补助费用的发放、使用情况等，属于政府部门应当主动公开的政府信息，当被拆迁人申请公开该部分信息时，政府部门应当以公开为原则，且不公开会对公共利益造成重大影响。对于其中可能涉及个人隐私的部分，如婚姻状况、身份证号码、手机号码等，可以通过隐名或者删减的方式予以处理，使其符合政府信息公开的标准和公开的目的。个人隐私及第三人未同意公开不应该成为政府部门依法应当主动公开相关政府信息的借口。最终，法院判决镇政府在法定期限内依法公开相应的政府信息。

编写人：江苏省扬州市江都区人民法院　靳有强　赵峰

48

政府信息公开案件中商业秘密的认定与处理

——崔金某诉××市××区市政市容管理委员会、××市××区人民政府政府信息公开及行政复议案

【案件基本信息】

1. 裁判书字号

（2015）朝行初字第 844 号行政判决书

2. 案由：政府信息公开及行政复议纠纷

3. 当事人

原告：崔金某

被告：××市××区市政市容管理委员会（以下简称区市政市容委）、××市××区人民政府（以下简称××区政府）

【基本案情】

原告崔金某（以下简称原告）于2015年6月8日向被告区市政市容委提交《××市政府信息公开申请表》，申请公开“××园商业街临时停车场备案手续、合同、土地使用证（营业执照、停车场平面图）”，区市政市容委于当日向原告制发《登记回执》。区市政市容委经审查检索于2015年7月20日作出并送达×政容信息公开（2015）第5号–答《政府信息公开申请答复告知书》（以下简称《答复告知书》），主要内容为：您申请获取的××区××园商业街临时停车备案材料中“土地使用证”的政府信息，我委在办理该停车场备案过程中未获取，根据《中华人民共和国政府信息公开条例》（以下简称《信息公开条例》）第二十一条第三项①的规定，告知您该政府信息不存在。您申请获取的“《合同书》”有商业秘密和个人隐私的内容，根据《××市政府信息公开规定》② 第二十七条的规定，我委书面征求第三方意见后，第三方不同意公开，按照《信息公开条例》第二十一条第二项的规定，该部分内容属于不予公开范围。根据《××市政府信息公开规定》第二十八条第三项关于对不应当公开的内容作出区分处理的规定，我委对该《合同书》作出区分处理后向您公开。关于您申请的营业执照、停车场平面图，根据《信息公开条例》第二十一条第一项的规定及您的申请，我们将以您指定的方式提供。同时区市政市容委将《个体工商户营业执照（副本）》《停车场平面图》及部分内容遮盖的《租赁合同书》以书面附件形式向原告公开。

---

① 本案适用的是当时有效的《中华人民共和国政府信息公开条例》（中华人民共和国国务院令第492号），《中华人民共和国政府信息公开条例》于2019年修订后，原第二十一条第一、二、三项规定内容修改为第三十六条第二、三、四、五项。

② 该条例现已失效。

原告不服申请行政复议，被告××区政府于2015年9月22日分别向原告制发《行政复议申请受理通知书》，向区市政市容委制发《行政复议答复通知书》。区市政市容委于2015年9月30日向××区政府提交《行政复议答复书》等材料。2015年11月6日，××区政府组织原告进行阅卷并制作谈话笔录。2015年11月13日，××区政府作出×政决字〔2015〕238号《行政复议决定书》（以下简称《复议决定书》）并分别送达原告及区市政市容委。《复议决定书》认为区市政市容委作出的《答复告知书》符合规定，依据《中华人民共和国行政复议法》第二十八条第一款第一项之规定予以维持。原告仍不服，遂提起本次诉讼要求：1. 撤销××区政府作出的《复议决定书》，撤销区市政市容委作出的《答复告知书》；2. 判令区市政市容委依法公开××区××园商业街临时停车场备案信息。

【案件焦点】

政府信息公开案件中对商业秘密的认定与处理，必须以保护其他权利和自由以及保护更广泛的公共利益为原则进行实质审查、区分审查、利益平衡。

【法院裁判要旨】

法院经审理认为：针对原告申请公开的“土地使用证”，区市政市容委的认定并未违法相关法律规定。针对原告申请公开的“合同”，根据《信息公开条例》并参照《××市政府信息公开规定》① 有关规定，区市政市容委虽称出租方法定代表人、承租方代表人的姓名、身份证号、电话等内容涉及第三方个人隐私，但并未针对该部分信息向权利人征求是否同意公开的意见或判断不公开是否对公共利益造成重大影响，径行在答复中称“第三方不同意公开”而不予公开，应属认定事实不清、证据不足、程序违法。关于租赁物占地及建筑物面积、租赁期限、

---

① 该文件已失效。

租金等内容，从性质上分析具有商业秘密的因素，区市政市容委从政府信息公开角度进行必要审查与判断后进行了相应区分处理，其行为并未违反法律规定。关于合同书标题、出租方名称及住址、承租方名称及住址等内容，因上述内容仅为合同名称及缔约双方组织的基本信息，综合本案所涉停车场所在位置、经营者等信息均不具有保密性的实际情况，信息公开答复附件中遮盖的上述内容明显不符合商业秘密的构成要件，区市政市容委亦未提交充分有效证据对其判断予以证明，对此不予支持。

法院依据《中华人民共和国行政诉讼法》第六十九条，第七十条第一款第一项、第三项，第七十九条；《最高人民法院关于审理政府信息公开行政案件若干问题的规定》第十二条第一款第一项之规定，作出如下判决：

一、撤销区市政市容委作出的《答复告知书》中"《合同书》"部分的答复；

二、责令区市政市容委于本判决生效之日起十五个工作日内对原告提出的关于"合同"的信息公开申请重新作出答复；

三、撤销区政府作出的《复议决定书》；

四、驳回原告的其他诉讼请求。

对于一审判决，双方当事人均未提出上诉。

【法官后语】

《中华人民共和国政府信息公开条例》虽然将商业秘密作为一种例外进行规定，但并未对商业秘密作出明确的界定，司法实践中一般援引《中华人民共和国反不正当竞争法》中关于商业秘密的规定。根据《中华人民共和国反不正当竞争法》第九条第四款的规定，商业秘密一般包括三性，即秘密性、价值性、管理性，这些是法院审查界定商业秘密的构成、内涵和范围的法律依据。但在政府信息公开语境下的商业秘密与其他案件中的商业秘密有所不同，因为信息公开法律体系中规定的是政府信息公开，对商业秘密免除的规定体现的是公益和私益的平衡，对政府信息是否涉及商业秘密的司法审查也应采取不同的标准。

对政府信息是否涉及商业秘密的司法审查应采取实质审查标准。政府信息是否构成商业秘密需从内容上进行实质性的判断和认定，这种认定不仅在行政程序中，也应成为司法审查的内容。政府信息是否涉及商业秘密不仅取决于商业秘密相对方的意见，还应当依据相应法律规定判断是否涉及不为公众所知悉、能给权利人带来经济利益、具有实用性并经权利人采取保密措施的技术信息和经营信息。本案中，仅为合同名称及缔约双方组织的基本信息不具有保密性的实际情况，信息公开答复附件中遮盖的上述内容明显不符合商业秘密的构成要件，也不符合实质审查标准。

对政府信息是否涉及商业秘密的司法审查应采取区分审查标准。对于申请公开的政府信息中含有不应当公开的内容，但是能够作区分处理的，应当向申请人提供可以公开的信息内容；对不予公开的部分，应当说明理由。在政府信息公开场合，对商业秘密的保护不能扩大化，否则将对信息公开制度本身构成影响。本案中，关于合同中租赁物占地及建筑物面积、租赁期限、租金等内容，从性质上分析具有商业秘密的因素，应从政府信息公开角度进行必要审查与判断后进行了相应区分处理。

对政府信息是否涉及商业秘密的司法审查应采取利益平衡标准。判断某一商业秘密是否应当公开时，应当衡量公开所代表的公共利益与商业秘密持有人不要求公开的私益之间的利弊，衡量之后选择更高位阶的权益保护。行政机关在决定是否免除商业秘密信息的公开时，首先考虑的是公共利益，私人利益只在符合公共利益时才能得到保护，公益目标始终是基本价值取向。涉及公共利益的衡量需结合个案情形予以判断，但至少应考虑公众“知道”的利益、公共健康或环境保护利益、政府计划利益等，对商业秘密的政府信息保护始终应以公益为目标标准进行司法审查。

编写人：北京市朝阳区人民法院　郑瑞涛

49

行政机关主张“政府信息不存在”时的合理检索义务应当从主客观两方面证据综合认定

——曲某诉××市××区×××镇人民政府、××市××区人民政府政府信息公开案

【案件基本信息】

1. 裁判书字号

(2018) 京03行终133号行政判决书

2. 案由：政府信息公开纠纷

3. 当事人

原告（被上诉人）：曲某

被告（上诉人）：××市××区×××镇人民政府（以下简称×××镇政府）

被告：××市××区人民政府（以下简称××区政府）

【基本案情】

2017年5月23日，曲某向×××镇政府提交政府信息公开申请表，申请×××镇政府公开“×××镇×××村2006年至2016年每年的负贷表和利润表”。2017年6月8日，×××镇政府就曲某申请公开的负贷表向其征求意见，曲某明确要求公开的负贷表实际上是资产负债表。2017年6月9日，×××镇政府对其下属职能科室村级财务服务中心进行调查，工作人员陈述如下：“曲某申请公开的2006年到2016年的负债表和利润表，我们科只是代理各村记账，记完账后负债表和利润表就让各村领走了，

我们这儿没有保存，电脑里也没有保存。镇里面没有这些材料，曲某想要的话还是向村里咨询吧。”2017 年 6 月 9 日，×××镇政府对×××镇×××村委会进行调查，工作人员陈述如下：“曲某要求公开的 2006 年到 2016 年的资产负债表和利润表，村里每年都从镇里领取，然后村里按时公开。具体流程是镇里的村财务代理记账，他们负责代理制作这两个表格，做完以后由村会计领取，各村都是这个程序。”2017 年 6 月 12 日，×××镇政府作出并向曲某送达《政府信息不存在告知书》，主要内容是：“经查，您申请获取的政府信息，本机关已经移交到××市××区×××镇×××村村委会，因此本机关未以一定形式记录或保存，根据《中华人民共和国政府信息公开条例》[①] 第二十一条第三项规定，该政府信息不存在。建议您向××市××区×××镇×××村村委会咨询，咨询电话为××××。”

曲某不服该《政府信息不存在告知书》，于 2017 年 8 月 14 日向××区政府申请行政复议。2017 年 11 月 2 日，××区政府作出×政复字〔2017〕113 号行政复议决定书，对该不存在告知书予以维持。

【案件焦点】

1. ×××镇政府主张“政府信息不存在”时的合理检索义务的认定；2. ×××镇政府能否以已通过村务公开为由免除政府信息公开义务；3. ×××镇政府是否还有继续公开的裁量余地。

【法院裁判要旨】

一审法院经审理认为：×××镇政府作为涉诉政府信息的制作者，依法负有公开的法律义务，其所称其已将涉诉政府信息移交到×××镇×××村村委会，因此其未以一定形式记录或保存，从而该政府信息不存在的意见，缺乏法律依据。故×××镇政府作出的被诉《政府信息不存在告知书》依法应予撤销。一审法院遂判决：

---

① 此处的《中华人民共和国政府信息公开条例》是指于 2007 年公布、2008 年施行的条例。

一、撤销×××镇政府作出的被诉《政府信息不存在告知书》；

二、撤销××区政府作出的行政复议决定书；

三、责令×××镇政府于本判决生效之日起在法定期限内针对曲某提出的政府信息公开申请重新作出处理。

×××镇政府上诉称，其答复完全符合法律、法规的要求，答复意见有充分的法律依据。曲某申请的政府信息客观上确实未保存于×××镇政府处，若遵照一审判决对其提出的政府信息公开申请重新作出处理，×××镇政府也只能按照上述规定的要求再次作出不存在的答复。曲某申请公开的内容，×××镇政府无法定义务进行备份、保存。被上诉人曲某同意一审判决，请求二审法院维持原判。原审被告××区政府未提起上诉，其同意×××镇政府的意见。

二审人民法院经审理认为：行政机关应当对“政府信息不存在”承担举证责任，行政机关要提供证据证明其已经尽到了合理检索、查找义务而未能发现信息存在。一般而言，衡量检索、查找是否合理需要综合考虑检索的载体选择是否合适、检索方法是否妥当、检索人员的工作态度是否认真等因素后进行判断。本案中，×××镇政府仅提交了向该镇村财务服务中心科长的调查笔录即欲证明其尽到了合理的检索义务。×××镇政府在检索信息上选择了主观询问方式，放弃了查阅档案材料、进入电脑查询核实等客观检索方式，对此并未提供合理的解释及相应的证据。×××镇政府提交的向×××村委会的调查笔录、财务公开领取申请表可以证明该政府信息的确在该镇政府存在过，曲某提交的财务公开领取申请表也指明了该信息现有的可能保存线索。对于×××镇×××村 2006 年到 2016 年这十一年的资产负债表和利润表目前是否已全部查找不到且已灭失、曲某提交的存在线索是否可循，×××镇政府应当重新审查核实，进一步调查、裁量。因此，×××镇政府目前仍具有提供该信息的可能性，一审法院判决并无不当。二审法院遂判决：

驳回上诉，维持原判。

【法官后语】

向政府申请资讯公开被拒绝，拒绝决定本身是一个行政决定，不服可以提起行政诉讼。对此，《最高人民法院关于审理政府信息公开行政案件若干问题的规定》第一条第一款第一项明确规定，人民法院应当受理。拒绝性答复是信息公开案件中最常见、最典型的诉讼。而行政机关制作政府信息后却不积极留存备份或归档登记，或者出于各种因素考虑统统以“不存在”为由拒绝公开又是拒绝性信息公开答复中的典型。因此，明确司法机关的审查范围，准确界定行政机关对“政府信息不存在”应当承担举证责任及应采用的合理检索方式，对于推动基层民主、指引各级政府积极履行信息公开职责具有一定的指导意义。

最高人民法院的裁判实务中倾向于认为“行政机关未制作、未获取、未保存相关信息以及因保管不善造成信息灭失等问题，一般不属于政府信息公开行政案件审查范围”，法院“并不审查行政机关不制作或者不保存相关政府信息是否违法问题”，“至于行政机关应当主动公开而不主动公开的法律责任，并非政府信息公开诉讼所要解决的问题，当事人可以依照政府信息公开条例第三十三条第一款的规定，向上级行政机关、监察机关或者政府信息公开工作主管部门举报”①。

可以认为，出于司法审查强度的有限性和法院依职权调取证据的现实局限性考虑，最高人民法院放弃了对行政机关“是否应当主动公开而不主动公开的法律责任”的司法审查，主动限缩了司法审查的范围，转而倾向于将否定性答复的信息公开的审理核心集中于行政机关的合理说明，尤其是合理搜索义务的认定上。质言之，基于审理的便捷性、可操作性与司法权的谦抑性，将前者的审查也隐秘、间接地置于后者的审查过程中。因此，对行政机关的合理说明尤其是合理搜索义务的认定承载着司法机关对“政府信息不存在”这一行政行为的整

① 参见最高人民法院（2017）最高法行申9250号、2638号，（2018）最高法行申541号行政裁定书。

体态度与评价，故对合理检索义务的履行完成应当从严掌握。在审理行政机关作出的政府信息不存在告知书的行政行为中，如何判断行政机关提交的证据材料达到了能够证明其进行了合理检索的程度即成为审理的关键。

解决这个问题首先需要明确的是检索的合理性不等同于客观正确性，法律上的应然结果并不必然是事实上的实然结果。对是否进行了合理检索的判断，更多是法官在综合考虑多种因素以后的内心确认或主观性认知，是法官自由裁量权的集中体现，体现的是一种法律真实。一般而言，衡量判断行政机关检索、查找是否合理需要综合考虑以下因素：检索的载体（如数据库、信息目录）选择是否合适齐全、检索方法是否妥当（如关键字是否选择准确合理、是否对关键字进行了拆分而非整段输入当事人描述信息查询等）、检索人员的工作态度是否认真、检索不全面时或未进行检索时是否有合理的解释、当事人提供初步线索后是否予以了回应等。在实践审理中，司法机关应当从主客观两方面证据综合认定行政机关是否已完成了合理的检索、查找义务。仅仅进行主观询问，不进行查阅档案材料、进入电脑查询核实等客观检索方式且无合理解释说明的，在申请人提出了该信息现有的可能保存的线索的情况下，行政机关应当重新审查核实，进一步调查、裁量。就本案而言，结合以上需要考量的因素，法院倾向于认定×××镇政府的检索方式并不合理，其所履行的查找、检索义务并不够充分，存在合理性瑕疵。

编写人：北京市第三中级人民法院　陈金涛

十、行政协议

本章导读

行政协议，在行政活动中常称为行政合同、行政契约，是指行政主体与行政相对人之间为执行公共事务，实现行政管理目标，适用行政法规则，依双方意思表示一致，设立权利和义务，且有较为特殊性的履行机制的协议。行政协议是一种充分体现参与性、互动性、协商性和可选择性的行政管理方式和方法，具有以下特征：(1) 必有一方是行政机关；(2) 双方当事人地位不同；(3) 目的在于实施国家行政管理目标；(4) 双方当事人意思表示一致；(5) 行政机关享有行政优益权；(6) 采取多种法律救济手段。其中许多特征与民事协议有所不同。

行政协议经过协议过程最终表现出来的具体文书形式主要有：国家订货合同；公用征收合同；行政委托合同（如科研合同）；国土使用权有偿出让合同；国企承包、租赁合同；公共工程合同等。可见，行政协议的具体表现形式在行政实务中更常使用“合同”的表述，当然也使用“契约”或“协议”的表述。

50

第三方原因导致行政机关无法履行行政合同不能阻却其履约责任

——×力公司诉××县自然资源和规划局国土行政合同案

【案件基本信息】

1. 裁判书字号

(2019)浙06行终584号行政判决书

2. 案由：国土行政合同纠纷

3. 当事人

原告（被上诉人）：×力公司

被告（上诉人）：××县自然资源和规划局（以下简称自然资源局）

【基本案情】

2018年5月31日，××县土地储备中心与×力公司、××县××水库管理局分别作为甲、乙、丙三方，签订《××县国有土地使用权储备合同》一份。合同约定：甲方回收乙方、丙方使用的位于××街道××村的国有土地使用权，证载建筑面积共12585.77平方米（实测15003.8平方米），其中×力公司面积4248.89平方米，××水库管理局面积10754.91平方米。结合相关政策，核定储备土地面积为23887.78平方米，房屋和地上附着物建筑面积15003.8平方米。甲方应当支付乙方、丙方被回收的土地及地上建（构）筑物、设备搬迁补助等补偿费用。经中介机构评估确定，甲方应支付乙方本次储备补偿费用总金额为3822.0839万元。合同约定："经县政府同意，乙方在签订本收储合同并向县国土局

（储备中心）移交权证后由县国土局（储备中心）支付补偿金额的20%，待腾空验收后，凭腾空验收单支付剩余80%的尾款……所需资金由县水务集团拨付给县国土局（储备中心）”“乙方、丙方应当在2018年6月15日前撤离人员，腾空房屋”“乙方、丙方不按期交付回收的标的物，每逾期一天，按回收补偿费总额的万分之五支付违约金给甲方。甲方按该合同约定支付收储补偿费用。”

2018年2月12日，×力公司将土地使用证提交给储备中心。6月11日，将案涉房屋腾空并交付验收。6月15日，储备中心向×力公司支付补偿费用共计2800万元，剩余补偿费用1022.0839万元未付。回收案涉地块国有土地使用权所需资金由××县水务集团提供，而水务集团未足额拨付资金，致使储备中心无法按照合同约定支付剩余补偿费用。×力公司遂起诉，要求被告按照约定履行行政合同，支付剩余补偿款1022.0839万元，并赔偿逾期履行的利息损失。

【案件焦点】

1. 被告主体是否适格；2. 被告因第三方原因未按照约定履行合同义务是否合法；3. 被告是否需要承担原告的利息损失。

【法院裁判要旨】

一审法院经审理认为：土地储备中心未经法律、法规或者规章的授权，其实施的土地储备行为属于受委托的行为，公民、法人或者其他组织因此提起行政诉讼的，应当以其所隶属的土地管理部门为被告。因此，自然资源局系本案适格的被告。关于被告因第三方原因未按照约定履行合同义务是否合法，原告×力公司已经全面履行了行政协议约定的义务，而储备中心仅支付补偿费2800万元，余款至今未付，属于违约。同时，根据合同相对性原则，原告也只能向合同相对方即储备中心主张权利。《中华人民共和国国家赔偿法》规定了侵害当事人合法权益的应当赔偿直接损失，储备中心未依照行政合同约定全面履行付款义务，依法应当予以赔偿。

一审法院依照《中华人民共和国行政诉讼法》第七十八条第一款、《中华人民共和国国家赔偿法》第三十六条第一款第八项的规定，判决如下：

一、责令自然资源局继续履行《××县国有土地使用权储备合同》，在本判决生效之日起三十日内向×力公司支付土地储备补偿费共计1022.0839万元；

二、自然资源局赔偿×力公司上述补偿费自2018年6月11日起至实际付清之日止按照中国人民银行同期同档次贷款利率计算的利息损失。

自然资源局不服，提起上诉。二审法院经审理认为：根据《最高人民法院关于审理买卖合同纠纷案件适用法律问题的解释》等规定，即使水务集团未支付款项，储备中心仍需依照合同约定履行付款义务。因行政合同未明确违约金的计算方式，按照中国人民银行同期同档次贷款利率并无不当。

二审法院依照《中华人民共和国行政诉讼法》第八十九条第一款第一项之规定，判决如下：

驳回上诉，维持原判。

【法官后语】

关于本案被告主体是否适格，存在两种观点。一种观点认为，根据《土地储备管理办法》第一条第三项的规定，土地储备机构应为县级（含）以上人民政府批准成立、具有独立的法人资格、隶属于所在行政区划的国土资源主管部门、承担本行政辖区内土地储备工作的事业单位。即储备中心具有独立的法人资格，是本案适格的被告。另一种观点认为，《最高人民法院关于适用〈中华人民共和国行政诉讼法〉的解释》第二十条第三款规定："没有法律、法规或者规章规定，行政机关授权其内设机构、派出机构或者其他组织行使行政职权的，属于行政诉讼法第二十六条规定的委托。当事人不服提起诉讼的，应当以该行政机关为被告。”即土地储备机构只有法律、法规或者规章的授权才具有行政诉讼被告资格。《土地储备管理办法》系部门规范性文件，并非部门规章。土地储备中心未经法律、法规或者规章的授权，其实施的土地储备行为属于受委托的行为，公民、法人或者其他组织因此提起行政诉讼的，应当以其所隶属的土地管理部门为被告。因此，××县自然资源和规划局系本案适格的被告。我们采用第二种观点。虽本案不宜直接适用《最高人民法院关于审理涉及农村集体土地行政案件若干问题的规定》第五条①，但根据该司法解释精神，土地储备机构并非行政法意义上的适格被告。

因第三方原因导致行政机关无法履行行政合同不能阻却其继续履约的责任。行政协议具有行政性、合意性，行政机关在履行行政协议过程中要遵循行政法上的依法行政原则，也要遵循合同法上的诚实信用原则。原告×力公司按照行政合同约定上交国有土地使用证、腾空房屋交付验收，已经全面履行了行政协议约定的义务，而储备中心仅支付补偿费2800万元，余款未付，存在违约行为。被告将不按照协议约定履约的责任推至第三方××县水务集团，但××县水务集团事实上并非协议的签订一方，只是在付款方式上写明“所需资金由县水务集团拨付给县国土局（储备中心）”，并不能使××县水务集团产生直接的付款义务。同时，根据合同相对性原理，原告也只能向合同相对方主张权利。本案的审判思路，充分运用了民事法律原则及法律规范论述行政行为的违法性，体现了行政合同的双重属性。

司法实践中存在大量资金来源受制于第三方的行政协议，而第三方的履约责任并非来自行政合同本身，一般通过政府内部会议纪要等形式

---

① 《最高人民法院关于审理涉及农村集体土地行政案件若干问题的规定》第五条规定，土地权利人认为土地储备机构作出的行为侵犯其依法享有的农村集体土地所有权或使用权的，向人民法院提起诉讼的，应当以土地储备机构所隶属的土地管理部门为被告。

予以确定。一旦发生履约不能的情况，行政合同一方当事人提起行政诉讼，作为合同相对人的行政机关即负有履约责任，应当按照行政合同履行约定职责。确由第三方承担履约责任的，行政机关可以向第三方予以追偿。基于此，在行政合同签订之时，应当将实际履约方纳入合同之中，作为合同一方当事人存在，才能从真正意义上赋予其履约职责。

编写人：浙江省新昌县人民法院　张小玉

51

行政相对人要求变更行政协议条款须具备法定事由

——韩某诉××市××区人民政府房屋征收办公室行政协议案

【案件基本信息】

1. 裁判书字号

(2018) 京 03 行终 17 号行政判决书

2. 案由：行政协议纠纷

3. 当事人

原告（上诉人）：韩某

被告（被上诉人）：××市××区人民政府房屋征收办公室（以下简称××征收办）

【基本案情】

韩某与谷某乙系夫妻关系。2000 年 4 月 17 日，谷某乙取得房屋所有权证，将 322 号房屋登记在谷某乙名下。2000 年 5 月 19 日，谷某乙、韩某共同立下公证遗嘱，表示将 322 号房屋中属于其所有的份额留给谷某甲继承，后谷某乙去世。

2014年9月19日，××市××区人民政府发布《××市××区人民政府国有土地上房屋征收决定》（×政房征字〔2014〕第1号，以下简称《1号征收决定》），涉案房屋（以下简称322号房屋）在征收范围内。2014年9月24日，韩某向谷某甲出具授权委托书，确认谷某甲在322号房屋征收过程中全权代表韩某办理被征收房屋处置的相关事项；同日，韩某与谷某甲、张某甲共同提交定向安置房更名申请书，载明购房人为谷某甲、张某甲，同意变更后的安置房所有权人作为安置房购房人办理相关手续，即视为基于322号房屋征收选择定向安置房屋补偿方式涉及的安置房购买等事宜办理完毕等，并书写“安置房一套归张某甲所有，另一套安置房归谷某甲所有”。

2014年10月16日，谷某甲作为乙方被征收人谷某乙（已故，以下简称乙方）的代理人与××征收办签订原《322号协议书》，其中202号安置房登记在谷某甲名下，502号安置房登记在张某甲名下。2014年10月20日，××征收办向谷某甲支付剩余补偿款753611.3元；2016年11月25日，谷某甲提交定向安置房更名申请书，将购房人变更。其他内容未更改，落款日期仍为2014年10月16日，谷某甲在乙方处签字捺印；2016年12月14日，谷某甲、谷某丙及张某甲分别办理了安置房入住。

2015年11月20日，韩某向××征收办发送要求暂缓支付502号安置房购房款的请求，××征收办称已经支付完毕，不同意韩某的请求；2014年12月，韩某诉至法院要求撤销对张某甲的上述赠与，但法院判决驳回了韩某的诉讼请求。后韩某又诉至法院请求判令××征收办给付韩某502号安置房的购房款635200.74元。

【案件焦点】

1. 韩某所提诉讼请求的性质应如何认定；2. 韩某要求变更协议履行方式的诉讼请求是否应得到支持。

【法院裁判要旨】

一审法院经审理认为：502号安置房的购房款完成支付，韩某要求××征收办给付购房款缺乏事实根据；××征收办按《322号协议书》约定，扣减502号房屋的购房款并无不当。逾期签署安置房《商品房买卖合同》时，收回安置房的主动权在××征收办；张某甲办理完成502号房屋的入住手续，并无放弃购买502号房屋的意思表示；民事判决已经认定韩某对于张某甲就安置房的赠与已经完成权利转移，韩某无权撤销，其亦无权放弃对502号房屋的购买。

一审法院作出如下判决：

驳回原告韩某的诉讼请求。

韩某持原审起诉意见提起上诉。二审法院经审理认为：××征收办系××区人民政府确定的房屋征收部门，依据行政法规的授权负责其行政区域内的房屋征收与补偿工作，其具备与被征收人订立涉案征收补偿协议的行政主体资格。《322号协议书》由××征收办与被征收人韩某、谷某甲自愿签订，系双方的真实意思表示，不存在行政协议无效的情形。双方当事人均应按照《322号协议书》的约定履行协议内容。

（一）关于当事人诉讼请求性质及案由的认定

法院在审查当事人提出的诉讼请求及确定案由时，应当结合当事人的诉讼目的并综合案件事实对其诉讼请求的性质及案由予以认定。

1. 征收人与被征收人双方实际已经按照《322号协议书》约定的内容履行完成了各自的义务，协议已经履行完毕。故韩某以不履行协议义务为由提起本案诉讼缺乏相应的事实根据。

2. 韩某要求适用违约条款，选择货币补偿的请求缺乏协议条款依据。故，本案中韩某提出的诉讼请求在《322号协议书》中并无相应的协议条款与之相对应，本案并非适用要求行政主体履行行政协议这一案由，其诉讼请求的实质系要求法院支持其变更行政协议。

（二）关于韩某要求变更行政协议的诉讼请求是否应得到支持

行政协议的变更一般是指行政主体一方基于其享有的行政优益权，基于法定事由或为了公共利益的需要，可以单方决定变更行政协议。但因行政主体与行政相对人签订行政协议须经双方协商，意思表示一致，行政协议具有契约性质。故行政相对人提起变更行政协议之诉时，在适用行政法律规范的同时，可以适用不违反行政法和行政诉讼法强制性规定的民事法律规范对案件进行审查。韩某关于502号安置房与202号安置房限购部分面积的计算问题系被征收人一方家庭内部关于拆迁利益的分配问题，其要求变更涉案征收补偿协议履行方式的主张不属于《中华人民共和国合同法》第五十四条①规定的法定变更理由，故对于韩某要求货币补偿的诉讼请求，二审法院不予支持。

二审法院遂作出如下判决：

驳回上诉，维持原判。

【法官后语】

一、原告诉讼请求名为要求行政机关履行行政协议，实为行政相对人单方要求变更行政协议条款

《中华人民共和国行政诉讼法》所规定的行政协议争议大致分为两类：协议履行争议和协议单方变更、解除争议。不依法履行、未按照约定履行行政协议纠纷案件中，被审查的行政行为是行政机关不履行法定或约定职责的行为，法院应当对行政机关是否按照法律规定或者行政协议约定的期限、数额、方式、范围等要求全面履行职责义务进行审查。若行政机关未全面履行职责义务就会产生继续履行、赔偿损失等责任。本案中，韩某以××征收办不履行行政协议义务为由提起行政诉讼。但事实上，被征收人谷某甲已将被征收房屋腾空并交出房屋钥匙；××征收办亦已将两套安置房屋交与张某甲以及谷某甲父子并办理了入住手续，并将扣除购房款后的补偿款项交付谷某甲。涉案行政协议中征收人与被征收人双方实际已经按照协议约定的内容履行完成了各自的义务，协议已经履行完毕，不存在行政机关不履行征收补偿协议的情形。

---

① 对应《中华人民共和国民法典》第一百四十八条、第一百五十条、第一百五十一条。

韩某的诉讼请求系要求选择货币补偿方式。而协议中约定的货币补偿方式是指征收人一方在被征收人逾期签署《商品房买卖合同》时有权适用此规定，即出现违约情形时是否适用该条款的选择权在于行政机关一方。韩某因其家庭内部关于补偿利益的争议要求适用该条款以选择货币补偿方式不符合该条款的订立目的及约定内容，且显然有悖于法理和诚实信用原则。其提出的诉讼请求在涉案行政协议中并无相应的条款与之相对应，该诉讼请求的实质系要求法院支持其变更涉案行政协议的条款及征收补偿方式，属于要求变更行政协议。

二、行政相对人单方要求变更行政协议条款需有约定或法定事由

行政协议与民事合同的最大区别在于行政主体一方具有单方变更、解除合同的行政优益权。行政协议的变更一般指行政主体一方基于行政优益权，在协议继续履行将导致公共利益重大损失或因不可归责于双方当事人的原因发生情势变更，导致合同的基础动摇或丧失，继续维持合同原有效力可能导致显失公平等情形下变更协议。在司法审查中，法院主要对行政机关变更行政协议是否符合法律规定、协议约定的条件进行审查。因行政协议案件在适用行政法律规范的同时，可以适用不违反行政法和行政诉讼法强制性规定的民事法律规范对案件进行审查。民事合同中关于可变更、可撤销合同的有关规定同样适用于行政协议。因真实意思表示这一要素欠缺导致的合同可变更、可撤销在行政协议中同样存在，故行政相对人一方在符合条件的情况下亦可以起诉要求变更行政协议内容。本案中，行政相对人一方要求变更行政协议履行内容的理由系因其家庭内部对征收补偿利益分配产生的争议而引起，其要求变更行政协议履行条款的理由不符合《中华人民共和国民法典》规定的法定事由，亦不能对抗协议双方意思表示一致的约定，其合同变更权的行使基础不存在。在此情形下，行政相对人一方要求变更行政协议的请求不应得到支持。

编写人：北京市第三中级人民法院　胡林强

52

基础事实变动情况下房屋征收补偿协议效力的认定及履行

——王小某诉某区人民政府房屋征收办公室行政协议案

【案件基本信息】

1. 裁判书字号

（2020）京02行再5号行政判决书

2. 案由：行政协议纠纷

3. 当事人

原告（上诉人）：王小某（化名）

被告（被上诉人）：某区人民政府房屋征收办公室（以下简称某区征收办）

【基本案情】

某房屋为电力公司自管公房，原承租人王某于2015年1月5日去世，王某与吴某（2005年9月去世）系夫妻，二人育有七个子女：王小红、王小橙、王小黄、王小绿、王小某、王小蓝、王小紫（以上皆为化名）。2015年上述房屋被政府列为棚户区改造项目征收范围。2016年4月14日，原告王小某与物业公司签订《公有住宅租赁合同》。同年4月28日，某区征收办（甲方）与原告（乙方）签订《棚户区改造项目房屋征收补偿协议》（以下简称被诉征补协议）。主要内容为：甲方向乙方实际支付被征收房屋结算金额5231569.67元，乙方应在政府作出征收决定之日起十个工作日内，将被征收房屋腾空，并将被征收房屋

(含自建房屋)、设备、装修及附属物移交给甲方拆除。同年5月5日，王小某将房屋交予征收部门拆除。同年5月10日，物业公司出具《说明》，内容为："因4月22日物业公司为王小某开具的房屋租赁合同资料经核实有误、与实际情况不符，现请棚改办冻结作废，将其承租人更正为原承租户王某。"后被告某区征收办未发放相应的征收补偿款。

2017年8月9日，王小红、王小橙、王小黄、王小绿、王小蓝因继承纠纷起诉王小某、王小紫，一审法院于2019年6月28日作出(2017)京0102民初24154号民事判决书认为，依据房屋产权单位的意见，涉案房屋承租人更正为王某，据此，王小某不具有涉案房屋承租人地位，亦不具有被征收人的主体资格。涉案房屋的承租人为王某，故征收部门因房屋征收所给付的补偿，应视为王某承租权益的转化财产，作为王某遗产在本案中进行处理并无不妥；王某去世前未留有遗嘱，故其遗产应按照法定继承进行处理。故判决：原王某承租的公房被征收所取得的补偿款由原、被告共同继承、按份共有，每人享有款项份额的七分之一。王小某、王小紫不服，提起上诉，2019年8月27日，二审法院作出终审判决：驳回上诉，维持原判。

王小某认为，其作为本案的被征收人，在政府实施征收中积极配合拆迁和安置工作，但某区征收办在签订被诉征补协议后，至今未履行合同给付补偿款的义务。现其诉至法院，请求依法判令某区征收办履行被诉征补协议，支付补偿款5231569.67元。

【案件焦点】

1. 被诉征补协议效力如何认定；2. 涉案补偿款能否作为遗产进行分配。

【法院裁判要旨】

一审法院经审理认为：与传统单方行政行为不同，行政协议兼具行政性与协议性双重特点。人民法院对行政协议进行审查时，既要审查行为的合法性，也要审查行为的合约性。在合约性审查中更多的是要考虑合同双方当事人的合意，在不违背法律、法规强制性规定及不存在法定无效情形下，不可轻易否定协议效力。就本案而言，原告王小某在签订被诉征补协议时持有涉案房屋的《公有住宅租赁合同》，由于当时未购买涉案房屋，因此王小某以涉案房屋承租人的身份签订被诉征补协议符合法律规定，亦未侵犯国家、集体或其他合法权益。后来涉案房屋产权单位否定了原告的承租人地位，但王小某已将涉案房屋交付某区征收办方拆除，可视为其已经履行相应的交房腾房义务。同时，生效民事判决已基于产权单位关于承租人的认定，将涉案补偿款视为原承租人王某的遗产，由包括王小某在内的其他继承人共同继承。在此情况下否定被诉征补协议的效力，不利于维护已趋于稳定的征收补偿关系，对推进征收补偿工作、解决当事人纠纷并无益处。同时，否定协议效力容易形成"房屋征收部门可先行签订协议，解决腾房问题后再找理由否定协议效力"的误导，不仅有损被征收人合法权益，亦有悖将行政协议纳入行政诉讼受案范围的立法初衷。现生效民事判决已经认定原承租人王某的第一顺位继承人均有权继承补偿款项七分之一的份额，此时王小某的法律地位已从签订合同时公房承租人转变为公房承租人补偿款的继承人，涉案房屋的补偿款不变，只是王小某所占份额发生变化。此种情况下，某区征收办理应按照生效法律文书并结合本案实际情况给付相应的补偿款；庭审中某区征收办同意按照民事判决给付补偿款，对此法院不持异议。

一审法院依照《中华人民共和国行政诉讼法》第七十八条、《最高人民法院关于审理行政协议案件若干问题的规定》第十九条之规定，判决如下：

一、某区征收办向王小某支付 747367.1 元；

二、驳回王小某的其他诉讼请求。

王小某上诉称，一审判决否定了王小某承租人的身份，属于认定事实错误。二审法院经审理认为：本案中，涉案房屋属电力公司自管公房，该单位有权自主确定房屋承租人。产权单位撤销了王小某的承租人资格，确认涉案房屋的承租人变更回王某。王小某主张的公房承租人地位没有得到产权单位的认可。且现有生效民事判决认定，房屋征收补偿款为王某承租权益的转化，属于王某遗产，由其七个子女平均分配。据此，王小某的法律地位转变为公房承租人补偿款的继承人。现某区征收办同意依照民事判决履行被诉征收补偿协议，给付王小某七分之一份额的补偿款，不持异议。

二审法院依照《中华人民共和国行政诉讼法》第八十九条第一款第一项之规定，判决如下：

驳回上诉，维持一审判决。

【法官后语】

根据《国有土地上房屋征收与补偿条例》的规定，房屋所有权人为被征收人。在涉及公有房屋包括自管公房、直管公房征收时，通常采取的路径是承租人先行购买房屋（对价一般在补偿款中扣除），而后再以房屋所有权人的名义签订征收补偿协议。本案所涉及的核心问题在于征收补偿协议签订后，作为基础事实的公房承租人发生变动时，房屋征收补偿协议的效力如何认定及履行。

本案审理过程中存在较大争议。有观点认为，承租关系的确定是房屋补偿协议签订的基础，如果承租人发生变动，意味着被征收人错列，进而导致后续的征收补偿协议无效，否则将违反《国有土地上房屋征收与补偿条例》关于房屋所有权人的强制性规定。故本案应当确认协议无效并判决驳回原告的诉讼请求。本判决未采纳此种观点，而是综合考量各方利益，本着实质性化解行政争议的目的，尽量使协议效力存续并促进履行。

第一，从保护当事人权益的角度来看，本案原承租人已经去世，基于生效民事判决，其承租权所对应的征收补偿权益已作为遗产进行分割，对原告承租权的否定并不导致其作为继承人对征收补偿利益分配权的丧失。若完全否定协议效力，将使原告无法及时获得其本应享有的征收补偿利益。

第二，从规范征收补偿行为的角度来看，本案承租权属争议源于单位自有公房管理的问题，不可归责于房屋征收部门。不考虑责任归属而径行否定协议效力，将导致依法进行的征收补偿工作推倒重来，既有违行政效率原则，亦将征收补偿法律关系置于不稳定状态，削弱征收行为的公信力。同时，在原告已履行腾房义务的情况下否定征收补偿协议效力，将产生不良的导向作用，不利于督促行政机关谨慎立约、守诺履约。

第三，从实质解决争议的角度来看，本案行政争议由家庭内部继承纠纷转化而来，在继承份额已通过民事诉讼确定的情况下，行政法官应当尊重民事诉讼结果，并作出与之精神相一致的判决，方能捋顺民事、行政两种法律关系，使救济途径衔接顺畅、相互协调。本案为发回重审的案件，已另经民事两审，行政一审、二审及再审，诉讼时间长达五年。如本案否定协议效力，将再次导致争议悬而未决，使征收补偿款项的发放继续延宕，损害其他无异议继承人的合法权益，不利于行政争议的实质化解。

行政协议是现代行政管理活动的新方式，其合约性和意定性特点决定了行政协议较之传统的单方性、高权性的行政行为更灵活、更善于平衡各方利益。因此，法院对行政协议的效力应当审慎评价，尽可能促使协议有效履行。

编写人：北京市西城区人民法院　盛亚娟　曹实

53

行政机关能否单方就行政协议作出执行决定

——某金公司诉某市自然资源和规划局土地行政决定案

【案件基本信息】

1. 裁判书字号

（2020）浙03行终681号行政判决书

2. 案由：土地行政决定纠纷

3. 当事人

原告（上诉人）：某金公司

被告（被上诉人）：某市自然资源和规划局

【基本案情】

某区分局是某市自然资源和规划局的派出机构。2007年12月30日，某区分局（甲方）与原告某金公司（乙方）签订《国有土地使用权出让合同（工业）》及《〈国有土地使用权出让合同〉补充条款〈工业建设项目〉》。《国有土地使用权出让合同（工业）》约定，甲方出让给乙方的地块位于某工业区，面积为42163平方米，土地使用权出让年限为五十年，自合同签订之日起计算。土地用途为工业，该地块的土地总额为1264.89万元。《〈国有土地使用权出让合同〉补充条款〈工业建设项目〉》第三条约定“受让人除按照出让合同第十三条约定日期动工建设外，同意2009年10月30日前完成项目竣工验收。受让人按照出让合同第十三条约定提出延建申请，并经出让人同意延建的，则其项目竣工验收日期按批准延建的时间相应顺延”。第九条约定“受让人未按照出让合同补充条款第三条第一款约定日期或第二款约定延建日期完成项目竣工验收的，须向出让人支付相当于土地出让金总额10%的违约金”。出让合同签订后，原告办理了国有土地使用权登记，并进行了动工建设，但至今未完成项目竣工验收。鉴于原告存在竣工违约行为，某区分局于2019年3月8日作出《缴纳违约金通知书》，要求原告7日内缴纳竣工违约金126.489万元。原告拒绝签收通知书，某区分局于2019年4月22日在政府官方网站上公告送达缴纳通知。2019年7月22日，某区分局作出被诉行政决定，原告不服，提起本案诉讼。

【案件焦点】

被诉行政行为是否合法。

【法院裁判要旨】

一审法院经审理认为：行政协议是行政机关为了实现行政管理或者公共服务目标，与公民、法人或者其他组织协商订立的具有行政法上权利义务内容的协议。某区分局与原告某金公司签订的《国有土地使用权出让合同（工业）》及《〈国有土地使用权出让合同〉补充条款〈工业建设项目〉》符合行政协议本质特征，属于行政协议范畴。案涉出让合同系双方真实意思表示，合法有效。针对出让合同土地受让方违约的情况，在2015年5月1日修订的行政诉讼法施行前，土地管理部门通常以提起民事诉讼的方式行使权利。在修订的《中华人民共和国行政诉讼法》（以下简称《行政诉讼法》）实施后，土地管理部门已无法以提起民事诉讼的方式主张权利，故对于2015年5月1日之前订立的行政协议，可纳入行政诉讼的受案范围，根据行政诉讼法的规定，行政机关不能成为行政诉讼的原告。基于以上事实，在原告某金公司未按照协议约定履行义务的情况下，某区分局以行政决定书的形式向原告收取竣工违约金，并无不当。

行政协议作为一种行政手段，既有行政性又有协议性，人民法院审理行政协议案件，可以参照适用民事法律规范关于民事合同的相关规定。当事人可以约定一方违约时根据违约情况向对方支付一定数额的违约金，也可以约定因违约产生的损失赔偿额的计算方法。本案中，原告至今未完成竣工验收事实清楚，被告根据协议约定向原告收取违约金，符合法律规定及合同约定。《行政诉讼法》第七十五条规定："行政行为有实施主体不具有行政主体资格或者没有依据等重大且明显违法情形，原告申请确认行政行为无效的，人民法院判决确认无效。"故原告的诉请理由不足，不予支持。

一审法院依照《行政诉讼法》第六十九条的规定，判决如下：

驳回某金公司的诉讼请求。

二审法院同意一审法院裁判意见。

【法官后语】

一、本案是否属于行政诉讼受案范围

根据《最高人民法院关于审理行政协议案件若干问题的规定》第一条、第二条第三项的规定，行政机关为了实现行政管理或者公共服务目标，与公民、法人或者其他组织协商订立的具有行政法上权利义务内容的协议，属于《行政诉讼法》第十二条第一款第十一项规定的行政协议，如矿业权等国有自然资源使用权出让协议。案涉合同是市、县人民政府土地管理部门作为出让方将国有土地使用权在一定年限内让与受让方，受让方支付土地使用权出让金的协议，符合前述行政协议的特征，属于行政协议。《最高人民法院关于审理行政协议案件若干问题的规定》第四条第一款规定，因行政协议的订立、履行、变更、终止等发生纠纷，公民、法人或者其他组织作为原告，以行政机关为被告提起行政诉讼的，人民法院应当依法受理。本案中，被诉行政决定系因双方在案涉合同的履行中发生争议，被告行政机关为责令原告某金公司按照该合同的约定支付违约金而作出，故原告某金公司对被诉行政决定提起本案诉讼，系因行政协议的履行发生的纠纷，属于行政诉讼受案范围。

二、本案能否适用行政诉讼法及行政协议相关规定

《最高人民法院关于审理行政协议案件若干问题的规定》第二十八

条规定，2015 年 5 月 1 日后订立的行政协议发生纠纷的，适用行政诉讼法及本规定。2015 年 5 月 1 日前订立的行政协议发生纠纷的，适用当时的法律、行政法规及司法解释。本案中，案涉合同于 2007 年即 2015 年 5 月 1 日之前签订，按前述规定应当适用 2007 年的法律、行政法规及司法解释，但当时对行政机关单方就行政协议作出执行决定的行为没有作出规定，也没有可以参照的法律法规，因此选择适用与 2015 年 5 月 1 日之后订立的行政协议相同的规定，并无不当。

三、行政机关能否单方就行政协议作出执行决定

《最高人民法院关于审理行政协议案件若干问题的规定》第二十四条第一款规定，公民、法人或者其他组织未按照行政协议约定履行义务，经催告后不履行，行政机关可以作出要求其履行协议的书面决定。公民、法人或者其他组织收到书面决定后在法定期限内未申请行政复议或者提起行政诉讼，且仍不履行，协议内容具有可执行性的，行政机关可以向人民法院申请强制执行。原告对案涉合同系双方经合意签订以及约定的违约金内容均无异议，被告行政机关在原告行政协议相对人违约且经催告仍拒不按约定支付违约金的情况下，根据前述第二十四条的规定单方作出被诉行政决定，责令原告限期依约支付违约金，亦无不当。

编写人：浙江省温州市瓯海区人民法院　蔡新星

下编　刑事案例

一、贪污贿赂罪

本章导读

贪污贿赂罪是指国家工作人员或国有单位实施的贪污、受贿等侵犯国家廉政建设制度，以及与贪污、受贿犯罪密切相关的侵犯职务廉洁性的行为。贪污贿赂犯罪不仅严重侵犯了公共财产的所有权，而且侵犯了国家工作人员职务的廉洁性，妨害了国家的廉政建设制度。

我国刑法将贪污贿赂罪归为一类，主要是从反腐败的需要出发。惩治贪污、受贿犯罪，是我国现阶段反腐败斗争的重点，在刑法分则中将贪污贿赂罪列为专门一章，作为独立的类罪，并且明确贪污罪、受贿罪的定罪量刑标准以及贪污罪、受贿罪死刑、死缓及终身监禁的适用原则等，对于加强国家的廉政建设，强调依法从严惩治贪污贿赂犯罪，突出反腐败的打击重点，有效遏制职务犯罪，都具有积极的意义。

贪污贿赂罪共有十三个具体罪名。贪污犯罪分为贪污罪、挪用公款罪、巨额财产来源不明罪、隐瞒境外存款罪、私分国有资产罪和私分罚没财产罪；贿赂犯罪分为受贿罪、单位受贿罪、利用影响力受贿罪、行贿罪、对单位行贿罪、介绍贿赂罪、单位行贿罪。贪污、贿赂罪中，行为人不管是利用自己职务上的便利还是利用个人影响力，无论行事如何隐秘、手法如何“高明”，都难逃有关部门的审查，也必将在“夺取反腐败斗争压倒性胜利”的高压态势下原形毕露，受到法律严惩。

54

虚列开支挪用公款的行为是否应以贪污罪定罪处罚

——杨某贪污案

【案件基本信息】

1. 裁判书字号

(2019) 川 1824 刑初 47 号刑事判决书

2. 案由：贪污罪

【基本案情】

2017 年至 2019 年，被告人杨某利用担任××县医疗保险管理局、××县医疗保障局医疗保险基金出纳的职务之便，窃取并偷盖财务专用章，开具虚假业务委托书，以“支付基本医疗”“调账”等名义将医保基金转入其个人和前妻账户，用于打游戏、还高利贷、网贷及支付分手费。杨某将医保基金窃取后，将真实的银行对账单扫描成 JPG 图片文件后进行销毁，用图片处理软件将转账给自己和刘某的交易记录删除，并修改医保基金账户余额。之后，杨某将其制作的虚假银行对账单交给会计对账，以掩饰其窃取医保基金的犯罪事实。杨某窃取医保基金的金额共计 350 万元。

杨某及其辩护人对公诉机关指控的事实无异议，但认为杨某的行为属挪用公款，应以挪用公款罪定罪处罚。

【案件焦点】

虚列开支挪用公款的行为是否应以贪污罪定罪处罚。

【法院裁判要旨】

法院经审理认为：挪用公款罪侵犯的法益是公款的使用权，在主观上是以使用为主观目的而非以非法占有为目的，而贪污罪侵害的是公共财物的所有权，行为人是以非法占有为目的。被告人杨某将公款套出后，采取销毁真实凭证、以修改后的银行对账单平账，使其所窃取的公款在单位财务账目上难以反映出来，且其在窃取公款后将公款用于挥霍和支付分手费等开支。被告人杨某窃取公款时间长达一年以上，先后共窃取公款 40 次，并无归还公款的行为，由此可见，其在主观上并未有归还意识，其行为是以非法占有为目的，窃取公款为自己使用，因此，应以贪污罪对其定罪处罚。杨某身为国家工作人员，利用职务便利，侵吞、窃取公款，数额特别巨大，其行为已触犯刑律，构成贪污罪。

综上，法院依照《中华人民共和国刑法》第三百八十二条第一款，第三百八十三条第一款、第二款，第九十三条第一款，第六十七条第一款，第五十二条，第五十三条，第六十四条，第六十一条；《中华人民共和国监察法》第四十四条第三款；《最高人民法院、最高人民检察院关于办理贪污贿赂刑事案件适用法律若干问题的解释》第三条第一款、第十八条、第十九条第一款之规定，作出如下判决：

一、被告人杨某犯贪污罪，判处有期徒刑十一年，并处罚金 80 万元；（刑期从判决执行之日起计算。判决执行以前先行留置或羁押的，留置或羁押一日折抵刑期一日，即自 2019 年 4 月 4 日起至 2030 年 4 月 3 日止。罚金于本判决生效后十日内向法院缴纳。期满不缴纳的，强制缴纳。）

二、被告人杨某违法所得 350 万元予以追缴，上缴国库；（实际执行中应扣除已退缴部分。）

三、被告人杨某违法所得的利息 6000 元予以追缴，上缴国库；

四、扣押在案的作案工具 U 盘一个予以没收。

当事人未上诉，检察院未抗诉，该判决现已发生法律效力。

【法官后语】

挪用公款罪侵犯的直接客体是公款的使用权，在主观上是以使用为主观目的而非以非法占有为目的；贪污罪侵害的客体是公共财物的所有权，行为人是以非法占有为目的。两者手段相似、结果相同，但目的不同，《中华人民共和国刑法》规定的刑期也不同，因此在此类案件中，辩护人的辩护意见多认为应以挪用公款罪论处。我国刑法的基本理论之一就是主客观相统一，因此要对二者进行审慎区分。

在审理此类案件时，不能简单地定罪量刑。虽然《全国法院审理经济犯罪案件工作座谈会纪要》（2003 年 11 月 13 日）第四部分第八条挪用公款转化为贪污的认定中明确规定："……2. 行为人挪用公款后采取虚假发票平帐、销毁有关帐目等手段，使所挪用的公款已难以在单位财务帐目上反映出来，且没有归还行为的，应当以贪污罪定罪处罚……"已经以纪要的形式统一了认识，对此类行为以贪污罪论处。但是，此条文所规范的行为是挪用公款罪转化为贪污罪的行为，属于转化犯，其规范的是将公款挪用后再行平账、销毁账目等行为，则其最初犯意应为挪用公款的意识。而本案中，杨某是在为了打游戏、还高利贷、网贷及支付分手费的主观意识下，通过偷盖财务专用章、开具虚假业务委托书、虚列支出的方式将公款挪用出来，且其对自己的财务状况是十分清楚的，其犯罪之初就明知自己没有归还的能力，且实际上在长达一年的时间内也没有归还的行为，其最初犯意即为以占有为目的，根据主客观相统一原则，行为属于当然的贪污行为，而并非由挪用公款行为转化为贪污行为。虽然罪名和最终刑期一样，但是裁判理由却大不相同。

如果是转化犯，则可以直接以该会议纪要的条文为裁判说理的理由。如果其并非转化犯，在裁判说理部分引用该条文，则是明显的错误，不仅体现出办案人员认定事实的错误，更可能导致案件的发回和改判。因此，在审理的过程中应该综合全案的事实和证据进行审查。

在认定是挪用公款罪还是贪污罪时，应结合被告人的经济状况、犯罪期间、资金流、资金去向等综合性证据全面审查被告人的主观意图是否属于以非法占有为目的，判定被告人是不是挪用公款罪转化为贪污罪。

编写人：四川省雅安市中级人民法院　周恒旭

55

“合作投资型”受贿的认定

——须某受贿案

【案件基本信息】

1. 裁判书字号

（2019）苏02刑初19号刑事判决书

2. 案由：受贿罪

【基本案情】

须某于2003年至2017年，利用担任中共××市委常委、政法委书记，××市政协副主席、公安局局长等职务上的便利，为他人在企业经营融资、房产开发拆迁纠纷处置、承接工程项目、结算工程款项等方面谋取非法利益，先后收受薛某、任某、雷某的贿赂款共计2480万元。具体事实分述如下：

1. 2009年至2013年，须某利用担任中共××市委常委、政法委书记、××市政协副主席等职务上的便利，为薛某在×××创公司经营融资、房产开发拆迁纠纷处理等方面提供帮助，以资金周转需要借款、合作开办公司获取“利润”等名义，通过公司银行账户转账和收取现金的方式，收受薛某贿赂的1850万元。

2. 2003 年至 2017 年，须某直接或默许其母亲成某利用其担任中共××市委常委、政法委书记、××市公安局局长等职务上的便利，为任某在承接建筑工程、建筑工程款结算等方面提供帮助。2011 年，成某以购房、资金周转为由向任某借款 450 万元，2012 年还款 120 万元，余款 330 万元一直未归还。后任某向须某表示为感谢须某之前的帮助，余款 330 万元不需要归还，须某表示同意。

3. 2009 年至 2014 年，须某利用担任中共××市委常委、政法委书记、××市政协副主席等职务上的便利，为雷某在公司经营融资、承接工程等方面提供帮助，以购房需要借款的名义，通过银行账户转账的方式，收受雷某贿赂的 300 万元，购买了××市×建国际花园一处房屋。

【案件焦点】

国家工作人员出面筹集资金与他人“合作收购”公司股权，后由合作者代为偿还资金的，并在公司生产、经营中解决公司困难的，能否认定为与他人合作开办公司。

【法院裁判要旨】

法院经审理认为：薛某出于利用须某的职务之便能解决融资等问题，提出与须某一起合作收购×创公司，并许诺给予公司 50%的利润，须某亦明知薛某和其合作是为解决融资等，二人之间并非正常的“合作关系”。2009 年 7 月，须某利用职权向他人借款收购了该公司。在×××创公司的××城小区施工时，须某利用职权与相关人员打招呼解决拆迁纠纷等，且在小区施工资金紧张期间，多次向薛某“借款”，共计 1850 万元。故须某未实际参与公司的经营活动，利用其职权从中获取“利润”，其行为符合受贿罪的法律特征。须某身为国家机关工作人员，利用职务上的便利，非法收受他人财物，为他人谋取利益，数额特别巨大，其行为构成受贿罪，依法应予处罚。

法院依照《中华人民共和国刑法》第三百八十五条第一款、第三百八十六条、第三百八十三条第一款第三项和第二款、第九十三条第一款、第六十七条第一款、第六十四条，《中华人民共和国刑事诉讼法》第十五条、第二百零一条及《最高人民法院、最高人民检察院关于办理贪污贿赂刑事案件适用法律若干问题的解释》第三条第一款、第十二条、第十三条、第十五条、第十九条第一款，《最高人民法院关于处理自首和立功具体应用法律若干问题的解释》第一条之规定，作出如下判决：

一、被告人须某犯受贿罪，判处有期徒刑九年，并处罚金 40 万元；

二、××市监察委员会暂扣的被告人须某亲友代为退回的 500 万元，被告人须某亲友代为退回的 100 万元，用于购买案涉×建国际花园房屋的 300 万元及孳息予以没收，上缴国库。不足部分 1580 万元继续追缴，上缴国库。

一审宣判后，须某未提出上诉，该判决现已发生法律效力。

【法官后语】

本案争议焦点在于国家工作人员出面筹集资金与他人“合作收购”公司股权，后由合作者代为偿还资金，并在公司生产、经营过程中利用职务之便帮助解决公司经营困难的定性。笔者认为，本案中的行为构成“合作投资型”受贿罪。

一方面，国家工作人员以本人或者亲属及其他关系人员名义，与他人合作开办公司或者进行其他合作投资的，首先看其是否实际出资。如果国家工作人员实际出资，即使其未参与经营管理，也不能认定为受贿罪，因为根据《中华人民共和国公司法》“谁出资，谁受益”的原则，公司股东享有投资收益权。

具体到本案，2009 年，薛某获悉×××创公司欲转让其子公司及名下地块的消息后，认为该地块开发项目有利可图，但其无资金和资质开发该地块，遂邀请须某共同合作开发，并事先约定各占公司 50%股份。须某负责出面处理融资收购股权的前期事宜。同年 7 月，薛某与×××创公司签订收购协议，股东登记为薛某和须某宇（须某的弟弟，帮须某代持公司股份）。同年 8 月，须某向曾受过其职权帮助的诸某明等人借款

3000万元，从须某宇的公司借款450万元，共计3450万元认购该公司全部股权，后由薛某负责开发该地块。同年11月，薛某作为该公司法定代表人，用公司的土地向银行抵押贷款3000万元，归还须某之前的借款3000万元。2010年，薛某归还须某宇公司450万元借款及利息50万元。可见，须某借得的3450万元款项全部由薛某负责归还，须某筹集的资金实为帮助薛某借款，实际的出资人是薛某，须某仅为名义出资。

另一方面，国家工作人员在名义出资的情况下，是否构成受贿罪，需要考察其是否参与公司的管理、经营；是否在公司中实际履行组织、领导、监督、管理等职责，承担投资风险；参与管理、经营行为是否独立于其职务，系额外的体力、智力的付出。因为国家工作人员与他人合作投资时，其身份兼具国家公职人员和民事投资主体的双重性。如果在合作投资中其利用职务上的便利为合作投资者及投资项目获得便利条件、解决纠纷，实际是利用职务便利为他人谋取利益，行为人的“参与管理、经营”不再具有独立性，也就不被法律认可。

本案中，不能认定须某参与×××创公司的实际管理、经营。原因有：(1) 须某未实际参与×××创公司业务的经营管理。根据现有证据，须某与挂名股东须某宇均未实际参与×××创公司案涉地块的开发、管理和销售，地块的开发完全由薛某独自推进。(2) 须某不具备参与×××创公司经营管理的独立性。在×××创公司面临涉嫌抽逃出资，开发拆迁纠纷处置、小区通道封闭等问题时，须某利用其职务之便出面与他人打招呼，解决上述问题，利用的不是其普通的股东身份和智力、体力的付出，而是利用其地方领导职务或地位形成的便利条件，通过本人或其他国家工作人员的职务行为为×××创公司和薛某谋利，该行为不属于正常的市场经营行为范畴，不能认定为参与公司管理、经营。

综上所述，须某对×××创公司既无实际出资，也未实际参与管理、经营，其从中索取钱款的行为应当认定为受贿罪。

编写人：江苏省无锡市中级人民法院　楼炯燕　蔡连德　袁红玲

56

村干部在拆迁诈骗类案件中是否利用职务便利的认定

——黄某、董某斌诈骗、非国家工作人员受贿案

【案件基本信息】

1. 裁判书字号

（2019）京刑终115号刑事判决书

2. 案由：诈骗罪、非国家工作人员受贿罪

【基本案情】

被告人黄某自2007年8月始任××市××区××乡×××村党支部书记，其间曾任××市××区××乡城乡一体化领导小组下设××乡金融园区拆迁腾退工作办公室后勤保障组负责人；自2010年4月始任××市××区××乡东村党支部书记。2009年，在××市××区××乡城乡一体化拆迁腾退过程中，被告人黄某伙同上诉人董某斌抢建房屋、虚增房屋面积及附属物数量，骗取腾退补偿补助款共计1202.38万元，其中黄某实际分得946.38万元，董某斌实际分得256万元。

2008年至2014年，被告人黄某利用担任××市××区××乡×××村党支部书记、××市××区××乡东村党支部书记的职务便利，为周某、杜某、李某等人在承揽乡村建设工程、申请拆除违章建筑补偿、土地租赁等事项提供帮助，多次收受周某等人给予的钱款共计130万元。

公诉机关认为，被告人黄某作为受国家机关委托代表国家机关行使职权的组织中从事公务的人员，在协助乡政府负责××乡金融园区土地储备

项目拆迁腾退工作过程中，伙同他人骗取国家拆迁补偿资金，数额特别巨大，其行为已经构成贪污罪，被告人董某斌构成贪污罪的共犯。被告人黄某作为村党总支书记，利用其管理村集体事务的职务便利，为他人谋取利益并非法收受财物，数额巨大，其行为已构成非国家工作人员受贿罪。

被告人黄某辩称公诉机关指控其贪污拆迁补偿款的行为应当构成职务侵占罪；被告人董某斌辩称其不知道也没有参与黄某在其租赁的集体土地抢建房屋。

被告人黄某的辩护人的辩护意见是，被告人黄某不具有国家工作人员身份，其与被告人董某斌骗取国家拆迁补偿款的行为应认定为职务侵占罪；被告人董某斌的辩护人的辩护意见是，被告人董某斌未与黄某串通，仅是帮助黄某贪污拆迁补偿款，应认定为从犯。

【案件焦点】

村干部在协助政府进行土地征收管理过程中，通过抢栽抢建、虚构地上物面积等手段骗取拆迁补偿款的行为构成贪污罪还是诈骗罪。

【法院裁判要旨】

一审法院经审理认为：被告人黄某作为村基层组织人员协助人民政府从事土地征收、征用补偿费用的管理工作，利用职务便利单独并伙同被告人董某斌骗取国家拆迁补偿资金，数额特别巨大，其行为已构成贪污罪；被告人黄某还作为其他单位的工作人员利用职务便利，非法收受他人财物，为他人谋取利益，数额巨大，其行为已构成非国家工作人员受贿罪。据此，依照《中华人民共和国刑法》的相关规定，作出如下判决：

被告人黄某犯贪污罪，判处有期徒刑十一年，罚金50万元；犯非国家工作人员受贿罪，判处有期徒刑五年；决定执行有期徒刑十二年，罚金50万元；被告人董某斌犯贪污罪，判处有期徒刑三年，罚金20万元。

一审宣判后，被告人董某斌不服，以量刑过重为由提出上诉。

二审法院经审理认为：原审被告人黄某伙同上诉人董某斌以非法占有为目的，虚构事实、隐瞒真相，骗取国家拆迁补偿资金，数额特别巨大，其行为均已构成诈骗罪；同时黄某身为村基层组织人员，利用管理村集体事务工作的职务便利，为他人谋取利益，非法收受他人财物，数额巨大，其行为已构成非国家工作人员受贿罪。依照《中华人民共和国刑法》的相关规定，作出如下判决：

一、撤销（2018）京03刑初142号刑事判决。

二、原审被告人黄某犯诈骗罪，判处有期徒刑十一年，并处罚金20万元；犯非国家工作人员受贿罪，判处有期徒刑五年；决定执行有期徒刑十二年，并处罚金20万元。

三、上诉人董某斌犯诈骗罪，判处有期徒刑三年，缓刑五年，并处罚金6万元。

【法官后语】

本案系一起村干部在协助政府进行拆迁工作的过程中，通过抢栽抢建、虚构地上物面积等行为骗取拆迁补偿款的典型案例。区分该行为构成贪污罪还是诈骗罪，关键在于村干部在骗取拆迁补偿款的过程中是否利用了职务便利。可以从以下几个方面综合认定：

一、被告人的主体身份

根据《全国人民代表大会常务委员会关于〈中华人民共和国刑法〉第九十三条第二款的解释》的规定，村民委员会等村基层组织人员协助人民政府从事下列行政管理工作，属于刑法第九十三条第二款规定的“其他依照法律从事公务的人员”……（四）土地征用补偿费用的管理……

在××区土地储备非住宅拆迁腾退工作中，被告人黄某作为村党支部书记，担任拆迁腾退办公室内设的后勤保障组的负责人，负责对村民和宅基地进行核实确认，并提供给拆迁公司、评估公司相关证明材料及相关联系组织工作。因此，黄某作为村基层组织人员，其在协助政府从事土地征收、征用补偿费用的管理工作时具有国家工作人员身份。

二、被告人的职务范围

贪污罪在客观上要求国家工作人员利用职务便利，侵吞、窃取、骗取或者以其他手段非法占有公共财物。最高人民法院发布的指导案例11号（杨某虎等贪污案）明确指出，贪污罪中的“利用职务上的便利”，是指利用职务上主管、管理、经手公共财物的权力及方便条件，既包括利用本人职务上主管、管理公共财物的职务便利，也包括利用职务上有隶属关系的其他国家工作人员的职务便利。不是任何利用职务上的便利非法占有公共财物的行为都能成立贪污罪，只有当国家工作人员现实地对公共财物享有支配权、决定权，或者对具体支配财物的人员处于领导、指示、支配地位，进而利用了职务上的便利的，才能认定为贪污罪。否则，只能认定为盗窃、诈骗等罪。

根据××市××区××乡人民政府拆迁腾退办公室提供的书证材料，拆迁补偿款由资金结算组负责发放，而黄某的职务范围并不包括主管、管理、经手拆迁补偿款，因此，黄某在本案中不具有管理、经手拆迁补偿款的职务便利。

三、被告人骗取钱款的手段及方式

本案中董某斌系涉事土地的承租人，承租协议真实有效，二人虚构的事实主要涉及房屋的合法性、房屋面积及树木的数量和种类。二人能够成功骗取拆迁补偿款主要通过两个手段：一是以非法占有为目的，在征地公告发出后抢建房屋；二是通过指使负责非住宅入户调查、评估的人员虚报房屋面积、附属物种类和数量，进而骗取了拆迁腾退补偿款。从“抢栽抢建、虚构地上物面积等行为”本身来看，该行为并没有利用黄某作为国家工作人员的职务便利。因此，该骗取拆迁补偿款的手段行为并非利用职权进行的组织行为，而是黄某、董某斌的个人行为。

综上，在认定村干部是否利用了职务便利骗取拆迁补偿款时，要结合村干部主体身份、是否具有管理经手钱款的职责及便利条件、骗取钱款的手段及方式等几个方面来认定。当村干部并非利用管理、经手拆迁补偿款等职务便利骗取公共财物时，其行为构成诈骗罪，而非贪污罪。

编写人：北京市第三中级人民法院　马新健　张元元

57

套取公私财物后部分用于公务支出的性质认定

——董国某等贪污、受贿、行贿案

【案件基本信息】

1. 裁判书字号

（2018）京刑终182号刑事判决书

2. 案由：贪污罪、受贿罪、行贿罪

【基本案情】

1. 2005年，被告人董国某利用其担任××市文化设施建设管理中心（以下简称设施中心）主任的职务便利，以支付“宿舍楼维修费”的名义骗取单位公款人民币84万余元（以下币种均为人民币），用于个人购买甲小区1号院8号楼1902室房屋，后使用虚假开具的发票用于单位平账。案发后，该房产已被查封。

2. 2006年至2007年，被告人董国某伙同被告人高岭某、被告人焦守某，利用董国某担任设施中心及××市文化局机关事务管理服务中心（以下简称服务中心）主任的职务便利，签订虚假协议，以支付物业费、供暖费、工地接管费等名义分四次套取单位公款共计224万余元，并将上述钱款转入三名被告人控制的××乙文化发展有限公司（以下简称乙公司）账户，后将部分款项用于支付供暖费、物业费和保安费，剩余159万余元被三名被告人非法占有。

3. 2007年至2012年，被告人董国某伙同王立某（已判刑），利用董国某担任设施中心主任的职务便利，虚构设施中心与××丙商贸有限责任公司（以下简称丙公司）存在合作投资的事实，伪造“投资协议书”和“投资款收据”等材料，后董国某以归还上述投资款的名义，骗取单位公款283万余元，转入王立某控制的丙公司账户并非法占有，其中部分赃款用于董国某购买丁小区9号楼2层3单元202室房产。案发后，该套房产已被查封，王立某向司法机关退缴赃款36万元。

4. 2001年至2006年，被告人董国某利用其担任设施中心主任的职务便利，为被告人焦守某承揽文化局及相关单位的工程项目提供帮助，董国某于2003年向焦守某索要现金30万元，用于其子董某购买戊小区31号楼1门601号房屋。案发后，该套房产已被查封。

5. 2008年至2009年，被告人董国某利用其担任服务中心主任的职务便利，为己公司承包××市文化局下属单位物业管理项目提供帮助，并以代为销售外国化妆品的名义，向该公司负责人王立某多次索要现金共计12万元。

2016年6月20日，被告人董国某被抓获归案。同年12月27日，被告人高岭某、焦守某被查获归案。案发后，部分贪污、受贿赃款已追缴。

【案件焦点】

贪污贿赂犯罪中，行为人套取公私财物后，将部分财物用于公务支出的情况下其行为性质、犯罪数额如何认定。

【法院裁判要旨】

一审法院经审理认为：被告人董国某单独或伙同被告人高岭某、焦守某贪污数额共计527万余元、受贿数额共计42万元，被告人高岭某、焦守某参与贪污159万余元，焦守某向董国某行贿30万元。

被告人董国某身为国家工作人员，单独或伙同被告人高岭某、焦守某，利用董国某职务上的便利，非法侵吞公款，其三人的行为均已构成贪污罪，其中董国某犯罪数额特别巨大，高岭某、焦守某犯罪数额巨大，依法均应予惩处；被告人董国某身为国家工作人员，利用职务上的便利，索取他人财物，其行为亦构成受贿罪，且数额巨大，依法亦应予惩处，董国某所犯受贿罪应与其所犯贪污罪数罪并罚；被告人焦守某为谋取不正当利益，给予国家工作人员财物，其行为已构成行贿罪，依法应予惩处，焦守某所犯行贿罪应与其所犯贪污罪数罪并罚。××市人民检察院第一分院指控被告人董国某犯贪污罪、受贿罪、被告人高岭某犯贪污罪、被告人焦守某犯贪污罪、行贿罪的事实清楚、证据确实、充分，指控罪名成立。对于公诉机关指控董国某所犯挪用公款罪，因事实不清、证据不足，本院不予认定。董国某向他人索贿，依法应当从重处罚；董国某到案后如实供述自己的罪行，并主动交代办案机关未掌握的其他贪污事实，对其所犯贪污罪可以从轻处罚，对于被告人董国某的辩护人所提董国某揭发、检举他人犯罪，具有立功情节的辩护意见，因董国某揭发、检举他人犯罪的事实未查证属实，无法认定为立功，本院不予采纳。鉴于高岭某经检察机关电话传唤到案，如实供述自己的罪行，具有自首情节，且在案发后退缴部分违法所得，依法可对其从轻处罚。鉴于焦守某经检察机关电话传唤到案，如实供述自己的罪行，具有自首情节，在贪污犯罪中起次要、辅助作用，系从犯，且在一审审理期间退缴部分违法所得并缴纳罚金，依法对其所犯贪污罪减轻处罚，对其所犯行贿罪从轻处罚，并适用缓刑，对于被告人焦守某的辩护人所提相关辩护意见，本院酌予采纳。据此，依照 1997 年修订的《中华人民共和国刑法》第三百九十条；《中华人民共和国刑法》第十二条第一款，第三百八十二条，第三百八十五条第一款，第三百八十三条第一款第二项和第三项、第二款，第三百八十六条，第三百八十九条，第二十五条第一款，第二十七条，第六十七条第一款、第三款，第五十二条，第五十三条第一款，第六十九条，第七十二条第一款，第七十三条第二款、第三款，第六十一条，第六十四条及《最高人民法院关于适用财产刑若干问题的规定》第五条之规定，判决如下：

一、被告人董国某犯贪污罪，判处有期徒刑十一年，并处罚金人民币五十万元；犯受贿罪，判处有期徒刑三年六个月，并处罚金人民币二十万元，决定执行有期徒刑十三年六个月，并处罚金人民币七十万元；

二、被告人高岭某犯贪污罪，判处有期徒刑四年，并处罚金人民币三十万元；

三、被告人焦守某犯贪污罪，判处有期徒刑二年，并处罚金人民币二十万元；犯行贿罪，判处有期徒刑一年，决定执行有期徒刑二年六个月，缓刑三年，并处罚金人民币二十万元；

四、在案查封的房产的变价所得款与在案扣押的现金，发还××市文化局或者予以没收，剩余部分退回××市人民检察院第一分院处理；不足部分，责令被告人董国某、高岭某、焦守某继续退赔，发还××市文化局或者予以没收。

董国某、高岭某以一审认定事实有误且量刑过重为由提起上诉。

二审法院经审理认为：一审法院根据上诉人董国某、高岭某和原审被告人焦守某犯罪的事实、性质、情节和对于社会的危害程度所作的判决，事实清楚，证据确实、充分，定罪正确，审判程序合法，唯未认定高岭某具有从犯的法定情节导致对高岭某量刑不当，依法予以改判。据此，本院依照1997年修订的《中华人民共和国刑法》第三百九十条第一款；《中华人民共和国刑法》第十二条第一款，第三百八十二条第一款、第三款，第三百八十三条第一款、第二款、第三款，第三百八十五条第一款，第三百八十六条，第三百八十九条第一款，第二十五条第一款，第二十七条，第六十七条第一款、第三款，第五十二条，第五十三条第一款，第六十九条第一款、第三款，第七十二条第一款、第三款，第七十三条第二款、第三款，第六十四条；《中华人民共和国刑事诉讼法》第十五条，第二百三十六条第一款第二项及《最高人民法院、最高人民检察院关于办理贪污贿赂刑事案件适用法律若干问题的解释》第二条第一款，第三条第一款，第七条第一款，第十六条第一款，第十八条，第十九条第一款之规定，判决如下：

一、维持（2017）京01刑初86号刑事判决的第一项、第三项、第四项；

二、撤销（2017）京01刑初86号刑事判决的第二项；

三、上诉人高岭某犯贪污罪，判处有期徒刑三年，缓刑三年，并处罚金人民币三十万元。

【法官后语】

本案一审裁判过程中，对于行为人在贪污犯罪中套取财物后部分用于公务支出情况下的犯罪数额认定问题，一种观点认为，根据《最高人民法院、最高人民检察院关于办理贪污贿赂刑事案件适用法律若干问题的解释》（以下简称《解释》）第十六条第一款的规定："国家工作人员出于贪污、受贿的故意，非法占有公共财物、收受他人财物之后，将赃款赃物用于单位公务支出或者社会捐赠的，不影响贪污罪、受贿罪的认定，但量刑时可以酌情考虑。"故本案第二起事实中224万元应当全部认定为贪污犯罪数额，乙公司实际支出的供暖费、物业费和保安费可作为量刑情节予以考虑；另一种观点认为，在个案处理中，公务支出是否作为犯罪数额予以认定应当按照该司法解释体现出的主客观相一致的原则具体分析。对于在申请款项之初即明确知道该钱款中的相应部分需要用于支付特定款项无法占为已有，且在约定的时间内实际用于支付所述事项的情况下不宜计入犯罪数额，需要结合案情具体分析。

一审法院对于公诉机关指控的第二起事实中，实际用于公务支出的款项未予认定为犯罪金额，即乙公司成立后，董国某和高岭某将设施中心、服务中心及文化局账户内的224万余元钱款转入乙公司账户，其中该公司实际支付了供暖费、物业费和保安费，其余钱款被三名被告人非法占有。公诉机关认为，根据《解释》第十六条第一款的规定："国家工作人员出于贪污、受贿的故意，非法占有公共财物、收受他人财物之后，将赃款赃物用于单位公务支出或者社会捐赠的，不影响贪污罪、受贿罪的认定，但量刑时可以酌情考虑。"故该笔224万元按此规定应当全部认定为贪污犯罪数额，乙公司实际支出的60余万元可作为量刑情节予以考虑。

然而，本案中如果割裂犯罪的主客观方面进行分析，仅凭套取公款的行为即作出有罪评价，显然不符合立法本意。《解释》第十六条强调了出于贪污、受贿的主观故意非法占有公共财物、收受他人财物，之后又对公私财物进行了意志下的处分。从主观方面分析，董国某等人以支付物业费、供暖费、保安费等公务支出的名义超出实际情况申请公款，在申请该款项之初即明确知道该钱款中的相应部分需要用于支付物业费、供暖费、保安费，无法占为己有；在客观方面，该钱款经过上级部门批准，拨付到位后，在合同约定的时间内实际用于支付所述事项，上述过程不具有隐蔽性，付款事实与实际业务发生的时间一致。综合该60余万元的申请、使用情况，董国某三人对于该款项主观上没有非法占有目的，客观上用于与申报事项相符的用途，故未将上述款项计入贪污数额。

编写人：北京市第一中级人民法院　吴迪　张之

58

犯意联络松散的互相帮助共同犯罪的认定

——史连某、赵克某贪污案

【案件基本信息】

1. 裁判书字号

（2017）京03刑初103号刑事判决书

2. 案由：贪污罪

【基本案情】

××市××区××河某号楼1104室原系××海关的房产，于1998年分配给××海关工作人员吴某居住，同年进行了房改，××海关将1104室房屋以人民币45147元的价格出售给吴某，并办理了产权证。后吴某调到海关总署工作，海关总署重新为其调整分配了住房，吴某遂将1104室腾退后交给海关总署，后该房屋的材料和钥匙一直由时任海关总署机关服务中心机关资产处处长的被告人史连某保管。2011年4月26日，被告人史连某利用其担任机关资产处处长的职务之便，在被告人赵克某的帮助下，将其实际控制的1104室擅自过户到其个人名下，房产交易约定成交价格为人民币42.78万元。后史连某将该房屋无偿交给其朋友岳某居住，直至2014年10月30日，岳某以史连某的名义将该房屋出售给他人，所获售房款人民币142万元均归岳某所有。

××市××区×花园某号楼502室原系海关总署自建的房产，后分配给工作人员陆某居住。1999年，海关总署以人民币97087元的价格将该房屋出售给陆某，并办理了产权证，性质为已购公房。2009年，海关总署根据陆某的申请，将同样户型和面积的×花园某号楼201室调换给陆某，陆某同时将502室腾退，后该502室被海关总署调换给××海关，用于给职工分配住房，但因种种原因，××海关对该房产一直未分配，该房产的钥匙和资料由机关资产处负责保管。被告人赵克某在任××海关行政处房管科科长期间，知道有一套海关总署给××海关的房产一直尚未分配给他人的情况，遂于2010年下半年，主动找到被告人史连某，提出自己想要这套房子。史连某利用其担任机关资产处处长的职务便利，在未经请示海关总署领导，亦未向××海关通报的情况下，擅自将502室的钥匙和相关材料交给赵克某，并在2011年帮助赵克某办理了该房屋的入住手续。后赵克某于2011年4月26日将该房屋过户到其妻子褚某名下，房产交易时约定的成交价格为人民币85.67万元。

2015年，海关总署在对自有住房进行清查、核对时，发现陆某名下有502室和201室两套住房，遂开始进行调查，后赵克某主动向海关总署坦白了其将502室登记到其妻子褚某名下的事实，并于2015年5月27日向海关总署上交了502室的房产证及钥匙。

2016 年 10 月 9 日，被告人史连某、赵克某经电话通知到案。

一审审理期间，被告人史连某要求岳某退缴涉案房款，后岳某将人民币 159.46 万元退缴至法院。

【案件焦点】

被告人赵克某与史连某是否具有共同的犯罪故意及意思联络，是否共同实施了犯罪行为，二人是构成贪污罪的共同犯罪还是各自利用了自己的职务便利分别非法占有 502 室和 1104 室。

【法院裁判要旨】

法院经审理认为：对于被告人史连某、赵克某及各自辩护人所提二被告人不构成贪污罪的共同犯罪的辩解和辩护意见，经查，经庭审举证、质证并予以确认的书证、证人证言及史连某、赵克某的供述等证据能够证实，赵克某伙同史连某，利用史连某担任海关总署机关服务中心机关资产处处长的职务便利，擅自将由机关资产处负责保管的相关房产手续取出后，在赵克某的帮助下，通过伪造公证书、委托书等虚假文书的方式，指派史连某的妹夫周某冒充房屋所有权人，将 1104 室过户到史连某名下，将 502 室过户到赵克某妻子褚某名下。史连某、赵克某为达到将各自所控制的房产据为己有的目的，相互联系，相互配合，共同完成侵吞公共财物的行为。故史连某、赵克某的辩解及其各自辩护人的辩护意见，缺乏事实和法律依据，不予采纳。

被告人史连某、赵克某身为国家工作人员，利用职务上的便利，共同侵吞公共财物，数额巨大，其行为均已构成贪污罪，依法应予惩处。鉴于被告人史连某在案发后积极退缴全部房款及其收益，认罪、悔罪态度好；被告人赵克某在没有受到办案机关调查之前，主动向组织交代全部犯罪事实，并及时将涉案房产退回单位，具有自首情节，且认罪、悔罪态度好；同时考虑到被告人史连某、赵克某在各自侵吞涉案房屋的过程中互为帮助，并非共同占有，犯意联络较为松散，虽然应当对贪污总数额承担责任，但在量刑时应当予以体现。故综合以上情节，对被告人史连某可酌予从轻处罚，对被告人赵克某可依法从轻处罚，并均适用缓刑。被告人史连某于2014年将1104室出售给他人后所得的收益，应作为非法所得予以没收。

法院依照《中华人民共和国刑法》第三百八十二条第一款和第三款、第三百八十三条第一款第二项、第二十五条第一款、第二十六条第一款和第四款、第六十七条第一款、第七十二条第一款和第三款、第七十三条第二款和第三款、第五十二条、第五十三条、第六十四条及《最高人民法院、最高人民检察院关于办理贪污贿赂刑事案件适用法律若干问题的解释》第二条第一款、第十九条第一款之规定，作出如下判决：

一、被告人史连某犯贪污罪，判处有期徒刑三年，缓刑三年，并处罚金人民币二十万元；

二、被告人赵克某犯贪污罪，判处有期徒刑三年，缓刑三年，并处罚金人民币二十万元；

三、在案扣押被告人史连某退缴的人民币一百五十九万四千六百元，其中，人民币四十二万七千八百元发还海关总署；人民币九十九万二千二百元予以没收，上缴国库；人民币十七万四千六百元冲抵被告人史连某的罚金。

宣判后，公诉机关未抗诉，被告人均未上诉，判决已生效。

【法官后语】

二被告人系犯意联络松散的互相帮助犯罪行为，虽然犯意联络松散，但能够证明二被告人主观上具有侵吞国有资产的共同故意，客观上共同实施了贪污的行为，系共同犯罪。

表面看来，被告人史连某对502室没有非法占有的目的，也没有从502室谋取任何利益，其仅是将本来就属于××海关的房产交给××海关的赵克某，史连某实际非法占有的是1104室；被告人赵克某对于史连某非法占有1104室没有事先预谋，仅仅是帮助史连某介绍了可以办理过户的中介公司，赵克某实际非法占有的是502室。似乎二人只是各自利用了自己的职务便利分别非法占有1104室和502室，其行为的交叉之处仅在于通过同一个中介公司完成过户手续。

但实际上，二被告人主观上具有侵吞国有资产的共同故意，又互相实施了具有共同犯罪意义上的帮助行为，应共同对贪污1104室和502室的行为负刑事责任。二人对于涉案1104室和502室系国有资产是明知的，对于对方无权将房屋过户到自己名下、通过非法手段予以过户的行为系贪污犯罪行为亦是明知的，仍互相帮助对方将二处房产予以侵吞。史连某在明知被告人赵克某因为单位调房问题心理不平衡，想将502室据为己有、且赵克某并不负责××海关房屋管理的情况下，依然将502室的相关手续交给赵克某用于办理过户，为赵克某贪污502室的行为提供了帮助，这种放任心态和行为，不能仅以滥用职权或玩忽职守来评价；赵克某在明知史连某想将1104室据为己有的情况下，依然帮助史连某联系能够办理该事宜的中介，如果没有该特定中介的作用，在房屋实际所有人并不能真正到场的情况下，史连某不可能办理完成过户手续，该作用并非一般普通中介所能够达成的，赵克某对于史连某侵吞1104室的行为所起到的帮助作用并非简单的“介绍中介”，而是对于史连某的贪污犯罪实施了帮助犯罪行为。在两起贪污行为中，二人互为主从犯，虽然互相对于对方为主犯的贪污对象没有非法占有，但不影响其帮助对方非法占有的意图和行为。

二被告人为达到将各自所控制的房产据为己有的目的，相互联系，相互配合，在各自侵吞涉案房屋的过程中互为帮助，利用被告人史连某的职务便利将房产相关手续拿到手后，隐瞒所在单位，在被告人赵克某的帮助下，通过伪造公证书、委托书等虚假文书的方式，在房屋所有权人不在场的情况下，由史连某的妹夫周某冒充房屋所有权人，共同完成侵吞公共财物的行为。虽然二人并非共同占有，犯意联络较为松散，仍应当对贪污总数额承担责任。

编写人：北京市第三中级人民法院　钟欣　王硕

59

“借款型”受贿案件的认定

——欧爱某受贿、巨额财产来源不明案

【案件基本信息】

1. 裁判书字号

(2017) 湘09刑初9号刑事判决书

2. 案由：受贿罪、巨额财产来源不明罪

【基本案情】

2007年至2011年，被告人欧爱某在担任××宾馆党委书记、总经理期间，利用职务之便，帮助××甲房地产开发有限公司总经理冯均某承接项目。冯均某以××甲房地产开发有限公司的名义承接了××宾馆住宅安置项目，以××市建设工程集团有限公司（以下简称××建工集团）名义承建了××宾馆二号楼、公寓楼土建工程以及二栋宿舍楼工程。冯均某为感谢欧爱某的帮助，于2009年至2013年，共出资80.22万元为欧爱某及其亲属装修四套房屋，并送给欧爱某28万元现金，欧爱某均予以收受。被告人欧爱某及其辩护人认为收受冯均某28万元应当认定为借款。

【案件焦点】

欧爱某收受冯均某28万元是否应当认定为借款。

【法院裁判要旨】

法院经审理认为：被告人欧爱某及其辩护人关于收受冯均某28万元，应当认定为借款的意见，经查，证人冯均某的该28万元最初是交给欧爱某交付装修款，但欧爱某没有向冯均某公司交纳装修款，冯均某

表示不再收回，欧爱某没有反对，事后也一直没有还给冯均某，同时欧爱某的供述及妻子彭德某的证言也能证实该28万元冯均某表示无须归还，故该28万元已变为了馈赠，欧爱某对该款的占有变成了受贿。被告人欧爱某及其辩护人提出的该意见不成立，本院不予采纳。

法院依照《中华人民共和国刑法》第三百八十五条第一款、第三百八十六条、第三百八十三条第一款第二项及第二款、第三百九十五条第一款、第六十七条第三款、第六十九条第一款及第三款、第六十四条①，《最高人民法院、最高人民检察院关于办理贪污贿赂刑事案件适用法律若干问题的解释》第二条第一款、第十九条第一款之规定，作出如下判决：

一、被告人欧爱某犯受贿罪，判处有期徒刑七年六个月，并处罚金人民币五十万元；犯巨额财产来源不明罪，判处有期徒刑二年；决定执行有期徒刑八年六个月，并处罚金人民币五十万元；

二、对被告人欧爱某的违法所得及其巨额财产来源不明罪的财产差额予以追缴，上缴国库。

宣判后，被告人欧爱某没有提起上诉。

【法官后语】

当前贿赂型职务犯罪高发、多发的现象日趋显著，且行受贿手段越来越具有隐蔽性。最高人民法院出台的《全国法院审理经济犯罪案件工作座谈会纪要》规定了国家工作人员利用职务上的便利以借为名向他人索取财物或者收受财物谋取不正当利益的认定可以通过分析行为人主客观诸要素进行综合判断，实际上就是以司法解释的形式确认了刑事推定可以运用于此类犯罪的认定中。上述纪要对“以借为名”受贿案件的认

---

① 本案适用的是当时有效的《中华人民共和国刑法》（2017年修正），《中华人民共和国刑法》2020年修正后，第六十四条、第六十七条第三款、第六十九条第一款及第三款、第三百八十三条第一款第二项及第二款、第三百八十五条第一款、第三百八十六条、第三百九十五条第一款内容没有变化。

定，作了如下规定：具体认定时，不能仅看是否有书面借款手续，应当根据以下因素综合判定：(1) 有无正当、合理的借款事由；(2) 款项的去向；(3) 双方平时关系如何、有无经济往来；(4) 出借方是否要求国家工作人员利用职务上的便利为其谋取利益；(5) 借款后是否有归还的意思表示及行为；(6) 是否有归还的能力；(7) 未归还的原因；等等。

针对本案，欧爱某与冯均某并无经济上的往来，虽冯均某的该28万元最初是交给欧爱某交付的装修款，且欧爱某没有向冯均某公司交纳装修款，冯均某表示不再收回，欧爱某也没有归还的意思和行为，所以该28万元虽名为借，但实际上已变为送，欧爱某对该款项的占有变成了受贿。

综上，认定以借为名的受贿犯罪，须结合具体个案事实与证据，从以上七个方面进行关联性分析研究，从而得出相应的判断结论。需要说明的是，上述七个方面的认定要点仅是提出了揭示受贿犯罪行为本质特征的司法认定途径，结论性的认定应当建立在确实、充分的证据证明基础之上。

编写人：湖南省益阳市中级人民法院　彭轶欧

60

交易型受贿行为的交易时间及受贿中的“明显”不合理差价的认定

——赫国某受贿案

【案件基本信息】

1. 裁判书字号

(2017) 京0108刑初443号刑事裁定书

2. 案由：受贿罪

【基本案情】

被告人赫国某于1993年3月至2010年4月担任××市政管理处桥通所主任，负责××市辖区内桥梁、通道的维修、养护。2004年至2009年间，陈某（已判决）担任法定代表人的××甲建筑分包有限责任公司及陈玉某（未起诉）担任法定代表人的××市乙市政工程抢险队在桥通所承接了多项市政养护工程。查明：2008年3月间，被告人赫国某借购买轿车之机，以购车款的形式收受陈某给予的人民币20万元。2008年7月间，被告人赫国某以人民币400万元的价格向陈玉某出售房屋一套。经鉴定，该套房产同期市场价格为人民币3518058元，差价为人民币481942元。

综上，被告人赫国某受贿数额为人民币681942元。被告人赫国某于2016年5月11日被传唤到案，在侦查机关已掌握线索的情况下如实供述了上述犯罪事实。公诉机关移送扣押的赃款人民币15万元。在审理阶段，赫国某的家属退缴531942元，现扣押在案。

【案件焦点】

1. 如何认定交易型受贿行为的交易时间；2. 如何认定交易型受贿中的“明显”不合理差价。

【法院裁判要旨】

法院经审理认为：被告人赫国某身为国家工作人员，利用职务上的便利，非法收受他人财物，为他人谋取利益，数额巨大，其行为已构成受贿罪，应予惩处。人民检察院指控被告人赫国某犯受贿罪的两起事实清楚，证据确凿，指控罪名成立，但另一起指控事实不能成立，本院依法予以纠正。经查：根据赫国某的供述、陈玉某的证言及辩护人提交的证据，在2004年年底至2005年年初的这段时间，赫国某已与陈玉某达成了房屋交易的共识，并且陈玉某在2005年2月前已实际交付房屋给赫国某，赫国某进行装修后实际占有该房屋，因此应以2005年2月作为陈玉某将房屋给予赫国某的时间点，双方此后支付房款、完成过户手续等行为，仅是对房屋交易事实的进一步确认，并不影响交易时间点的确认。故认定赫国某构成受贿，亦应以此时间点作为评估涉案房屋价值的依据。根据我院委托作出的评估鉴定意见，涉案房屋 2005 年 2 月的鉴定价格为 117 万余元，与双方实际交易价格 115 万元基本相当，不宜认定赫国某在此次房屋交易过程中赚取了差价，故法院对检察机关指控的第一起事实不予认定。

针对辩护人所提房屋的买卖价格仅高于鉴定价格的 13.7%，不能认定为明显不合理高价的意见，经查，判断是否属于明显不合理价格不应仅参照差价比例，亦应参照差价金额。本案赫国某出售该房屋的价格已高于房屋实际价值 40 余万元，数额巨大，差价明显，故该起事实应以交易形式受贿予以认定。

被告人赫国某在办案机关采取调查措施期间，如实交代办案机关掌握的线索所针对的事实，依法不认定为自首。但鉴于其如实供述犯罪事实，有较好的悔罪态度，且已退赔全部违法所得，故本院依法对其从轻处罚。

法院依照《中华人民共和国刑法》第三百八十五条第一款，第三百八十六条，第三百八十三条第一款第二项，第五十三条第一款，第六十七条第三款，第六十四条，作出如下判决：

一、被告人赫国某犯受贿罪，判处有期徒刑三年，罚金人民币二十万元。

二、在案扣押人民币六十八万一千九百四十二元予以没收。

【法官后语】

本案在审理中涉及两个难点：第一，如何认定交易型受贿行为的交易时间；第二，如何认定交易型受贿中的“明显”不合理差价。

交易型受贿的犯罪数额按照交易时市场价格与实际支付价格的差额计算，交易时间的确定直接影响差价计算中的一个变量，故该时间点的认定是交易型受贿犯罪数额认定的核心问题。一般来说，正常的房屋交易流程是签订合同、支付房款、房屋转移占有等，几个步骤在时间上紧密相连，此时交易时间以签订合同、付房款的时间认定即可。但部分交易型受贿行为中，交易房屋并不符合正常的市场交易规则，因此在交易时间、交易价格等方面呈现违背正常交易逻辑的现象。例如本案，在2004年年底至2005年年初的这段时间，赫国某已与陈玉某达成了房屋交易的共识，并且陈玉某在2005年2月前已实际交付房屋给赫国某，赫国某进行装修后实际占有该房屋，但完成房屋交易手续是在三年之后的2008年左右，事实上占有房屋与完成房屋转移手续之间存在数年的时间差。房屋作为大宗交易商品，不仅涉及钱款数额巨大，而且因时间变化而产生的震荡幅度较大，因此，交易时间的确定对确定犯罪数额至关重要。对于达成交易意向房屋转移占有在先、签订合同支付房款在后，且时间相距甚远的情况，以哪个时间点作为交易时间存在争议。一种观点认为，以法律上完成房屋所有权转移为准，即以签订合同、支付房款的时间认定，这样做也符合民法上房屋买受行为的规定；另一种观点认为，以事实上完成房屋转移占有为准，即以达成交易意向、房屋转移占有的时间认定。本案中，我们采纳了第二种观点，主要基于以下两点考虑：第一，从刑法理论上看，取得财物即为受贿罪的既遂，达成房屋交易意向并转移占有即为受贿既遂，之后支付房款、完成过户等行为，是对房屋交易的进一步确认，于理有据；第二，从犯罪事实上看，以赫国某事实上占有房屋作为认定受贿行为的时间点更加客观公正，不仅能够以当时的标准评价当时的行为，而且避免进入房屋价格大幅震荡这一法外因素成为犯罪数额决定性因素的怪圈，符合事实逻辑。如果我们以法律上完成房屋所有权转移手续作为认定交易时间点，则给了行受贿双方自主选择权，受贿人事实上占有房屋后可以选择房价较低时完成过户手续，从而降低了犯罪数额，甚至极端情况下，双方没有完成转移所有权的手续，就会造成无法确定犯罪数额的后果，法律就给了犯罪人可乘之机。

基于上述几点因素，同时本着有利于被告人的原则，以赫国某事实上占有房屋作为认定交易时间的标准，并依此时间点所做的鉴定价格认定受贿数额。最终鉴定价格与交易价格基本相当，因此我们对公诉机关起诉的该起事实不予认定。

《最高人民法院、最高人民检察院关于办理受贿刑事案件适用法律若干问题的意见》规定了交易形式受贿的三种情形，包括以明显低于市场价格购买和以明显高于市场价格出售，该意见对于“明显”一词未作明确界定。有意见认为应参照《最高人民法院关于适用〈中华人民共和国合同法〉若干问题的解释（二）》[①] 第十九条第二款规定，转让价格达不到交易时交易地指导价或者市场交易价百分之七十的，或者转让价格高于当地指导价或者市场交易价百分之三十的，一般可以视为明显不合理价格。我们认为刑事应有别于民事标准，判断交易价格是否属于明显不合理价格，不能仅以差价比例来认定，而应将差价比例与差价绝对值两个因素综合考虑。尤其是涉及房屋等大宗商品交易时，即便较小的差价比例也会造成巨大的差价数额，只以其中一个因素作为考量的标准是片面的。即使差价比例较低，但是差价金额较大，特别是差价数额已经达到定罪量刑标准的，亦应视为“明显”不合理差价。正如本案中，房屋的买卖价格虽仅高于鉴定价格的13.7%，但该售价已高于房屋实际价值40余万元，应当认定为“明显”不合理差价，符合交易型受贿的规定。

编写人：北京市海淀区人民法院　樊强　高曼洁

---

① 根据《最高人民法院关于废止部分司法解释及相关规范性文件的决定》，该司法解释已于2021年1月1日起失效。

61

公职人员收受超过法律保护限度的借款利息如何定性

——刘某受贿案

【案件基本信息】

1. 裁判书字号

(2017) 云0112刑初1279号刑事判决书

2. 案由：受贿罪

【基本案情】

2012年6月至2014年6月，被告人刘某在甲市挂职副市长期间，利用分管教育部门工程建设项目审批、款项拨付等职务上的便利，为乙市甲建工集团有限公司项目经理赵建某（男，46岁）在承建甲市校舍安全工程方面提供帮助，并收受其分三次给予的人民币30000元、10000欧元（折合人民币80160元）和8800美元（折合人民币54022.82元），款项均用于被告人刘某的个人消费。

2013年7月3日，被告人刘某在甲市挂职副市长期间，利用分管相关工作的职务便利，将人民币500000元通过承建甲市校舍安全工程的甲市第二建筑工程公司项目经理彭某（男，45岁）出借给他人，并分别于2013年7月29日收取利息60000元，2014年1月9日收取本息共计560000元。

另查明，2016年12月26日，丙市××区人民检察院反贪污贿赂局接到丙市人民检察院交办的刘某涉及有关经济问题的线索，经检察长批准展开初查。2017 年 5 月 3 日丙市××区人民检察院反贪局干警到云南省人大常委会将刘某通知到检察院接受询问，刘某如实交代了自己的犯罪事实。同年 5 月 5 日，丙市××区人民检察院对刘某涉嫌受贿罪一案立案侦查。同年 5 月 10 日，被告人刘某向丙市××区人民检察院上缴受贿暂扣款人民币 335221 元。

【案件焦点】

1. 关于被告人刘某将 500000 元经由彭某出借给他人后收取的 120000 元利息的定性以及本案犯罪数额的认定；2. 被告人刘某的行为是否成立自首。

【法院裁判要旨】

法院经审理认为：（一）关于被告人刘某将 500000 元经由彭某出借给他人后收取的 120000 元利息的定性以及本案犯罪数额的认定。

本院认为，根据最高人民法院有关司法解释的规定，在有利息约定且不存在超利率约定自愿支付利息的情况下，民间借贷中受法律保护的借款年利率为不超过 24%。本案中，被告人刘某将人民币 500000 元经由彭某借给他人，半年时间收取利息 120000 元。根据上述司法解释的规定，刘某收取的利息已超出受法律保护以上利息 60000 元。对该 60000 元的性质，经查，刘某与彭某基于彭某在刘某分管的教育领域做校安工程而结识，刘某之所以敢借 500000 元给彭某，且不怕承担风险，主要是考虑到其在工程资金拨付等方面的职权对彭某做工程形成制约，在此背景下，刘某敢收取受法律保护以上的利息 60000 元，彭某亦实际支付了此高额利息，并按时退还本金，双方此行为过程体现的是权钱交易，即权力的制约与寻租。故就该 60000 元超额利息，性质应定性为贿赂款，并计入本案被告人刘某的受贿犯罪数额。

（二）关于本案其他量刑情节。

公诉机关提出被告人刘某具有自首情节，理由是被告人刘某在未被采取强制措施的情况下就到检察机关接受询问，如实交代了自己的犯罪事实。对此，本院认为，根据《最高人民法院、最高人民检察院关于办理职务犯罪案件认定自首、立功等量刑情节若干问题的意见》第一条的规定：……没有自动投案，在办案机关调查谈话、讯问、采取调查措施或者强制措施期间，犯罪分子如实交代办案机关掌握的线索所针对的事实的，不能认定为自首……本案中，被告人刘某并未主动投案，其在被检察机关调查谈话时，检察机关已掌握其收受赵建某、彭某贿赂的线索，故控辩双方提出的被告人刘某具有自首情节，不能成立，被告人刘某属于在提起公诉前如实供述自己的罪行。控辩双方提出被告人刘某具有退赃情节，查证属实。

综上，被告人刘某作为国家机关工作人员，利用职务上的便利，非法收受他人财物，为他人谋取利益，数额共计折合人民币224182.82元，其行为已构成受贿罪。

云南省丙市××区人民法院鉴于被告人刘某在提起公诉前如实供述自己的罪行、真诚悔罪、积极退交全部涉案赃款，避免、减少损害结果的发生，根据《中华人民共和国刑法》第三百八十五条第一款、第三百八十六条、第三百八十三条、第七十二条第一款及第三款、第七十三条第二款及第三款、第五十二条、第五十三条、第六十四条，《最高人民法院、最高人民检察院关于办理贪污贿赂刑事案件适用法律若干问题的解释》第二条第一款、第十九条第一款之规定，作出如下判决：

一、被告人刘某犯受贿罪，判处有期徒刑三年，缓刑三年，并处罚金人民币200000元；

二、扣押在案赃款人民币224182.82元予以没收并上缴国库。

【法官后语】

受贿罪，是指国家工作人员，利用职务上的便利，索取他人财物，或者非法收受他人财物并为他人谋取利益的行为。

受贿罪的犯罪对象为财物，但不局限于现金及具体物品，也包括财产性利益。虽然直接收受他人数额较大的金钱为他人谋取利益是最典型的受贿形式，但近年来随着经济社会的发展，收受贿赂的形式多种多样，新的受贿类型层出不穷。比如，以交易形式受贿，低买或者高卖；收受干股；以合作投资名义受贿；以委托理财名义受贿；以赌博形式受贿；“挂名”取酬；收受房产、汽车等未办理权属变更等。上述受贿形式越来越隐蔽，给案件侦办、审理带来很大障碍。

与上述列举的受贿形式相比，本案以借贷收息的形式收受贿赂，更加“别出心裁”，给案件的定罪量刑带来较大考验。从民法上考量，我国并不禁止公民之间进行借贷，民间借贷在实践中广泛发生，我国仅对民间借贷的利率有一定限制。对此，1991 年出台的《最高人民法院关于人民法院审理借贷案件的若干意见》（已失效），其中第六条规定：“民间借贷的利率可以适当高于银行的利率，各地人民法院可根据本地区的实际情况具体掌握，但最高不得超过银行同类贷款利率的四倍（包含利率本数）。超过此限度的，超出部分的利息不予保护。”2012 年，最高人民法院民一庭出具的《建立和完善我国民间借贷法律规制的报告》，仍提出“无论以何种形式表现，借贷本金所有的借期收益和逾期收益，均应当以银行同期同类贷款基准利率 4 倍为限。超过部分或冲抵本金，或不予保护，应把握此限进行计算和重新调整”。2015 年 9 月 1 日起施行的《最高人民法院关于审理民间借贷案件适用法律若干问题的规定》（以下简称《规定》）第二十六条规定“借贷双方约定的利率未超过年利率 24%，出借人请求借款人按照约定的利率支付利息的，人民法院应予支持。借贷双方约定的利率超过年利率 36%，超过部分的利息约定无效。借款人请求出借人返还已支付的超过年利率 36%部分的利息的，人民法院应予支持。”第三十一条规定：“没有约定利息但借款人自愿支付，或者超过约定的利率自愿支付利息或违约金，且没有损害国家、集体和第三人利益，借款人又以不当得利为由要求出借人返还的，人民法院不予支持，但借款人要求返还超过年利率 36%部分的利息除外。”前述《规定》于 2020 年历经两次修正。2021 年 1 月 1 日施行的新《最高人民法院关于审理民间借贷案件适用法律若干问题的规定》第二十五条①规定："出借人请求借款人按照合同约定利率支付利息的，人民法院应予支持，但是双方约定的利率超过合同成立时一年期贷款市场报价利率四倍的除外。前款所称'一年期贷款市场报价利率'，是指中国人民银行授权全国银行间同业拆借中心自2019年8月20日起每月发布的一年期贷款市场报价利率。"由此可见，在本案审理期间，按照当时的法律规定，民间借贷不超过24%的年利率是法律明确予以保护的。

就本案来看，表面上，被告人刘某和彭某的口供均表示二人之间是委托借贷关系，双方亦有资金转账记录。但综合全案证据考量，双方案发前不存在亲属关系或其他密切关系，无任何经济往来；双方委托借款的背景发生在刘某担任甲市分管教育的副市长，彭某在刘某分管的领域做工程期间，二者之间具有职务上请托与被请托的基础；被告人刘某庭审中表示其敢将500000元这笔数额不小的款项在无任何担保的情况下拿给彭某出借主要是考虑到其职务对彭某有制约关系，彭某亦在借款当月即预支一半利息，并在半年后如数还本付息。综合上述分析，合议庭认为，即便我国民法不禁止民间借贷，但被告人刘某与借款人之间，在约定有委托借款利息且不存在借款人超过利率约定自愿支付利息的情况下，按照审理时的法律规定标准，刘某收取的超过24%年利率的利息共计60000元，实际体现的是权力的制约与寻租关系，应依法认定为受贿数额。

编写人：云南省昆明市西山区人民法院　孟阳

---

① 本案适用的是当时有效的《最高人民法院关于审理民间借贷案件适用法律若干问题的规定》（2015年施行）第二十六条，2021年1月1日施行的《最高人民法院关于审理民间借贷案件适用法律若干问题的规定》（第二次修正）第二十五条将法律依法保护的利率由年利率不超过24%调整为一年期贷款市场报价利率四倍。

62

特定关系人收受财物是否构成犯罪

——侯国某受贿案

【案件基本信息】

1. 裁判书字号

（2018）川 1802 刑初 220 号刑事判决书

2. 案由：受贿罪

【基本案情】

2008 年，被告人侯国某被抽调到××市××区征地拆迁领导小组办公室工作，主要负责办公室财务管理工作和协助日常事务管理工作。被告人侯国某与杨定某于 2008 年 5 月 12 日登记结婚。杨定某于 2006 年 6 月起先后任××市××区××镇党委书记、××市××区规划和建设局局长、××市城市管理行政执法局××分局局长、××市××区交通运输局局长、××市××区人民政府副区长。2010 年至 2012 年，姚某、叶某、杨某为感谢被告人侯国某在房屋拆迁过程中给予的关照，共计送给侯国某现金 9 万元。2009 年至 2015 年，王某、牟某某、任某某、杨某、李某某、屈某、李某为感谢杨定某给予的关照并想与其搞好关系，送给或变相送给侯国某现金共计 74 万元。事后，侯国某均告知了杨定某。案发后，侯国某接到电话通知后到案，到案后如实交代了为案机关已掌握的共同受贿事实和未掌握的个人受贿事实，被告人侯国某的家属代为退缴全部违法所得。

庭审中，被告人侯国某对起诉书指控的事实无异议，辩护人提出侯国某收受王某送给的2万元、牟某某送给的2万元、屈某、李某通过少收取购房款方式送给的47万元，属于正常的人情往来，均不应认定为受贿；收受任某某送给的2万元，侯国某没有阻止杨定某受贿的义务，收受李某送给的6万元系借款，不应认定为受贿。对侯国某收受牟某某送给的5万元、杨某送给的10万元构成受贿罪没有异议，但侯国某在被立案追诉前已经退出，且在共同受贿中系从犯，请求在量刑时予以考虑。被告人侯国某具有自首、积极退赃、从犯等情节，请求对侯国某判处缓刑。

【案件焦点】

利用自身特殊身份收受别人钱款能否认定为受贿罪。

【法院裁判要旨】

法院经审理认为：被告人侯国某身为国家机关工作人员，利用其从事征地拆迁管理工作职务上的便利条件，为他人谋取利益，非法收受他人现金9万元；被告人侯国某的丈夫杨定某（另案处理）在担任××市××区××镇党委书记、××市××区规划和建设局局长、××市城市管理行政执法局××分局局长、××市××区交通运输局局长、××市××区人民政府副区长期间为他人谋取利益，侯国某收受他人送给或变相送给的现金74万元，数额巨大，其行为构成受贿罪。侯国某具有坦白情节，案发后退缴全部违法所得。

法院依照《中华人民共和国刑法》第三百八十五条第一款、第三百八十六条、第三百八十三条第一款第二项、第二十五条第一款、第六十七条第三款、第六十四条，《最高人民法院、最高人民检察院关于办理贪污贿赂刑事案件适用法律若干问题的解释》第二条第一款、第十三条第一款、第十五条第一款、第十九条第一款之规定，作如下判决：

一、被告人侯国某犯受贿罪，判处有期徒刑三年六个月，并处罚金二十万元；

二、追缴被告人侯国某违法所得九万元，上缴国库。

宣判后，被告人侯国某在法定期限内没有提出上诉，判决已经发生法律效力。

【法官后语】

《中华人民共和国刑法》第三百八十五条第一款规定，国家工作人员利用职务上的便利，索取他人财物的，或者非法收受他人财物，为他人谋取利益的，是受贿罪。被告人侯国某作为国土资源局工作人员被抽调从事征地拆迁的相关工作期间，利用职务上的便利条件，为拆迁户谋取利益，收受拆迁户给予的现金9万元，符合受贿罪特殊主体的要求，利用职务之便实际为他人谋取了房屋拆迁方面的利益，并收受了他人财物，其行为已构成受贿罪。王某、牟某某、任某某、杨某、李某某、屈某、李某等人不是被告人侯国某的管理、服务对象，侯国某的职务、工作职责也不能为上述人员谋取利益，他们送给或变相送给侯国某现金，是为了感谢侯国某的丈夫杨定某在工程建设等方面给予的关照，并想与杨定某搞好关系，希望继续得到杨定某的关照，杨定某也实实在在为他们谋取了利益，并能继续为他们谋取利益。因此，侯国某的行为与杨定某构成共同受贿。

在办案机关已经掌握侯国某与杨定某共同受贿的犯罪事实，并已立案调查，侯国某接电话通知到案后如实供述了自己的全部罪行，根据《最高人民法院、最高人民检察院关于办理职务犯罪案件认定自首、立功等量刑情节若干问题的意见》的规定，没有自动投案，在办案机关调查谈话、讯问、采取调查措施或强制措施期间，犯罪分子如实交代办案机关掌握的线索所针对的事实的，不能认定为自首，但可认定为坦白。根据《中华人民共和国刑法》第六十七条第三款的规定："犯罪嫌疑人虽不具有前两款规定的自首情节，但是如实供述自己罪行的，可以从轻处罚；因其如实供述自己罪行，避免特别严重后果发生的，可以减轻处罚。"故可对被告人侯国某从轻处罚。辩护人提出侯国某系自首的辩护意见不成立。

辩护人提出侯国某收受王某等人送给的现金属于正常人情往来，不应认定为受贿的辩护意见，经查，王某、牟某某、屈某、李某均在从事相关工程施工或其房屋涉及拆迁，送钱给侯国某是为了感谢杨定某给予的关照并想与杨定某搞好关系，希望今后得到杨定某更多的关照，是权钱交易的体现，故其辩护意见不成立；辩护人提出侯国某收受李某送给的6万元系借款，不应认定为受贿的辩护意见，经查，李某的证言与杨定某的证言证实在李某送给侯国某6万元前后，杨定某多次为李某提供帮助，李某的证言与侯国某的供述均证实双方是以借款之名，行受贿之实，实质为权钱交易，故其辩护意见不成立；辩护人提出侯国某收受任某某送给的现金2万元，侯国某没有阻止杨定某受贿的义务，经查，任某某送2万元给侯国某事前与侯国某电话联系，并相约在茶楼见面，然后在茶楼送给侯国某2万元，故其辩护意见不成立；辩护人提出侯国某在共同受贿中系从犯、请求判处缓刑的辩护意见，经查，行贿人送钱给侯国某事前并没有与杨定某进行过联系，直接与侯国某联系并将现金送给侯国某，收受的款项也是侯国某用于家庭支出，二人在共同受贿中作用相当，不宜区分主从，且受贿数额巨大，严重侵害了国家工作人员职务廉洁性，不宜适用缓刑。

综观杨定某受贿的犯罪事实，其受贿数额绝大部分是其妻侯国某收受的，侯国某收受钱物后均告知了杨定某，杨定某均予以默许。根据《最高人民法院、最高人民检察院关于办理贪污贿赂刑事案件适用法律若干问题的解释》第十六条第二款的规定，特定关系人索取、收受他人财物，国家工作人员知道后未退还或者上交的，应当认定国家工作人员具有受贿故意。因此，杨定某与侯国某构成共同受贿。

编写人：四川省雅安市雨城人民法院　李树文

63

请托人利用国家机关工作人员自身地位或职权产生的间接影响，通过其他国家工作人员职务上的行为谋取不正当利益的，请托人是否构成行贿罪

——陈仕某行贿、受贿案

【案件基本信息】

1. 裁判书字号

（2018）闽05刑终567号刑事裁定书

2. 案由：行贿罪、受贿罪

【基本案情】

1. 行贿部分

被告人陈仕某伙同陈子某（另案处理）、苏洁某（已判决）于2013年年底至2014年年初，在××市××镇区某项目工程招投标中，为确保中标，经预谋由陈子某出面找到时任××市自来水公司经理、党支部书记黄硕某（另案处理），由黄硕某利用其地位形成的便利条件通过分管市政建设管理的时任××市××镇党委委员、纪委书记洪宝某职务上的行为，使得被告人陈仕某及陈子某、苏洁某中标该项目，后由陈子某出面贿送黄硕某30万元，再由三人按照约定的股份比例分摊费用。

2. 受贿部分

被告人陈仕某于2009年至2015年上半年，利用担任××市消防大队××中队中队长、××市消防支队司令部战训科副营职参谋的职务便利，收受洪建某、吴文某等6人17次送款共计10.2万元，并为送款人谋取利益。

【案件焦点】

国家机关工作人员间没有职务上的隶属或制约关系，请托人利用国家机关工作人员自身地位或职权产生的间接影响，通过其他国家工作人员职务上的行为谋取不正当利益的，请托人是否构成行贿罪。

【法院裁判要旨】

一审法院经审理认为：被告人陈仕某为谋取不正当利益，伙同他人给予国家工作人员钱财共计 30 万元，其行为已构成行贿罪，属共同犯罪。被告人陈仕某身为国家工作人员，利用职务上的便利为他人谋取利益，收受他人财物 10.2 万元，数额较大，其行为已构成受贿罪。公诉机关指控被告人陈仕某犯行贿罪、受贿罪的罪名成立，适用法律正确。被告人陈仕某如实供述行贿罪部分的主要犯罪事实，可以从轻处罚；其归案后，如实供述司法机关尚未掌握的受贿部分罪行，以自首论，依法对犯受贿罪从轻处罚；其已退清全部赃款，且在共同行贿中所起作用相对较小，酌情从轻处罚。被告人陈仕某在判决宣告以前一人犯数罪，应依法数罪并罚。辩护人黄建某关于被告人陈仕某受贿罪部分金额应当扣除 0.5 万元及被告人陈仕某具有自首、积极退赃等情节，建议对其从轻、减轻处罚的辩护意见予以采纳；关于被告人陈仕某行贿罪不成立的辩护意见不予采纳。

法院依照《中华人民共和国刑法》第十二条第一款，第三百八十五条第一款，第三百八十九条第一款，第三百八十六条，第三百八十三条第一款第一项、第二款，第二十五条第一款，第六十七条，第六十九条第一款、第三款，第六十四条①；1997 年修订的《中华人民共和国刑法》第三百九十条第一款及《最高人民法院关于处理自首和立功具体应用法律若干问题的解释》第二条；《最高人民法院、最高人

① 本案适用的是当时有效的《中华人民共和国刑法》（2015 年修正），《中华人民共和国刑法》于 2017 年、2020 年经历修改，上述条文的内容没有变化。

民检察院关于办理贪污贿赂刑事案件适用法律若干问题的解释》第一条第一款，第七条第一款，第十五条第一款，第十八条、第十九条第一款规定，作出如下判决：

一、被告人陈仕某犯行贿罪，判处有期徒刑一年六个月；犯受贿罪，判处有期徒刑一年二个月，并处罚金人民币十万元。决定执行有期徒刑二年三个月，并处罚金人民币十万元；

二、被告人陈仕某退缴在本院的赃款人民币十万二千元，予以没收上缴国库。

陈仕某不服一审判决，提出上诉。

二审法院经审理认为：原判定罪及适用法律准确，量刑适当。

法院依照《中华人民共和国刑事诉讼法》第二百二十五条①第一款第一项的规定，作出如下裁定：

驳回上诉，维持原判。

【法官后语】

司法实务中大量案件表明，随着查处力度的加大，职务犯罪案件的隐蔽性也不断增强。许多行为人通过所谓的“中间人”影响国家工作人员的职务行为以谋取不正当利益，并以此逃避司法机关的查处。在这种情况下，请托人利用的是中间人，而中间人利用的是国家工作人员的影响力来谋取非法利益，收取财物，其本质上还是权钱交易。

本案中，陈仕某是否构成行贿罪的核心在于，“中间人”黄顽某是否构成受贿罪，即其是否能够作为本案行贿犯罪的适格对象。

笔者认为，“中间人”黄顽某的行为系“斡旋受贿”。所谓斡旋受贿，是指国家工作人员利用本人职权或者地位形成的便利条件，通过其他国家工作人员职务上的行为，为请托人谋取不正当利益，索取请托人财物或者收受请托人财物的行为。2003 年《全国法院审理经济犯罪案

① 对应现行《中华人民共和国刑事诉讼法》第二百三十六条。

件工作座谈会纪要》明确斡旋贿赂构成受贿罪的两个特点：一是接受请托、索取或者收受财物的国家工作人员与利用职务行为为请托人谋取不正当利益的国家工作人员之间没有职务上的隶属、制约关系；二是索取或者收受财物的国家工作人员对于被利用的国家工作人员职务行为存在一定的影响，但这种影响应当是间接的。

据此，利用职权或者地位形成的便利条件，并不能狭隘地理解为行为人利用的是其本人的职权或地位，而是只要基于国家工作人员的特定身份产生的影响力，积极实施“斡旋”行为即可。此时，请托人所谋求的利益，行为人“力不能及”，即不能命令被利用的国家工作人员去作为或不作为，来为请托人谋取不正当利益。被利用的国家工作人员是否接受行为人转托，为请托人谋取不正当利益，主观上是自由的，不受约束的。不同国家工作人员因彼此的职权或地位会产生一定的影响，只不过这种影响是一种间接制约。这种间接制约的概念是宽泛的，所指向的主体有更丰富的外延，如同单位的不同部门的国家工作人员、上下级单位没有职务隶属或制约关系的国家工作人员、有工作联系的不同单位的国家工作人员、甚至存在接触的不同单位的国家工作人员。

可见，只要是具备国家工作人员身份的“中间人”，都具备进行斡旋受贿的条件，而只要其具体实施了斡旋行为，便影响了国家工作人员职务的廉洁性，就应当受到刑罚处罚，即构成“斡旋受贿”，应依照《中华人民共和国刑法》第三百八十六条的规定以受贿论处。据此，我们还可以得出，斡旋受贿与普通受贿的区别之一在于，斡旋受贿的国家工作人员之间不存在直接制约关系，而后者存在直接制约关系。

本案中，黄顽某、洪宝某均是国家工作人员，黄顽某用其地位形成的便利条件，通过洪宝某为被告人陈仕某等人谋取不正当利益，黄顽某是本案行贿犯罪的适格对象。“举轻以明重”，陈仕某应以行贿罪定罪论处。

编写人：福建省安溪县人民法院　谢晓凤

64

“斡旋受贿”的认定

——陈某受贿案

【案件基本信息】

1. 裁判书字号

（2017）闽09刑终488号刑事裁定书

2. 案由：受贿罪

【基本案情】

2008年9月间，被告人陈某任职于××市甲街道社区建设管理办公室，该办公室隶属街道机关内设机构，承担街道社区建设、城乡规划管理等工作，在实际工作中负责对甲街道辖区内“两违”巡查、旧房改建初步审查、将违章用地和违章建设情况通报××市城建大队并配合现场执法。2014年10月至2015年6月，被告人陈某利用职务便利，收取他人给予的钱款或香烟，并为他人谋取利益。具体事实分述如下：

1. 2012年9月，林德某、余月某等人欲将位于××市乙街道某六幢房屋拆除重建，但因未办理新房重建手续，在重建过程中多次被××市城建大队制止。2014年10月间，林德某、余月某等人得知被告人陈某在××市甲街道社区建设管理办公室工作，便请求陈某帮忙，在商谈过程中，被告人陈某得知上述六幢房屋无法办理重建手续，但仍答应帮助重建，并提出在当时建房市场价390元/平方米的基础上加价40元，即按430元/平方米的价格包建上述六幢房屋，林德某等人表示同意。之后，被告人陈某开始承建上述房屋，并利用其在工作中形成的与城建大队有业务往来、认识城建大队队员等便利条件，先后多次向接到群众举报前来现场执法的城建大队队员打招呼。因陈某的关系，城建大队执法人员在执法过程中予以关照，仅给予警告及拆除部分建筑材料的处罚，其间，被告人陈某继续进行抢建。2015 年 8 月间，被告人陈某再次抢建上述六幢房屋第三层时被城建大队制止。经××市土地测绘队测算，该六幢房屋建成总建筑面积 1603.64 平方米。至此，被告人陈某共收到林德某等六户房主支付的建房款 673000 元，扣除建房成本 625419.6 元，被告人陈某从中收受贿赂款 47580.4 元。

2. 2015 年 6 月间，林贤某等人欲将位于××市甲街道某四幢房屋拆除重建，但重建申请未获得相关部门审批。后林贤某等人得知将重建申请手续上报到被告人陈某处进行备案即可，遂请求陈某帮忙，并给予陈某现金 4400 元及 3 条“中华牌”香烟。被告人陈某收受上述现金及香烟后，为林贤某等人向城建大队打听消息并帮助协调房屋重建过程中遇到的邻里纠纷。经××市价格认证中心价格鉴定，3 条“中华牌”香烟价值 1350 元。

案发后，被告人陈某于 2016 年 2 月 16 日经××市人民检察院通知后到案接受询问，后向该院退缴款项 54200 元。

【案件焦点】

1. 被告人陈某是否构成受贿犯罪及犯罪数额认定；2. 被告人陈某是否构成自首。

【法院裁判要旨】

一审法院经审理认为：被告人陈某身为基层国家工作人员，利用自身职位形成的便利条件，通过其他工作人员职务上的行为，为请托人谋取不正当利益，收受请托人财物共计 47580.4 元；利用职务便利，收受请托人财物共计 5750 元，为请托人谋取利益，其行为已构成受贿罪，数额较大，公诉机关指控罪名成立。被告人陈某到案后能如实供述罪行，属坦白，可从轻处罚；主动退缴违法所得，可酌情从轻处罚；但不属于犯罪情节轻微，辩护人关于对被告人陈某免予刑事处罚的辩护意见于法无据，不予采纳。据此，依照《中华人民共和国刑法》第三百八十八条、第三百八十五条第一款、第三百八十六条、第三百八十三条第一款第一项、第六十七条第三款、第六十四条及《最高人民法院、最高人民检察院关于办理贪污贿赂刑事案件适用法律若干问题的解释》第一条第一款的规定，判决如下：

一、被告人陈某犯受贿罪，判处有期徒刑九个月，并处罚金人民币110000元；

二、扣押在案的被告人陈某退缴的违法所得53330.4元，由扣押机关予以没收，上缴国库。

宣判后，陈某提起上诉。

二审法院经审理同意一审法院的裁判意见，裁定：驳回上诉，维持原判。

【法官后语】

本案的争议焦点在于被告人陈某为帮助林德某等人建房，在城建大队与林德某等房主之间的斡旋行为是否构成受贿犯罪。对此，根据《中华人民共和国刑法》第三百八十八条“国家工作人员利用本人职权或者地位形成的便利条件，通过其他国家工作人员职务上的行为，为请托人谋取不正当利益，索取请托人财物或者收受请托人财物的，以受贿论处”的规定，被告人陈某的上述行为应以受贿论处。理由如下：首先，被告人陈某具有“利用本人职权或者地位形成的便利条件”。2003年《全国法院审理经济犯罪案件工作座谈会纪要》第三条第三项规定，刑法第三百八十八条规定的“利用本人职权或者地位形成的便利条件”，是指行为人与被其利用的国家工作人员之间在职务上虽然没有隶属、制约关系，但是行为人利用了本人职权或者地位产生的影响和一定的工作联系，如单位内不同部门的国家工作人员之间，上下级单位没有职务上隶属、制约关系的国家工作人员之间，有工作联系的不同单位的国家工作人员之间等。在案《甲街道防范“两违”巡查制度方案》、××市城市建设监察大队提供的三办拆违联系人员名单等书证、证人王志某证言及被告人陈某供述能够反映城建站系两违巡查单位，城建站与市城建大队均属于××市“两违办”的成员单位，城建站对全市城区三个街道办事处范围内的城建监察执法，各城建站需对各自辖区内的城建等事项进行巡逻检查，每日向市城建大队汇报检查情况，配合市城建大队对辖区内的违建进行执法等，足以证实陈某的岗位职责促使其与××市城建大队在平常工作中具有业务上的联系。其次，被告人陈某通过“打招呼”等行为利用了其他国家工作人员职务上的行为。本案中，被告人陈某在“包建”房屋的过程中，向市建设局城建大队规划三队人员打招呼，请求城建大队在违建执法检查时给予关照。从城建大队队员的证言中可以看出，正是基于城建大队和城建站均有管理“两违”以及重建巡查执法等工作，在辖区内有联合执法，城建大队的工作也需要城建站来配合和支持，所以在对陈某“包建”的房屋进行执法时考虑到陈某的请托给予照顾，在执法过程中尽量不用破坏性强拆的执法方式，减少给陈某造成的损失，在前两次执法检查过程中均没有采取破坏手段，并将违建拆除、恢复原状。最后，被告人陈某为请托人林德某等人谋取了不正当利益。本案中，乙街道的六幢房屋均在××大桥边上，林德某等人将房屋拆除建完地基后，就被城建大队查处，经多次尝试后，均一直无法继续建设，最后通过找陈某帮助建设房屋，达到了将房屋建至2层、局部3层的状态，系采取非法手段谋取不正当利益的行为（未经审批违建房屋系不正当的利益）。

综上，陈某的行为构成受贿罪。

编写人：福建省福鼎市人民法院　丁贤

65

国家工作人员以“人脉关系”参与合伙并分享利润构成受贿罪

——周国某受贿案

【案件基本信息】

1. 裁判书字号

(2016) 渝03刑初13号刑事判决书

2. 案由：受贿罪

【基本案情】

被告人周国某系某检察院工作人员，叶某系建筑商人。周国某与叶某商定由周国某利用人脉关系入伙拿工程，叶某做工程，利润二人分配。之后，周国某通过某区副区长、国土资源管理分局局长等人关照，为叶某中标该区土地整理项目，收受叶某30万元；通过某县县委书记、国土资源和房屋管理局局长等人关照，为叶某中标该县土地整理项目，收受叶某30万元；通过某园林局局长关照，为叶某中标园林局工程，收受叶某485万元。其间，周国某陆续借给叶某500万元，叶某按每月2分支付利息。

【案件焦点】

被告人周国某与叶某是合伙关系还是请托关系，周国某收受叶某的钱款是合伙利润还是受贿。

【法院裁判要旨】

一审法院经审理认为：被告人周国某身为国家工作人员，利用职务上的便利，为他人谋取利益，又利用职权或者地位形成的便利条件，通过其他国家工作人员职务上的行为，为他人谋取不正当利益，非法收受他人贿赂 695 万元，其行为已构成受贿罪，且数额特别巨大。周国某到案后能够如实供述其主要犯罪事实，系坦白，并在提起公诉前积极退缴赃款 500 万元，可以从轻处罚。

一审法院依照《中华人民共和国刑法》第三百八十五条、第三百八十八条、第三百八十六条、第三百八十三条第一款第三项和第三款、第六十七条第三款、第六十四条、第五十二条、第五十三条及《最高人民法院、最高人民检察院关于办理贪污贿赂刑事案件适用法律若干问题的解释》第三条第一款、第十三条、第十八条、第十九条之规定，作出如下判决：

一、被告人周国某犯受贿罪，判处有期徒刑十一年六个月，并处罚金 200 万元；

二、对被告人周国某退至人民检察院的 500 万元，予以没收，上缴国库。对被告人周国某违法所得 195 万元继续追缴，上缴国库。

周国某不服提起上诉。

二审法院经审理认为：上诉人周国某身为国家工作人员，利用职务便利，为请托人谋取利益，收受他人贿赂 50 万元；其又利用本人职权和地位形成的便利条件，通过其他国家工作人员职务上的行为，为请托人谋取不正当利益，收受他人贿赂 645 万元；周国某收受贿赂共计 695 万元，其行为侵犯了国家工作人员职务行为的不可收买性，构成受贿罪，数额特别巨大，依法应予处罚。周国某到案后，如实供述主要犯罪事实，可以对其从轻处罚。

二审法院依照《中华人民共和国刑事诉讼法》第二百二十五条第一款第一项①的规定，作出如下裁定：

驳回上诉，维持原判。

---

① 对应现行《中华人民共和国刑事诉讼法》第二百三十六条第一款第一项。

【法官后语】

本案处理的主要争议是周国某以“人脉关系”参与合伙并分享利润是否构成受贿罪：

1. 周国某与叶某不构成民法上的合伙关系。首先，周国某并未向两人的“合伙”经营投入资金。周国某虽向叶某支出了500万元，但这是借贷关系，不是融资关系。周国某借给叶某的借款共计500万元，叶某均按每月2分利息，按季度向周国某支付利息，有银行转账凭证、叶某的证言、周国某的供述及退赃委托书相互印证。周国某还借款给蒋某某等其他人，均是每月2分月息，按季度付息，亦印证周国某与叶某之间也是借贷关系而不是融资关系。

其次，周国某并未实际参与“合伙”中的管理和经营。叶某的证言、周国某的供述等证据相互印证证明，周国某实际上是以其“人脉关系”协调项目作为合伙分“利润”，并没有参与实际投资、管理和经营。周国某的妻子虽然与叶某签订了聘用协议，实际上也未参与过任何投资、管理和经营。由此可见，周国某的行为符合《最高人民法院、最高人民检察院关于办理受贿刑事案件适用法律若干问题的意见》第三条中“国家工作人员利用职务上的便利为请托人谋取利益，以合作开办公司或者其他合作投资的名义获取‘利润’，没有实际出资和参与管理、经营的，以受贿论处”的情形。

2. 周国某利用“人脉关系”拿工程，实质上是利用了其职权或地位便利，并通过其他国家工作人员，为请托人谋取了不正当利益。“利用本人职权或者地位形成的便利条件”，是指行为人与被其利用的国家工作人员之间在职务上虽然没有隶属、制约关系，但是行为人利用了本人职权或者地位产生的影响和一定的工作联系，如单位内不同部门的国家工作人员之间、上下级单位没有职务上隶属、制约关系的国家工作人员之间、有工作联系的不同单位的国家工作人员之间等。周国某虽然与某区、某县、某园林局领导存在同学、朋友、邻居关系，但其作为国家司法工作人员，且某区、某县曾经或一直处于周国某所在检察院的辖区，周国某与某区、某县领导必然存在一定的影响与工作联系，属于利用职权或地位便利的情形。某园林局领导在周国某介绍叶某做园林局工程前，曾通过周国某协调沟通一个职务犯罪案件，对周国某的职权、地位十分了解，也属于利用职权或地位便利的情形。

“谋取不正当利益”，是指行贿人谋取违反法律、法规、规章或者政策规定的利益，或者要求对方违反法律、法规、规章、政策、行业规范的规定提供帮助或者方便条件。在招投标、政府采购等商业活动中，违背公平原则，给予相关人员财物以谋取竞争优势的，属于“谋取不正当利益”。周国某通过协调关系打招呼，为叶某在招投标中谋取不正当竞争优势，中标工程项目，应当认定为叶某谋取了不正当利益。

综上，周国某的行为符合《中华人民共和国刑法》第三百八十八条“国家工作人员利用本人职权或者地位形成的便利条件，通过其他国家工作人员职务上的行为，为请托人谋取不正当利益，索取请托人财物或者收受请托人财物的，以受贿论处”的犯罪构成要件，周国某的上述事实行为构成受贿罪。

编写人：重庆市第三中级人民法院　张慧　杨军

66

利用影响力受贿罪的认定

——牛某勇利用影响力受贿案

【案件基本信息】

1. 裁判书字号

（2017）云26刑终135号刑事裁定书

2. 案由：利用影响力受贿罪

【基本案情】

2008 年至 2015 年，被告人牛某勇在其大哥牛兴某在××州××县担任县委书记期间，利用牛兴某担任县委书记的影响力，为许从某谋取不正当利益，使其多次得到××县相关单位的工程承建项目，牛某勇多次收受许从某的贿赂，共计人民币 120.9 万元。

【案件焦点】

牛某勇的行为是否构成利用影响力受贿罪。

【法院裁判要旨】

一审法院经审理认为：被告人牛某勇利用其大哥牛兴某担任××县县委书记的影响力，为许从某获得不正当利益，牛某勇多次收受许从某贿赂共计 120.9 万元，数额巨大，其行为构成利用影响力受贿罪。关于被告人牛某勇的辩护人提出牛某勇在罗加某担任水务局局长期间，没有专门为许从某做工程找过罗加某，故牛某勇单纯收受许从某财物的行为，不构成利用影响力受贿罪的辩护意见，经查，罗加某证言证实，其于 2009 年到牛某勇老家吃杀猪饭时认识牛某勇，牛某勇让罗加某多多关照许从某；2010 年到××市考察橡胶坝工程，许从某请客，牛某勇再次让罗加某对许从某多关照。许从某的证言证实，牛某勇要求许从某在××县做的工程，牛某勇本人要占一半的股份，且许从某从 2008 年至 2015 年，持续向牛某勇赠送钱财。上述证据能证明被告人牛某勇利用其大哥牛兴某担任××县县委书记的影响力而受贿的客观行为，符合利用影响力受贿罪的犯罪构成要件，故对辩护人的辩论意见，法院不予采纳。依照《中华人民共和国刑法》第三百八十八条之一第一款、第六十四条之规定，判决：

一、被告人牛某勇犯利用影响力受贿罪，判处有期徒刑三年六个月，并处罚金人民币 20 万元；

二、被告人牛某勇违法所得人民币 120.9 万元，依法予以追缴。

一审宣判后，被告人牛某勇不服，提出上诉。

二审法院经审理认为：上诉人牛某勇在其兄牛兴某担任××县县委书记期间，利用其他国家工作人员的职务便利，为他人谋取利益并收受钱财共计120.9万元的事实清楚，证据确实、充分，构成利用影响力受贿罪。经查明，上诉人牛某勇向相关领导打招呼要求关照许从某的事实，有时任××县水务局局长曹福某、罗加某和××县财政局局长舒春某等人的证言以及许从某、牛某勇的供述笔录在卷，且证据间也能相互印证。据此，裁定：驳回上诉，维持原判。

【法官后语】

利用影响力受贿罪的犯罪主体不能直接为他人谋取不正当利益，而是利用影响力，通过其他国家工作人员的职务行为，为请托人谋取不正当利益。因此，利用影响力是构成本罪的本质所在。利用影响力受贿的案件，受贿人的供述、行贿人的证言、被利用国家工作人员的证言等言词证据是主要的定案证据，受贿人、被利用国家工作人员、行贿人出于各自的利益，翻供、翻证导致证据难以固定的情况经常发生。如何证明犯罪主体利用影响力，是审判实践中认定本罪的关键环节。

本案中，被告人牛某勇利用其哥哥牛兴某担任××县县委书记的影响力，通过××县水务局局长曹福某、罗加某、××县财政局长舒春某职务上的行为，使请托人许从某通过围标的方式，拿到××县的相关工程项目，获取不正当利益，符合利用影响力受贿罪的犯罪构成要件，应以利用影响力受贿罪论处。

1. 被告人牛某勇系时任××县县委书记牛兴某的同胞弟，符合犯罪主体即国家工作人员的近亲属的构成要件。

2. 牛某勇是否利用其兄牛兴某的影响力，通过时任××县水务局局长曹福某、罗加某、××县财政局长舒春某职务上的行为，为请托人谋取不正当利益。案内仅能依靠曹福某、罗加某、舒春某、请托人许从某的证言予以认定，辩护人提出罗加某第一次证言与第二次证言互相矛盾，该证言不能作为定案依据。经审查，罗加某第一次证言证明，其只在

2009年有一次与担任县委书记的牛兴某一起吃饭时见过牛某勇。罗加某当局长后河堤工程采用邀标形式，因参与的几个局长都知道许从某，就一直同意许从某承接河堤工程。补充侦查期间罗加某第二次证言证明，2009年左右牛某勇到××县看望担任县委书记的牛兴某时认识牛某勇，吃杀猪饭时牛某勇请其多多关照许从某；2010年到××市考察橡胶坝，许从某请客，牛某勇说自己和许从某关系很好，请其多多关照。罗加某来当局长时，许从某已经承担河堤工程，而且做得不错，加上罗加某认为许从某是牛兴某从××带过来的人，牛某勇也请求关照，故罗加某让许从某继续承接河堤工程。

3. 如何认定利用影响力。利用影响力受贿的案件，应查明利用人与被利用人之间具有亲属关系等基础事实，再查明关系人利用被利用人的影响力，通过其他国家工作人员来办理请托事项，且请托人已经获得不正当利益等基础事实，从而认定关系人实施了利用影响力的客观方面行为。结合全案证据，牛某勇与牛兴某是近亲属，曹福某、舒春某的证言能证明牛某勇让其二人关照许从某，罗加某的第二次证言与曹福某、舒春某证言证明的内容一致，且罗加某第二次证言与第一次证言并无矛盾，第二次证言是对第一次证言的补充，牛某勇的上述行为，符合利用影响力受贿罪的犯罪构成要件，故认定被告人牛某勇犯利用影响力受贿罪。

编写人：云南省文山壮族苗族自治州文山市人民法院　赵涌钦

二、渎职罪

本章导读

渎职罪是指国家机关工作人员利用职务上的便利或者徇私舞弊、滥用职权、玩忽职守，妨害国家机关的正常活动，损害公众对国家机关工作人员职务活动客观公正性的信赖，致使国家与人民利益遭受重大损失的行为。本罪的犯罪主体虽然限定为国家机关工作人员，但在依照法律、法规规定行使国家行政管理职权的组织中从事公务的人员，或者在受国家机关委托代表国家机关行使职权的组织中从事公务的人员，或者虽未列入国家机关人员编制但在国家机关中从事公务的人员，以及在乡（镇）以上中国共产党机关、人民政协机关中从事公务的人员，都可能构成本罪。比如，辅警或者农村基层组织成员等，都有可能在特定情况下从事公务，从而成为本罪的犯罪主体。

客观上本罪要有利用职务上的便利或者徇私舞弊、滥用职权、玩忽职守，致使国家和人民利益遭受重大损失的情形。因此本罪有滥用职权、玩忽职守和徇私舞弊三种形态。实质上，不管何种形态，如能在行为中认识到给国家和人民利益遭受损失，进而采取积极行为弥补和挽回损失，对于定罪量刑都有重要价值。

67

农村基层组织成员是否符合滥用职权的主体身份

——刘某受贿、滥用职权案

【案件基本信息】

1. 裁判书字号

（2019）闽01刑终691号刑事判决书

2. 案由：受贿罪、滥用职权罪

【基本案情】

2009年3月至2016年5月，被告人刘某在担任××市××区××镇××村土地管理员、经济合作社主任、村委会主任期间，作为××镇清理整治违法建设工作领导小组的成员，负有巡查、制止、上报××村辖区内违法建筑的职责。被告人刘某明知××村村民黄某祥、刘某富、黄某财、黄某景、刘某林、黄某官、刘某俤、刘某春等人未经相关部门审批进行违章建筑，在收受上述请托人贿赂款共计33万元后，未履行制止、上报的职责，放纵请托人继续违法建设，致使该辖区11栋违建楼房建成，违法占地面积3900多平方米、违法建筑面积1万多平方米，严重损害政府执法公信力，在当地造成了恶劣的社会影响。

2012年至2016年，被告人刘某在担任××镇××村经济合作社主任、村委会主任期间，在协助政府征地过程中，为黄某增、陈某辉、刘某华在××村征地建厂相关事宜提供帮助，并收受上述请托人贿赂款共计16万元。

【案件焦点】

刘某在担任村委会主任期间是否符合滥用职权的主体身份。

【法院裁判要旨】

一审法院经审理认为：被告人刘某系受国家机关委托从事公务的人员，在履行国家机关职权的过程中，滥用职权致使××村11栋违法建筑建成，严重损害了政府执法公信力，造成了恶劣的社会影响，其行为构成滥用职权罪；其在行使上述职权以及协助政府征地过程中，利用职务上的便利，非法收受他人财物，为他人谋取利益，数额巨大，其行为构成受贿罪，应依法追究刘某的刑事责任，并予二罪并罚。刘某归案后如实供述了自己的受贿罪行且退缴全部受贿所得赃款，可以依法分别从轻和酌情从宽处罚。综合考虑刘某的犯罪事实、性质、情节、对于社会危害程度及其认罪态度等，依照《中华人民共和国刑法》第三百九十七条第一款、第三百八十五条第一款、第三百八十六条、第三百八十三条第一款第二项、第六十九条、第六十七条第三款、第六十四条及《最高人民法院、最高人民检察院关于办理贪污贿赂刑事案件适用法律若干问题的解释》第二条、第十五条、第十九条的规定，作出如下判决：

一、被告人刘某犯滥用职权罪，判处有期徒刑一年；犯受贿罪，判处有期徒刑三年，并处罚金20万元，二罪并罚决定执行有期徒刑三年三个月，并处罚金20万元；

二、被告人刘某退缴的受贿所得赃款49万元，予以没收，上缴国库。

刘某不服一审判决提起上诉，认为其不具备“滥用职权罪”主体身份，一审判决认定其构成滥用职权罪定性错误。

二审法院经审理认为：刘某系受国家机关委托从事公务的人员，对其辖区内“两违行为”负有管理和查处职责，因刘某的滥用职权和失职行为，放松对村民违法建房的监管，致使辖区内的违建现象严重，政府执法公信力受到群众严重质疑，在当地造成了恶劣的社会影响，其行为构成滥用职权罪。刘某作为国家工作人员，利用职务之便，为他人谋取利益，非法收受他人财物共计49万元，数额巨大，其行为构成受贿罪。刘某犯滥用职权罪和受贿罪，应依法惩处，并数罪并罚。刘某犯受贿罪，具有坦白情节，可以从轻处罚。刘某退出全部受贿赃款，可以从轻处罚。原判认定的犯罪事实清楚，证据确实、充分，定罪准确，量刑适当，审判程序合法。依照《中华人民共和国刑事诉讼法》第二百三十六条第一款第一项的规定，作出如下裁定：

驳回上诉，维持原判。

【法官后语】

本案的焦点问题是上诉人刘某是否符合滥用职权罪的主体身份的问题。《全国人民代表大会常务委员会关于〈中华人民共和国刑法〉第九章渎职罪主体适用问题的解释》规定："在依照法律、法规规定行使国家行政管理职权的组织中从事公务的人员，或者在受国家机关委托代表国家机关行使职权的组织中从事公务的人员，或者虽未列入国家机关人员编制但在国家机关中从事公务的人员，在代表国家机关行使职权时，有渎职行为，构成犯罪的，依照刑法关于渎职罪的规定追究刑事责任。"本案中，根据当时的××市人民政府、××市委、××镇下发的《××镇关于成立（调整、充实）"两违"整治工作领导小组的通知》《关于建立清理整治违法建设工作责任追究制度的通知》《××镇打击违法建设工作实施方案》《××镇关于加强两违日常巡查监管工作的通知》《××镇2016年两违综合治理目标管理责任书》《××市开展违法建房专项治理工作方案》《××市两违综合治理专项行动工作方案》《××市关于加强两违查处工作及责任追究的实施意见（试行）》等文件通知及各村与镇签订的责任状，其中明确了刘某作为村主任对辖区内"两违"行为负有管理和查处职责，系防止和制止"两违"行为的主要责任人，可以认定刘某系受国家机关委托代表国家机关行使职权的组织中从事公务的人员，且刘某也实际上履行着查处辖区内违章建筑的职责，故刘某符合滥用职权罪的主体身份。因刘某的滥用职权和失职行为，放松对村民违法建房的监管，致使其辖区内的违建现象严重，政府执法公信力受到群众严重质疑，在当地造成了恶劣的社会影响。综上，可以认定其行为构成滥用职权罪。

编写人：福建省福州市中级人民法院　李平盛

68

司法工作人员故意包庇可能判处无期徒刑以上刑罚之罪的犯罪分子，应定徇私枉法罪，系情节严重

——何某忠、张甲徇私枉法、受贿案

【案件基本信息】

1. 裁判书字号

（2019）渝0120刑初49号和50号刑事判决书

2. 案由：徇私枉法罪、受贿罪

【基本案情】

被告人何某忠系××市××区公安局民警，2013年4月担任××区公安局特警大队大队长兼刑事侦查大队副大队长，2015年2月任便衣支队支队长，工作职责包括及时制止、抓获吸毒贩毒现行违法犯罪。被告人张甲在××区公安局便衣侦查支队工作，担任第二协勤组组长。

2015年1月，被告人何某忠、张甲结识吸贩毒人员钟某万后，何某忠答应对钟某万和帮钟某万贩毒的人不予查处，钟某万此后多次向张甲行贿，并通过张甲向何某忠转交行贿款或者直接向何某忠行贿。此外，何某忠明知江某是贩卖毒品的犯罪分子，仍多次收受江某的行贿款，对江某的行为不予查处。被告人何某忠非法收受钟某万、江某贿赂共计38万元，被告人张甲共计受贿14.5万元。

2018年11月6日，何某忠利用其作为××市××区公安局便衣侦查支队支队长抓获犯罪嫌疑人的职务便利，为涉嫌犯危险驾驶罪的犯罪嫌疑人张乙出具了检举抓获林某的虚假情况说明，并收取感谢费现金2万

元。2018 年 11 月 22 日，××市××区人民检察院以张乙具有立功情节，犯罪情节轻微，对张乙作出不起诉决定。

2018 年 6 月 29 日，何某忠利用其作为××市××区公安局便衣侦查支队支队长抓获犯罪嫌疑人的职务便利，为涉嫌犯危险驾驶罪的犯罪嫌疑人林某晟出具了检举抓获李某鹏的虚假情况说明，并收取感谢费现金 1 万元。

【案件焦点】

1. 未对具体犯罪事实有具体包庇行为的犯罪，能否认定为徇私枉法罪；2. 司法人员故意包庇可能判处无期徒刑以上刑罚的犯罪行为，是否能认定为情节严重。

【法院裁判要旨】

法院经审理认为：被告人何某忠、张甲负有查禁毒品犯罪职责，对明知是有罪的人而故意包庇不使其受到追诉，并收受钟某万、江某的贿赂，其中被告人何某忠收受贿赂 38 万元，数额巨大，被告人张甲收受贿赂 14.5 万元，数额较大，二被告人的行为均已构成徇私枉法罪和受贿罪。被告人何某忠和张甲徇私枉法的对象罪行严重、可能被判处无期徒刑以上刑罚，应当认定为情节严重。何某忠、张甲触犯徇私枉法罪，同时又构成受贿罪，应当依照处罚较重的徇私枉法罪定罪处罚。在共同犯罪中，何某忠系主犯，张甲系从犯。另外，被告人何某忠利用职务上的便利，帮助林某晟、张乙出具虚假立功材料，故意使罪重的人受较轻的追诉，并收受贿赂 3 万元，其行为还构成帮助犯罪分子逃避处罚罪和受贿罪。综上，被告人何某忠犯徇私枉法罪、帮助犯罪分子逃避处罚罪与受贿罪，应当数罪并罚。被告人张甲犯徇私枉法罪。被告人何某忠到案后如实供述徇私枉法和受贿的犯罪事实，依法可从轻处罚，主动供述监察机关尚未掌握的帮助犯罪分子逃避处罚罪的犯罪事实，依法可从轻或减轻处罚。被告人张甲到案后如实供述自己的罪行，依法可从轻处罚。

根据《中华人民共和国刑法》第三百九十九条第一款、第四款，第三百八十五条第一款，第三百八十六条，第三百八十三条，第四百一十七条，第六十七条第二款、第三款；《最高人民法院、最高人民检察院关于办理贪污贿赂刑事案件适用法律若干问题的解释》第一条、第二条、第十七条之规定，作出如下判决：

一、被告人何某忠犯徇私枉法罪，判处有期徒刑六年，犯帮助犯罪分子逃避处罚罪，判处有期徒刑六个月，犯受贿罪，判处有期徒刑六个月，并处罚金10万元，决定执行有期徒刑六年六个月，并处罚金10万元；

二、被告人张甲犯徇私枉法罪，判处有期徒刑二年六个月；

三、被告人何某忠已退交的违法所得3.64005万元，予以没收，上缴国库，继续追缴被告人何某忠的违法所得37.35995万元，上缴国库；被告人张甲已退交的违法所得1万元，予以没收，上缴国库，继续追缴被告人张甲的违法所得13.5万元，上缴国库。

【法官后语】

本案的争议在于被告人何某忠和张甲因收受贩毒分子贿赂而不予抓捕、查处的行为应认定为何种罪名。

一种意见认为二被告人收受贩毒分子的贿赂并予以包庇，应定受贿罪。徇私枉法罪是对明知有罪的人而故意包庇，一般要求对具体的犯罪事实有具体的包庇行为。虽然在已生效的刑事判决书中认定钟某万自2014年年底就雇用他人为其贩卖毒品，但没有认定具体哪次实施了贩毒行为。何某忠实施了何种包庇行为，无证据支撑，故认定为徇私枉法罪的证据不足，但认定为受贿罪的证据确实充分，故应认定为受贿罪。

我们认为何某忠、张甲故意包庇贩毒分子，并收受贿赂，其行为符合刑法理论中有关牵连犯的特征。对于牵连犯应如何定罪处罚，虽然理论上和实践中都存在争议。但对于司法工作人员徇私枉法又牵连受贿犯罪的，《中华人民共和国刑法》有明确规定。该法第三百九十九条第四款规定："司法工作人员收受贿赂，有前三款行为的，同时又构成本法第三百八十五条规定之罪的，依照处罚较重的规定定罪处罚。"因此，何某忠、张甲应认定为徇私枉法罪和受贿罪，徇私枉法罪系情节严重，应择一重罪论处。分析如下：

一、被告人何某忠、张甲明知是贩毒分子有贩卖毒品的行为而不予抓捕、查处，具有包庇犯罪分子的主观故意和客观行为

××市××区公安局相关文件规定，便衣侦查支队的工作职责是及时制止、抓获现行违法犯罪；依法对可疑人员进行盘查、检查等。被告人张甲供述，钟某万准备贩毒想让其关照，其将此事向何某忠做了汇报，何某忠默许不去抓钟某万及帮钟某万贩毒的人。时任××区公安局禁毒支队支队长伍某华证实，禁毒支队办理的一起团伙贩毒犯罪案件，将钟某万确定为团伙犯罪成员之一。伍某华明确指令何某忠对钟某万的案件予以跟进，一旦发现钟某万有贩毒行为，就将钟某万抓捕归案，但何某忠以钟某万向便衣侦查支队提供了很多线索，没必要抓捕为由，予以了否决。法院生效判决认定：钟某万自2014年年底，先后雇用他人帮其贩卖毒品牟利。众所周知，毒品犯罪具有隐秘性，要确认犯罪事实必须要人赃并获，鉴于何某忠、张甲对钟某万等人的贩毒行为有包庇的概括犯意且怠于行使抓捕职责，应对在此期间包庇钟某万、江某等人的所有贩卖毒品行为承担刑事责任。

二、徇私枉法罪才能涵盖何某忠、张甲的犯罪行为侵害的客体

受贿罪侵害的是客体国家机关的正常工作秩序和国家工作人员的廉洁性，徇私枉法罪侵害的客体是国家司法机关的正常活动。司法工作人员代表国家行使司法权，必须忠于职守，忠于事实和法律，维护国家法律的严肃性。就本案而言，司法工作人员何某忠、张甲在履行职务过程中，收受贿赂，屈从私利，包庇犯罪分子，破坏了国家司法机关的威信和正常活动，损害法律的严肃性。因此，只有徇私枉法罪才能涵盖何某忠、张甲犯罪行为侵害的客体。

三、罪责刑应当相适应

何某忠、张甲受贿并包庇贩毒分子，仅对其认定为受贿罪，就没有评价其包庇贩毒分子的行为，其罪责刑明显不相适应。综上，何某忠、

张甲的犯罪行为构成徇私枉法罪与受贿罪，择一重罪论处，因此，法院判决何某忠犯徇私枉法罪处有期徒刑六年，张甲犯徇私枉法罪处有期徒刑二年六个月是妥当的。而何某忠单独判处的受贿罪是由其分别收受张乙、李某鹏“感谢费”2万元、1万元的犯罪行为产生的。

另外，关于徇私枉法情节严重的认定。对于徇私枉法罪情节严重的情形，法律和司法解释没有作出明确规定。实践中认为，情节严重包括纵容重大案犯逍遥法外，继续为非作歹的行为。本案中何某忠包庇的犯罪分子所实施的均系毒品犯罪，其中钟某万被判处无期徒刑，江某被判处十五年有期徒刑，赵某被判处十五年有期徒刑，其包庇的犯罪分子系被判处十五年以上有期徒刑、无期徒刑的情形，可以认定为情节严重。

编写人：重庆市璧山区人民法院　王玲玲

69

帮助犯罪分子逃避处罚罪情节严重的认定

——王某帮助犯罪分子逃避处罚案

【案件基本信息】

1. 裁判书字号

(2019) 苏02刑终514号刑事裁定书

2. 案由：帮助犯罪分子逃避处罚罪

【基本案情】

被告人王某原系××市公安局巡特警大队长泾中队特勤队员，系公安机关警务辅助人员，在公安机关及人民警察的指挥和监督下，依法履行协助民警查禁犯罪活动的职责。

2018年12月，××市公安局对涉嫌黑社会性质组织犯罪的犯罪嫌疑人蒋某、吴某执行监视居住。2019年2月10日至15日，被告人王某在受指派看守犯罪嫌疑人蒋某的过程中，多次违反工作规定与蒋某交谈，提供通信工具让其与家人联系，私自和蒋某亲属见面帮其传递消息，并先后3次收受蒋某亲属所送的软中华香烟6条（价值3900元）、现金500元。

2019年2月23日至27日，被告人王某在受指派轮流看守犯罪嫌疑人蒋某和吴某的过程中，应蒋某的要求，通过私自与同事换班的方式帮助传递消息，致使吴某在接受调查过程中出现翻供的情况，并先后2次收受蒋某亲属所送的软中华香烟4条（价值2600元）。

案发后，××市监察委员会从被告人王某处扣押手机2部。被告人王某的家属自愿代为退缴违法所得7000元，暂扣于××市监察委员会。被告人王某归案后检举揭发他人犯罪行为，经查证属实。

【案件焦点】

帮助犯罪分子逃避处罚犯罪案中，如何认定情节严重。

【法院裁判要旨】

一审法院经审理认为：被告人王某身为有查禁犯罪活动职责的国家机关工作人员，向涉嫌黑社会性质组织犯罪首要分子通风报信、提供便利，帮助犯罪分子逃避处罚，情节严重，其行为已构成帮助犯罪分子逃避处罚罪。一审法院依照《中华人民共和国刑法》第四百一十七条、第六十八条、第六十七条第三款、第六十四条以及《最高人民法院关于处理自首和立功具体应用法律若干问题的解释》第五条之规定，作出如下判决：

一、被告人王某犯帮助犯罪分子逃避处罚罪，判处有期徒刑四年；

二、退缴在案的违法所得以及扣押在案的作案工具手机均予以没收，上缴国库。

王某以本案不属于帮助犯罪分子逃避处罚罪情节严重的情形、量刑过重为由提出上诉。

二审法院经审理认为：王某作为查禁犯罪活动的国家机关工作人员，帮助涉嫌黑恶势力犯罪嫌疑人传递消息、提供通信工具、与其他犯罪嫌疑人串供，以此帮助犯罪嫌疑人逃避法律责任，严重干扰侦查活动，应当认定为“情节严重”；原审法院综合考虑王某的犯罪事实、情节以及立功、退赃等因素，对其所作的刑罚适当。故王某的上诉理由没有事实和法律依据，不予采纳。

二审法院依照《中华人民共和国刑事诉讼法》第二百三十六条第一款第一项的规定，作出如下裁定：

驳回上诉，维持原判。

【法官后语】

本案处理重点主要在于对情节严重的认定。《中华人民共和国刑法》第四百一十七条规定：“有查禁犯罪活动职责的国家机关工作人员，向犯罪分子通风报信、提供便利，帮助犯罪分子逃避处罚的，处三年以下有期徒刑或者拘役；情节严重的，处三年以上十年以下有期徒刑。”该条中的“情节严重”，在性质上属“加重处罚情节”。但何谓“情节严重”，法条并未加以明确，也尚无司法解释进行说明。

全国人大法工委主编的《中华人民共和国刑法释义》中指出帮助犯罪分子逃避处罚罪的“情节严重”应包括以下情形：(1) 向性质严重的犯罪分子或者犯罪集团通风报信、提供便利的；(2) 多次向犯罪分子通风报信的；(3) 因向犯罪分子通风报信、提供便利，造成严重后果的等。

参考上述规定，结合以下情节：(1) 被帮助的犯罪分子蒋某因涉嫌犯组织、领导黑社会性质组织罪、非法拘禁罪、开设赌场罪、寻衅滋事罪已移送审查起诉；(2) 王某于 2019 年 2 月看守蒋某期间，向蒋某提供通信工具用于联系家属、与蒋某家属会面传递信息、帮助蒋某与其他犯罪嫌疑人串供，应当认定为重大案件，具有较大的社会危害性和人身危险性。

综上，一、二审法院均采纳了公诉机关的指控意见，认定被告人王某犯帮助犯罪分子逃避处罚罪且情节严重，判处有期徒刑四年，实现了案件法律效果和社会效果的有机统一。

编写人：江苏省江阴市人民法院　方燕燕　刘啸云

70

贪污罪与滥用职权罪的区分

——张树某、李学某滥用职权案

【案件基本信息】

1. 裁判书字号

（2017）吉0582刑初131号刑事判决书

2. 案由：滥用职权罪

【基本案情】

2007年3月至2016年3月，被告人张树某任××市××朝鲜族乡××村委会主任，被告人李学某任××村党支部书记。另外，张树某自2012年7月开始担任××朝鲜族乡财政专项扶贫资金管理工作领导小组成员，参与负责扶贫项目的申报、实施等工作。

2013年4月至2014年12月，被告人张树某在××市××朝鲜族乡××村申报、实施冰葡萄种植扶贫项目过程中，明知仅有五户实际种植葡萄、种植户数不符合扶贫项目规模比例要求的情况下，为了给村里争取扶贫项目，伙同被告人李学某以虚报种植户数、伪造受益户名单、发放名单等方式，使××村冰葡萄种植项目获审批并通过验收。2015年2月，××朝鲜族乡财政所就上述冰葡萄种植项目赊购的葡萄苗、水泥杆、钢绞线转账结算价款共计40万元。

2017年4月25日，被告人张树某、李学某主动到检察机关投案，并如实供述了自己的犯罪事实。

××市人民检察院指控被告人张树某、李学某犯贪污罪，于2017年9月19日向××市人民法院提起公诉。

【案件焦点】

被告人张树某、李学某的行为是否构成贪污罪。

【法院裁判要旨】

法院经审理认为：被告人张树某身为村基层组织人员和乡政府财政专项扶贫资金管理工作领导小组成员，被告人李学某身为村基层组织人员，在协助人民政府申报、实施国家扶贫项目的过程中，滥用职权，致使国家利益遭受重大损失，其行为已构成滥用职权罪。公诉机关指控的事实成立，本院予以确认。但指控的罪名有误，本院予以更正。张树某、李学某主动到检察机关投案，如实供述自己的罪行，构成自首，犯罪情节较轻，无前科劣迹，可免予刑事处罚。

法院依照《中华人民共和国刑法》第三百九十七条第一款、第二十五条第一款、第六十七条第一款之规定，作出如下判决：

一、被告人张树某犯滥用职权罪，免予刑事处罚；

二、被告人李学某犯滥用职权罪，免予刑事处罚。

【法官后语】

一、被告人张树某、李学某的行为不构成贪污罪

首先，二被告人主观上不具有非法占有的目的。二被告实施的一系列行为的目的一方面是给村里争取扶贫项目资金，同时也是为了积极协助政府落实兴边富民的扶贫项目，并不是为了谋取私利。其次，二被告客观上没有非法占有涉案财物。本案五户实际种植户中，并没有二被告，虽然被告张树某的儿子张立某实际种植领取了相关物资，但张立某为××村村民，且早已与张树某分家另过，不能将其实际种植领取的物资

算作张树某非法占有的财物。综上，在缺乏主观方面和客观方面构成要件的情况，指控二被告人犯贪污罪不能成立。

二、被告人张树某、李学某的行为构成滥用职权罪

(1) 二被告人身份符合滥用职权罪的主体要求。《最高人民检察院关于印发第二批指导性案例的通知》中的检例第5号——陈某、林某、李甲滥用职权案的裁判要旨为："随着我国城镇建设和社会主义新农村建设逐步深入推进，村民委员会、居民委员会等基层组织协助人民政府管理社会发挥越来越重要的作用。实践中，对村民委员会、居民委员会等基层组织人员协助人民政府从事行政管理工作时，滥用职权、玩忽职守构成犯罪的，应当依照刑法关于渎职罪的规定追究刑事责任。"根据该指导性案例，村干部可以成为滥用职权罪的主体。

(2) 二被告人主观方面为故意。《吉林省财政专项扶贫资金管理实施办法》规定，财政专项扶贫资金主要按照因素法进行分配。资金分配的因素主要包括各地扶贫对象规模及比例、贫困村数量、农民人均纯收入、地方人均财力、贫困深度等客观因素和政策性因素……该规定虽然没有具体的比例要求，但可以看出专项扶贫资金的分配是需要达到一定的规模和比例的，本案××村只有五户种植户，明显不成规模，而二被告人明知××村不符合条件，为了争取扶贫项目，却实施了一系列的造假行为，主观上为故意。

(3) 二被告人客观上实施了滥用职权的行为。二被告人身为村干部，在协助人民政府开展扶贫工作中，具体职责是参与负责扶贫项目的申报和实施，其中统计申报户数、统计受益户名单、发放扶贫物资都是其在协助政府工作中的应有职责。二被告在履行上述职责时，虚报种植户数、伪造会议记录、受益户名单、物资发放名单等相关材料的行为，应属于不正确履行职责，即滥用职权的行为。另外，二被告人的上述行为，致使规模比例不符合要求的五户种植户本来不应获得却实际获得了扶贫物资，国家为此支付扶贫资金40万元。该40万元失去了扶贫的实质意义，应属损失。

(4) 本案符合滥用职权罪的客体要求。二被告人的行为破坏了国家扶贫工作的开展，如果他人效仿，将有使国家扶贫政策落空的可能，具有一定的社会危害性，故应当定罪入刑。

综上，被告人张树某、李学某身为受国家机关委托代表国家机关行使职权的组织中从事公务的人员，在协助人民政府申报、实施国家扶贫项目的过程中，滥用职权，致使国家利益遭受损失，其行为构成滥用职权罪。

编写人：吉林省集安市人民法院　周加历

71

公职人员私自抓赌私分赌资行为的定性

——徐某某等滥用职权案

【案件基本信息】

1. 裁判书字号

(2017) 粤02刑终393号刑事裁定书

2. 案由：滥用职权罪

【基本案情】

被告人徐某某在担任××县公安局特警大队副中队长期间，在未向单位领导请示、汇报和批准的情况下，召集××县公安局应急分队成员曾某某、黄某某和辅警罗某某、李某某、邹某某等人，分别于2017年2月18日和2月20日两次擅自去查处赌博并私分收缴的赌资。其中，徐某某、曾某某、黄某某参与两次，罗某某、李某某、邹某某参与一次。具体事实如下：

1. 2017年2月18日21时许，徐某某接到曾某某的电话得知在××县沈所镇路边的一个房内有人赌博。随后，徐某某召集曾某某、罗某某、黄某某以及陆建某（另行处理），驾驶××县公安局特警大队一辆越野车（便车）搭载上述人员前往赌博窝点。到达现场后，徐某某先向参赌人员表明是××县公安局民警的身份，然后叫曾某某、罗某某、黄某某、陆建某等人控制好参赌人员，并收缴了参赌人员赌资共计 6000 多元。随之，徐某某等人以参赌人员赌的较小为由，宣称赌资收缴，不予处理，并将参赌人员就地遣散。之后徐某某带领曾某某、罗某某、黄某某、陆建某等人携带收缴的赌资离开了现场。在返回途中，徐某某擅自决定将扣押的赌资私分，其中黄某某、曾某某、罗某某每人各分得现金 1100 元，陆建某分得现金 1000 元，徐某某分得现金 1700 多元。

2. 2017 年 2 月 20 日 21 时许，徐某某接到线人陆建某（另行处理）的举报得知在××县××镇××村一户人家屋里有人赌博。随后，徐某某召集黄某某、曾某某、李某某、邹某某，驾驶××县公安局特警大队一辆越野车（便车）搭载上述人员前往赌博窝点。到达现场后，徐某某先向参赌人员表明是××县公安局民警的身份，然后叫黄某某、曾某某、李某某、邹某某等人控制好参赌人员，并收缴了参赌人员赌资共计 6600 多元。而后，徐某某等人以参赌人员赌的较小为由，宣称赌资收缴，不予处理，并将参赌人员就地遣散。之后徐某某带领黄某某、曾某某、李某某、邹某某等人携带收缴的赌资离开了现场。在返回途中，徐某某擅自决定将扣押的赌资私分，其中李某某、黄某某、曾某某、邹某某每人各分得现金 800 元，陆建某分得现金 400 元，徐某某分得现金 3000 多元。

【案件焦点】

公安人员在未按规定请示批准的情况下滥用职权擅自查处赌博并私分收缴的赌资的行为的定性。

【法院裁判要旨】

一审法院经审理认为：被告人徐某某无视国家法律，身为公安干警，在未向单位领导请示、汇报和批准的情况下，滥用职权，伙同被告人曾某某、黄某某、罗某某、李某某、邹某某等人利用人民警察身份，擅自查处赌博并私分所收缴的赌资，造成恶劣的社会影响，严重损害了国家声誉，六被告人的行为均构成滥用职权罪。

一审法院依照《中华人民共和国刑法》第三百九十七条、第二十五条、第二十七条、第六十七条第一款、第七十二条、第七十三条、第六十四条，《最高人民法院、最高人民检察院关于办理渎职刑事案件适用法律若干问题的解释（一）》第一条第一款第三项，《最高人民法院、最高人民检察院关于办理职务犯罪案件认定自首、立功等量刑情节若干问题的意见》第一条的规定，作出如下判决：

一、被告人徐某某犯滥用职权罪，判处有期徒刑一年；

二、被告人曾某某犯滥用职权罪，判处有期徒刑十个月；

三、被告人黄某某犯滥用职权罪，判处有期徒刑十个月；

四、被告人罗某某犯滥用职权罪，判处有期徒刑六个月，缓刑一年；

五、被告人李某某犯滥用职权罪，判处有期徒刑六个月，缓刑一年；

六、被告人邹某某犯滥用职权罪，判处有期徒刑六个月，缓刑一年。

宣判后，被告人曾某某、黄某某、李某某、罗某某、邹某某提出上诉。

二审法院于2017年12月8日作出（2017）粤02刑终393号刑事裁定，驳回上诉，维持原判。

【法官后语】

本案的争议焦点主要在于行为定性问题，存在几种不同的意见：

第一种意见认为被告人徐某某等人的行为符合抢劫罪的构成要件。第二种意见认为被告人徐某某等人的行为应定为贪污罪。第三种意见认为被告人徐某某等人的行为应定为敲诈勒索罪。结合本案案情和相关证据，承办人认为，被告人徐某某等人的行为构成滥用职权罪。理由如下：

第一，被告人的行为不符合抢劫罪的犯罪构成要件，不构成抢劫罪。在抢劫罪中，被害人的人身安全受到现实的威胁，已没有延缓的余地。本案中被告人徐某某等人亮明警察身份进行查赌，没有使用暴力。赌博参与者是基于不服从“命令”，将可能会被带走拘留或受到其他行政处罚的恐惧心理而交出赌资。在整个过程中不存在当场或将要当场使用暴力的现实危险。

第二，被告人的行为不符合敲诈勒索罪的犯罪构成要件，不构成敲诈勒索罪。本案中，徐某某等人在查处赌博过程中，向参赌人员出示了有效的工作证、检查证，并使用了执法记录仪，六被告人在查处过程中并未采用暴力、威胁、要挟、恐吓等手段，参赌人员交出赌资是基于被告人的有效证件和“正当”的查赌行为，参赌人员也非常配合被告人的查赌行为，且被告人收缴的财物仅仅是赌资，并未要求参赌人员交出赌资以外的其他财产。

第三，被告人的行为不符合贪污罪的犯罪构成要件，不构成贪污罪。贪污罪是指国家工作人员利用职务上的便利，侵吞、窃取、骗取或者以其他手段非法占有公共财物的行为。其中“利用职务上的便利”是指利用职务上主管、管理、经手公共财物的权力及方便条件。

本案中被告人的行为属于擅自查处赌博并私分赌资，且并未开出罚款票据，没有按法定程序收取罚款。被告人所利用的便利条件并非职务上主管、管理、经手公共财物的权利及方便条件，只是利用警察有权查处赌博行为这一职务上的便利条件实施犯罪。被告人一开始就不是想通过正规的执法程序来收缴赌资，而是想直接占有赌资。不同于通过正规抓赌程序先收缴赌资——此时收缴的赌资变成了公共财产，如果徐某某等人再私分，才是利用经手公共财物的职务便利，将公共财产占为已有。

第四，被告人的行为符合滥用职权罪的犯罪构成要件，构成滥用职权罪。滥用职权罪是指国家机关工作人员故意逾越职权或者不履行职责，致使公共财产、国家和人民利益遭受重大损失的行为。本罪侵犯的客体是国家机关的正常活动；本罪的客观方面表现为滥用职权，致使公共财产、国家和人民利益遭受重大损失的行为。

滥用职权的行为主要表现为以下几种情况：一是超越职权，擅自决定或处理没有具体决定、处理权限的事项；二是玩弄职权，随心所欲地对事项作出决定或者处理；三是故意不履行应当履行的职责，或者说任意放弃职责；四是以权谋私、假公济私，不正确地履行职责。就本案而言，被告人徐某某身为公安干警，利用警察身份，擅自查处赌博窝点，在收缴赌资后私自将有关涉赌人员放走，并私分所收缴的赌资，符合滥用职权的行为。

所谓重大损失，包括物质性损失和非物质性损失。非物质性损失是指严重干扰或损害国家机关的正常活动和声誉等。根据《最高人民法院、最高人民检察院关于办理渎职刑事案件适用法律若干问题的解释（一）》的规定，国家机关工作人员滥用职权，造成社会恶劣影响的，应当认定为《中华人民共和国刑法》第三百九十七条规定的“致使公共财产、国家和人民利益遭受重大损失”。就本案而言，被告人的行为扰乱了公安机关的正常工作活动，造成了恶劣的社会影响，严重损害了公安机关的声誉，损害了国家机关公信力。

综上所述，被告人的行为符合滥用职权罪的犯罪构成要件，构成滥用职权罪，依法应当追究刑事责任。

编写人：广东省南雄市人民法院　钟治优　杨璐

72

受委托行使国家行政管理职权的事业单位工作人员工作严重不负责任的行为如何定性

——周小某玩忽职守案

【案件基本信息】

1. 裁判书字号

（2017）桂 0321 刑初 3 号刑事判决书

2. 案由：玩忽职守罪

【基本案情】

××县××镇农业服务中心为全额拨款的事业单位，其业务范围包括农机技术推广和应用等，其举办单位及上级主管部门是××县××镇人民政府。被告人周小某于2013年7月9日起任××县××镇农业服务中心副主任，负责农机管理业务工作。

2014年，××县甲农机有限公司法定代表人文继某在××县××镇甲村委、乙村委、丙村委、丁村委、戊村委的周智某、唐明某、李万某等22名养鱼农户不知情的情况下，免费向22名农户发放渔网，虚构向22名农户共销售了830只××型网箱养殖设备（包括箱体、框架、浮筒装置等）的事实，虚开补贴农机具销售发票，伪造农户与网箱合影照片，假冒渔民签名，冒用22名农户的名义向××县补贴办提出农机购置补贴申请，随后到××县××镇农业服务中心提出核机申请。被告人周小某在购机者没有持本人身份证原件亲自去申请核机的情况下通过了核机申请，随后在政府委派其负责核实上述网箱养殖设备机具过程中，违反“见人、见机、见票”和“人机合影、签字确认”等相关规定，只清点了渔网数量，没有认真到人机合影的地点核实机具的型号及规格，就在22名农户的《农机购机核机证明书》上乡（镇）政府盖章一栏签名，并加盖××县××镇人民政府的公章，使核机得以通过，导致文继某骗取国家农机补贴款共计2490000元。上述每台网箱养殖设备享受的国家补贴为3000元。

2016年1月4日，××县人民检察院办案人员在××镇人民政府办公室将被告人周小某带到××县人民检察院接受调查。

【案件焦点】

1. 被告人周小某是否玩忽职守罪的适格主体；2. 被告人周小某是否工作严重不负责任，其核机签字行为与造成的重大损失结果是否有因果关系。

【法院裁判要旨】

法院经审理认为：1. 对于被告人周小某的辩护人辩称，本案犯罪主体不适格的意见。经查，被告人周小某任职的××县××镇农业服务中心为全额拨款的事业单位，其举办单位及主管部门是××县××镇人民政府。××镇人民政府证明、全镇发〔2013〕34 号中共××镇委员会文件、事业单位工作人员编制证、在职人员名册等证据均证实被告人周小某于 2013 年 7 月 9 日始任××县××镇农业服务中心副主任，负责农机管理业务工作。××县人民政府在《××县 2014 年农业机械购置补贴实施方案》中规定，核机由乡（镇）人民政府和财政所工作人员在 5 日内要会同村民委员会干部对申请补贴的机具进行现场核实，核机人员要在《农机购机核机证明书》上签字，乡（镇）人民政府、财政所、村委会要在《农机购机核机证明书》上盖章。被告人周小某受政府委派在与财政所工作人员及村民委员会干部核机后在《农机购机核机证明书》上的乡（镇）政府盖章一栏签上自己的名字并加盖了××县××镇人民政府的公章。根据《最高人民法院、最高人民检察院关于办理渎职刑事案件适用法律若干问题的解释（一）》第七条的规定："依法或者受委托行使国家行政管理职权的公司、企业、事业单位的工作人员，在行使行政管理职权时滥用职权或者玩忽职守，构成犯罪的，应当依照《全国人民代表大会常务委员会关于〈中华人民共和国刑法〉第九章渎职罪主体适用问题的解释》的规定，适用渎职罪的规定追究刑事责任。"综上，被告人周小某身为事业单位工作人员，受国家机关委托代表国家机关履行核机职责，符合渎职罪犯罪主体的相关规定。上述辩护意见不能成立，本院不予采纳。

2. 对被告人周小某的辩护人辩称，公诉机关指控被告人周小某违反工作规定、工作严重不负责任、不正确履行审核职责，与事实不符；核机不是被告人的工作，其是受乡政府委派去核机的，其核机签字行为与造成的重大损失结果无直接因果关系，不构成玩忽职守罪的意见。经查，被告人周小某在购机者没有持本人身份证原件亲自去申请核机的情况下通过了核机申请，随后在政府委派其去负责核实上述网箱养殖设备机具过程中，违反“见人、见机、见票”和“人机合影、签字确认”等相关规定，只清点了渔网数量，没有认真到人机合影的地点核实机具的型号及规格，就在22名农户的《农机购机核机证明书》上的乡（镇）政府盖章一栏签名，并加盖××县××镇人民政府的公章，使核机得以通过，导致文继某骗取国家农机补贴款共计2490000元，其行为完全符合玩忽职守罪的构成要件。故对辩方所提的上述意见，本院不予采纳。被告人周小某作为国家工作人员，在受国家机关委托从事农机购置补贴工作中，严重不负责任，不正确履行职责，致使国家遭受重大损失，情节特别严重，其行为已触犯《中华人民共和国刑法》第三百九十七条第一款的规定，构成玩忽职守罪，应判处三年以上七年以下有期徒刑。公诉机关指控的罪名成立，应依法追究其刑事责任。

人民法院依照《中华人民共和国刑法》第三百九十七条第一款，《最高人民法院、最高人民检察院关于办理渎职刑事案件适用法律若干问题的解释（一）》第一条第二款第二项、第七条的规定，判决如下：

被告人周小某犯玩忽职守罪，判处有期徒刑三年四个月。

【法官后语】

本案处理重点主要在于被告人周小某是否具有国家工作人员身份；周小某是否工作严重不负责任，其工作不负责任的行为是否和造成的重大损失结果有直接的因果关系。根据本案查明的事实和证据证实，被告人周小某作为国家工作人员，在受国家机关委托从事农机购置补贴工作中，没有按照核机工作要求，违反“见人、见机、见票”和“人机合影、签字确认”的规定，造成国家农机补贴款2490000元被骗取，属于工作严重不负责任，不认真履行应尽的职责义务。

玩忽职守罪侵害的法益是国家机关的正常活动，侵害的对象是公共财产或者公民的人身、财产权益。在客观方面表现为国家工作人员违反工作纪律、规章制度，擅离职守，不尽职责义务或者不认真履行职责义务，致使公共财产、国家和人民利益遭受重大损失的行为。行为人在主观方面不是出于故意，而是由于过失造成的，该过失是针对造成重大损失的结果而言，但并不排斥行为人对违反工作纪律和规章制度或对自己的作为和不作为行为则可能是故意的情形。如果行为人在主观上对于危害结果的发生不是出于过失，而是出于故意，不仅预见到，而且希望或者放任它的发生，那就不属于玩忽职守的犯罪行为，而构成滥用职权罪。

工作失误往往也会给国家和人民的利益造成重大损失，在这一点上与玩忽职守罪有相同之处。但二者又有严格的区别，首先，二者的客观行为特征不同。工作失误表现为行为人是认真履行自己的职责义务；而玩忽职守罪则表现为行为人不履行或不正确履行自己的职责义务。其次，危害结果发生的原因不同。工作失误是由于制度不完善，一些具体政策界限不清，管理上存在弊端，以及由于国家工作人员文化水平不高，业务素质较差，缺乏工作经验，因而计划不周，措施不当，方法不对，以致在积极工作中发生错误，造成国家和人民利益遭受重大损失。而玩忽职守罪则是违反工作纪律和规章制度，严重官僚主义，对工作极端不负责任等行为造成国家和人民利益遭受重大损失。

在当前深化改革的实践过程中，出现一些失误，造成某些严重的损失是难免的，这主要是总结经验教训的问题，必须与玩忽职守罪严格区别开来。但对于那些在国家法律政策不允许的情况下，借口改革、盲目决策、管理混乱，给国家和人民的利益造成重大损失的，绝不能以工作失误来蒙混过关，逃避罪责。

滥用职权与玩忽职守的区别表现在：滥用职权是行为人意识到自己在行使权力，不该用而用，该用而不用，因而超越职权而滥用职权的行为；而玩忽职守则为行为人意识到自己是履行职责，由于各种原因而不履行职责或不认真履行职责。因此，二者区分的关键是行为人的主观态度。滥用职权对危害结果表现为主观上故意或者采取放任的间接故意；而玩忽职守对危害结果表现为主观上出于过失。

就本案来说，被告人周小某作为国家工作人员，其在参与核机的过程中，购机者没有持本人身份证原件亲自去申请核机的情况下通过了核机申请，之后，周小某在政府委派其负责核实上述网箱养殖设备机具过程中，违反“见人、见机、见票”和“人机合影、签字确认”等相关规定，只清点了渔网数量，没有认真到“人机合影”的地点核实机具的型号及规格，就在22名农户的《农机购机核机证明书》上乡（镇）政府盖章一栏签名，并加盖××县××镇人民政府的公章，使核机申请得以通过，导致文继某骗取国家农机补贴款共计2490000元。本案查明的事实清楚，证据确实、充分，公诉机关提供的证据材料取证合法，内容真实客观，能相互印证，足以认定被告人周小某构成玩忽职守罪。

编写人：广西壮族自治区桂林市阳朔县人民法院　龙昭昕

73

抽象行政行为中玩忽职守罪的认定

——刘某玩忽职守案

【案件基本信息】

1. 裁判书字号

（2017）京01刑终62号刑事判决书

2. 案由：玩忽职守罪

【基本案情】

2007年11月，被告人刘某任××区×××镇经济发展办公室（以下简称经发办）主任，2011年机构改革，×××镇经发办改革为×××镇村镇建设办公室，刘某任×××镇村镇建设办公室主任。

2010年，××市电力公司开始进行××区智能电网试点建设中的×××生态智能发配用一体化示范项目建设。因该项目需占用××区×××镇××村的部分土地，同年，×××镇××村村民委员会、××市电力公司、×××镇人民政府分别作为甲方、乙方、丙方，签订了《××生态智能发配用一体化示范项目土地承包经营合同》，由国网××市电力公司××供电公司将补偿款逐次拨付到×××镇人民政府账内，由×××镇人民政府对该合同项下土地承包事宜进行协调和监管，负责该项目在××村地上物清点和补偿工作。为此，×××镇政府成立地上物普查领导小组，刘某为副组长，全面负责该项工作。×××镇政府将对智能电网项目中土地承包事宜的具体工作交由经发办履行。经发办根据工作需要制定了智能电网项目补偿款发放流程。

在2010年至2011年的智能电网项目地上物补偿工作中，经发办负责补偿物数量清点、统计、汇总，补偿协议签订及最终补偿款数额确定等工作，并通过以上工作，实现对智能电网项目补偿款的监管职责。智能电网项目补偿款发放流程中已经确定工作组成员中包括村干部、村民代表、林业站工作人员和企业相关人员，经发办作为具体履行地上物补偿工作的部门，应当在清点统计工作后，要求上述四类人员在统计底单上签字确认。但在实际操作中，刘某作为经发办的负责人并未要求上述人员签字确认，导致工作组成员之间缺乏相互的监督和制约；按照流程的规定，在对纸质底单与录入数据核对无误，且经过公示后，方可支付补偿款。但刘某疏于核查，怠于监督，致使张某某等人实施了十余起贪污、诈骗等犯罪行为，共计造成经济损失300余万元。

【案件焦点】

在实施抽象行政行为的过程中由于重大失误致使公共财产、国家和人民利益遭受重大损失的，能否认定为玩忽职守罪。

【法院裁判要旨】

一审法院经审理认为：被告人刘某身为国家工作人员，不正确履行职责，致使公共财产遭受重大损失，情节特别严重，其行为已构成玩忽职守罪。上述贪污、诈骗等犯罪行为或非法行为案发前造成经济损失为3709345.50元。鉴于所涉土地补偿款大部分已经退赃或冻结，属于立案后挽回的损失，××市××区人民法院决定对被告人刘某予以从轻处罚。

一审法院依照《中华人民共和国刑法》第三百九十七条第一款、第六十四条，《最高人民法院、最高人民检察院关于办理渎职刑事案件适用法律若干问题的解释（一）》第一条、第八条之规定，作出如下判决：

一、被告人刘某犯玩忽职守罪，判处有期徒刑三年；

二、随案移送的人民币八万四千五百元，发还××区×××镇人民政府。

刘某不服一审判决，提起上诉。其上诉理由为：其仅负责组织协调，上传下达，不具有监管职责，且其已将工作流程和交接程序向主管领导汇报。由于普查工作繁重，本人无法对全部工作组成员的工作进行监督。故地上物普查工作出现疏漏，是×××镇政府的责任。其行为不构成玩忽职守罪。

二审法院经审理认可一审法院的定罪量刑意见，但认为一审判决认定韩某、罗某案发后退缴非法所得或赃款有误，及对随案移送款项处置不当，予以纠正。

二审法院依照《中华人民共和国刑事诉讼法》第二百二十五条第一款第二项①，《中华人民共和国刑法》第三百九十七条第一款、第六十一条，《最高人民法院、最高人民检察院关于办理渎职刑事案件适用法律若干问题的解释（一）》第一条、第八条之规定，作出如下判决：

一、维持（2015）延刑初字第222号刑事判决主文第一项，即被告人刘某犯玩忽职守罪，判处有期徒刑三年；

---

① 对应现行《中华人民共和国刑事诉讼法》第二百三十六条第一款第二项。

二、撤销（2015）延刑初字第222号刑事判决主文第二项，即随案移送的人民币八万四千五百元，发还××区×××镇人民政府；

三、随案移送的人民币八万四千五百元，退回××市××区人民检察院处理。

【法官后语】

从法理上看，刘某负责制定工作流程属于抽象行政行为。此类行政行为的特点是作用对象具有普遍性，且具有准立法性，多经集体讨论决定，在确定直接责任主体方面具有难度。鉴于此，立法上一直将大部分抽象行政行为排除在司法审查的受案范围之外，我国刑法规定的玩忽职守行为在传统上也多指具体行政行为。但是，抽象行政行为作为具体行政行为的依据和指导，一旦违法造成的损害后果要比具体行政行为更为严重，影响更深更广。因此，本案审理的一个重要意义就是确定实施抽象行政行为过程中的重大过失或不作为能够认定为玩忽职守罪。

本案中刘某作为××村地上物清点补偿工作的具体负责人，主要承担着两项职责，一是制定地上物统计清查工作流程；二是监督工作小组遵照既定流程审核、发放补偿款。其中，第一项职责是开展、落实项目的必要前提及制度保障；第二项职责系对流程执行情况的监督。上述职责从首尾两端对整个项目提供了监督与保障。

按照一般的工作规范，在土地补偿清点地上物的数量和种类时，现场参与的各方均应在清查底单上签字，互相监督制约，避免弄虚作假。而且，刘某作为×××镇经发办的主要负责人，多次负责土地补偿工作，其在设计流程时应当综合考量各方面情况，确保清查结果的准确性。

从张某某等人实施贪污、诈骗行为的作案手段看，多起犯罪能够得以实施的主要原因在于刘某设计流程时未综合考虑土地补偿工作的漏洞与风险，在清查底单的签字环节，仅规定农户对地上物的种类及数量确认无误后当场签字，未要求参与清查的工作人员及电力公司人员核实底单内容及在底单上签字确认，未能发挥清查人员、农户和电力公司人员互相监督的作用。上述签字环节的疏漏直接导致姚某、张某某等人利用流程漏洞，单独或伙同清查工作人员，使用制作虚假底单的手段骗取巨额公共财物。因此，刘某作为负责实施抽象行政行为的责任主体，未正确履行职责，制定的工作流程存在重大疏漏，进而造成公共财产遭受重大损失，其玩忽职守行为与损害后果之间具有直接的因果联系，应当承担“应履职而未履职”所造成的不利后果。

综上，根据刑事立法精神，在具体情况下只要查明责任主体，符合玩忽职守罪的构成要件，抽象行政行为亦可认定为渎职犯罪。

编写人：北京市第一中级人民法院　王岩

图书在版编目（CIP）数据

领导干部依法行政案例教程／最高人民法院司法案例研究院编．—北京：中国法制出版社，2022.12
ISBN 978-7-5216-3179-1

Ⅰ.①领… Ⅱ.①最… Ⅲ.①行政执法-中国-干部教育-教材 Ⅳ.①D922.114

中国版本图书馆 CIP 数据核字（2022）第 221876 号

责任编辑：王熹　　封面设计：李宁

领导干部依法行政案例教程

LINGDAO GANBU YIFA XINGZHENG ANLI JIAOCHENG

编者/最高人民法院司法案例研究院
经销/新华书店
印刷/三河市紫恒印装有限公司
开本/880 毫米×1230 毫米　32 开　　印张/ 11　字数/ 241 千
版次/2022 年 12 月第 1 版　　2022 年 12 月第 1 次印刷

中国法制出版社出版
书号 ISBN 978-7-5216-3179-1　　定价：49.80 元

北京市西城区西便门西里甲 16 号西便门办公区
邮政编码：100053　　传真：010-63141600
网址：http：//www.zgfzs.com　　**编辑部电话：010-63141833**
市场营销部电话：010-63141612　　**印务部电话：010-63141606**

（如有印装质量问题，请与本社印务部联系。）